一次讀懂自我成長經典

50 SELF-HELP CLASSICS

湯姆・巴特勒—鮑登

TOM BUTLER-BOWDON

關於幸福和圓滿的重要思想

林鶯、丁凡——譯

時報出版

目次 Content

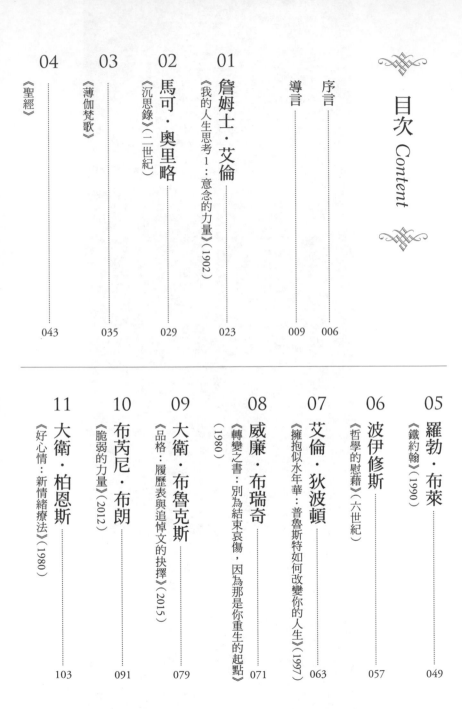

序言

在許多層面上，《一次讀懂自我成長經典》對我具有特殊意義。我在二十幾歲發現的自我成長書籍轉變了我的人生，改變了我的思考。我愛上自我成長書，閱讀每一本拿得到手的著作來拉抬我的事業，改善我的關係。但是隨著我深入這個文類，見識其中的驚人力量，我好奇：為什麼沒有引介或指南讓人們認識這些書？或許是因為自我成長書有著略嫌膚淺的聲名，然而這種看法實際是完全站不住腳的。

儘管傳承可以回溯到十九世紀的塞繆爾．史邁爾斯和奧里森．施威特．馬登（Orison Swett Marden）。在一九九〇年代末期，自我成長書看起來是全新品種。一長串賣翻天的暢銷書，從《與成功有約》到《練習當好命人：別再為小事抓狂》到《喚醒心中的巨人》，讓自我成長書成為「火燙」的出版文類，不過仍然缺少評論和賞析，《一次讀懂自我成長經典》是我填補這道缺口的嘗試。這本書賣得非常好，最終翻譯成二十種語言。雖然大多數自我成長書作者是美國人，但顯然這類著作的流行是全球普遍現象。

雖然我從來沒有計劃成為作家，但自我成長書把我拉進這個軌道，要求我離開成功的職業生涯，全時投入。忠於保羅・科爾賀在《牧羊少年奇幻之旅》如此優美表達的自我成長咒語：人必須「追隨你的夢想」，我很高興這麼做。感覺上這才是志業。

結果就是如此，事後證明《一次讀懂自我成長經典》正是讓我比較寬闊探索個人發展的起始點，也是一系列暢銷書的基石。這本書之後出版了《一次讀懂成功學經典》，評述成功學和勵志書經典，接著還有《一次讀懂心靈探索經典》。這個系列後來的書，例如《一次讀懂心理學經典》、《一次讀懂哲學經典》和《一次讀懂經濟學經典》可能看起來是比較枯燥的主題，事實不然，每一本書的驅力都是個人潛能。成功永遠是關於擴展心智，看見新的可能性，而《一次讀懂經典系列》是我對這個目標的貢獻。

《一次讀懂自我成長經典》出版將近十五年，對自我成長領域有什麼改變？許多人主張心理學已經取代了這個文類，而且心理學是比較科學的途徑來了解為什麼我們這樣思考和行動。沒錯，當我評述丹尼爾・高曼的《EQ：決定一生幸福與成就的永恆力量》和馬汀・塞利格曼的《學習樂觀，樂觀學習》，這一類書顯示了個人發展的論述越來越有科學根據。二十年前，人們可能開開心心從《卡內基教你跟誰都能做朋友》這類經典作品獲得鼓舞或一套人生指點，而今日能夠吸引他們的是傑出心理學家的著作。現在人們發現嚴肅作品名列暢銷書單榜首應該已不會感覺意外，例如丹尼爾・康納曼的《快思慢想》，這本書揭露我們的大腦如何運作，因此幫助我們改變自己的行為。

不過要說自我成長書籍已經被心理學著作篡位那是錯誤的。傑出的自我成長書依舊占一席之地，儘管這些著作比較會引用研究來支持它們的說法。納入新版中的查爾斯·杜希格的《為什麼我們這樣生活，那樣工作?》和布芮尼·布朗的《脆弱的力量》就是好例子，而且自我成長書能夠提供超越心理學的東西。大衛·布魯克斯的《品格：履歷表與追悼文的抉擇》實質上是道德哲學的著作，宣揚人的一生如何改變的強力訊息。近藤麻理惠貌似簡單的《怦然心動的人生整理魔法》，實則目標是透過改變對待物品和空間的態度，轉化我們的人生；如果我們的家有日本神社般的氛圍，安寧、秩序和快樂就會瀰漫。自我成長書真正出色的地方是結合了不同領域，包括心理學、哲學、靈性、勵志，甚至商業（參見克雷頓·克里斯汀生《你要如何衡量你的人生?哈佛商學院最重要的一堂課》），而最優秀的作品創造出與讀者的親密連結。這些作者告訴我們，你真的可以改變自己的人生，而且我會展示給你看如何做到。

一開始是教育和勵志的結合吸引我投入自我成長文類，而當我彙整出《一次讀懂自我成長經典》的新版本，包括我之前提到的新章節，我依舊迷戀不可自拔。

湯姆·巴特勒－鮑登

導言

「我這個世代最偉大的發現是，人能夠藉由改變態度改變人生。」

威廉・詹姆斯（William James）

「思考的習慣不需要長久不變。過去二十年心理學最重大的發現是，個人可以選擇自己的思考方式。」

馬汀・塞利格曼（Martin Seligman），《學習樂觀，樂觀學習》

想必你常常聽到「你可以藉由改變你的想法和心智習慣，改變你的人生」，但是你曾經停下來想想那是什麼意思嗎？這本書確認了一些最有用的觀念，這些觀念來自於專門致力個人蛻變（從裡到外）的著作。

我稱呼這些書是「自我成長經典」。你可能已經對什麼是自我成長書有個概念，不過本書涵蓋的作者和著作之廣應該會加深你的理解。如果有條線貫穿這些著作，那就是拒絕跟大眾一樣接受「平庸的不快樂」或是「無聲的絕望」。他們認知到人生的艱難和挫折是真實的，然而卻說這些不能定義我們。無論局勢多麼不利，我們永遠有餘裕決定那樣的處境對我們會有什麼意義，這是書中評述的兩本著作，維克多．法蘭可的《活出意義來》和波伊修斯的《哲學的慰藉》給我們上的一堂課。有意識的抉擇自己要怎麼想，不讓基因、環境或命運決定我們的道路，這就是自我成長的精義。

自我成長書的傳統觀點是處理人生問題，不過絕大多數經典都是關於「可能性」。這些經典可以幫忙揭露人生獨特的道路，在恐懼和快樂之間搭起橋樑，或者僅是激勵你成為更好的人。塞繆爾．史邁爾斯在一八五九年寫了《自己拯救自己》，他擔心人們會認為他的書是頌讚自私，事實上他是鼓吹憑恃自己的努力不屈不撓追求目標，不要等待政府幫助或者其他任何形式的贊助。史邁爾斯原本是政治改革者，不過他得出結論：真正的革命是發生在人們的腦袋裡。他攫取那個世紀最偉大的觀念——「進步」，將其應用在個人生活上。透過講述那個時代某些不凡人物的生平，他試圖闡釋：如果你有膽氣嘗試，任何事都有可能。

自我成長書有時會提到林肯，因為他體現了思考「無限」的概念，不過他的想法沒有應用在自己身上（他認為自己是不體面的憂鬱者），而是看出局勢中潛藏的能量（他拯救了聯邦，同時解放了美國黑奴）。林肯的願景不在追求自身榮光，他為了更大目標而活。

最優秀的自我成長書不是關於自我的幻想曲，而是認同你可以發揮重大影響的計劃、目標、理想或生存方式，這麼做你就能夠改變一小部分的世界，自己也將隨之改變。

自我成長風潮

「……在我們的世界，神祇的象徵最初是顯現在垃圾地層裡。」

菲利普・狄克（Philip K. Dick）《*VALIS*》1

自我成長著作是二十世紀耀眼的成功故事之一，確切的購買數量無法計算，不過光是我選擇的五十本經典就賣出一億五千萬本，如果我們考慮其他成千上萬本著作，最後的數字將會超過五億。

自我成長的概念不是新鮮玩意，但是唯獨在二十世紀才成為大眾風潮。例如《卡內基教你跟誰都能做朋友》（一九三六）和《向上思考的祕密》（一九五二）之類的書，購買的讀者是熱切希望人生有一番成就，並且願意相信平裝書中能夠找到成功祕訣的平凡大眾。或許這項文類帶著膚淺形象，因為這些著作輕易可以上手，而且有太多承諾，包含的觀念你不太可能從教授或牧師的口中聽到。無論是什麼形象，人們顯然擁有了人生指引的新來源，同時也熱愛。舉個例子，這些書不會告訴我們什麼做不到，只會說我們應該追逐高遠夢想。

自我成長書能夠成為你最好的朋友和聲援者，對你本質的偉大與優美表達了不疑的信念，有時這

1　為「Vast Active Living Intelligence System」的縮寫，意思為「龐大的活躍生命智慧系統」。

是很難從他人身上獲得的。強調追隨你的天命，相信你的想法能夠改造你的世界，自我成長書更好的名稱或許是「可能性的著作」。

許多人會驚訝書店裡自我成長書的區塊這麼龐大，對我們其他人來說這一點也不神祕：只要是認可我們追夢的權利，然後為我們闡釋如何將夢想變成事實，都是強大而且寶貴的作品。

經典書單

這份經典書單是我自己閱讀和研究的成果，如果另一人進行同樣計劃，他的選擇可能跟我大不相同。我的焦點放在二十世紀的自我成長書，不過古早的著作也包括在內，因為自我成長的倫理已陪伴我們世世代代。《聖經》、《薄伽梵歌》，以及馬可・奧里略的《沉思錄》就是範例，過去人們可能不會認為這些是自我成長書，不過我希望自己能夠論證它們應該納進來。

大多數的當代作者是美國人，這可能看起來像是文化帝國主義，事實上自我成長的價值是普世的。有一些自我成長的支線提供特定指引，例如聚焦於關係、飲食、推銷或自尊，不過這本書評述的著作是關於自我認知與增進快樂，這類比較寬廣的個人成長目標。透過書目的選擇我試圖讓讀者捕捉到這個文類的豐富多樣性。許多著作很容易就脫穎而出，因為它們既出名又有影響力。其他書納進來是因為它們的觀念填補了讀者各種需求，每本書都必須具備一定程度的可讀性以及「火花」（界定了作者所處時空的火花)。

在《與狼同奔的女人》結尾,克萊麗莎・平蔻拉・埃思戴絲列出一長串讀者可能感興趣的書單。她問:「它們是怎麼串在一起的?為什麼這一本可以連到另一本?請你比較,看看有什麼結果。有些組合是製造炸彈的材料。有些創造出種子庫存。」

這段話也適用於自我成長經典。不過為了有助於抓出一些主題,下面我把作品分類成幾個領域,或許可以幫助你找到你在尋找的。本書最後還有額外的書單:「再加五十本自我成長經典」。

思想的力量

改變你的思想,改變你的人生

詹姆士・艾倫《我的人生思考1:意念的力量》
大衛・布魯克斯《品格:履歷表與追悼文的抉擇》
大衛・柏恩斯《好心情:新情緒療法》
丹尼爾・高曼《EQ:決定一生幸福與成就的永恆力量》
露易絲・賀《創造生命的奇蹟:影響五千萬人的自我療癒經典》
艾倫・南格《用心,讓你看見問題核心》

追隨自己的夢想

成就和目標設定

麥斯威爾．馬爾茲《改造生命的自我形象整容術》
安東尼．羅賓斯《喚醒心中的巨人》

快樂的祕密

做你熱愛的事，做行得通的事

米哈里．奇克森特米海伊《心流：高手都在研究的最優體驗心理學》
達賴喇嘛、霍華德．卡特勒《快樂：達賴喇嘛的人生智慧》
《法句經》
偉恩．戴爾《真實的魔法：在日常生活中創造奇蹟》
約翰．葛瑞《男人來自火星，女人來自金星》
李察．柯克《80／20法則：商場獲利與生活如意的成功法則》
近藤麻理惠《怦然心動的人生整理魔法》
瑪莉安．威廉森《愛的奇蹟課程》

觀照大局

合乎比例的全面看事情

馬可．奧里略《沉思錄》

波伊修斯《哲學的慰藉》

艾倫．狄波頓《擁抱似水年華：普魯斯特如何改變你的人生》

威廉．布瑞奇《轉變之書：別為結束哀傷，因為那是你重生的起點》

理察．卡爾森《練習當好命人：別再為小事抓狂》

維克多．法蘭可《活出意義來》

老子《道德經》

靈魂與奧祕

欣賞自己的深度

羅勃．布萊《鐵約翰》

喬瑟夫．坎伯（比爾．莫耶斯合著）《神話的力量》

克萊麗莎・平蔻拉・埃思戴絲《與狼同奔的女人》
詹姆斯・希爾曼《靈魂密碼：活出個人天賦，實現生命藍圖》
湯瑪斯・摩爾《傾聽靈魂的聲音》
史考特・派克《心靈地圖：追求愛和成長之路》
亨利・大衛・梭羅《湖濱散記》

造成改變，留下印記

轉化自己，轉化世界

《薄伽梵歌》
《聖經》
布芮尼・布朗《脆弱的力量》
克雷頓・克里斯汀生《你要如何衡量你的人生？哈佛商學院最重要的一堂課》
瑞夫・沃爾多・愛默生《自立》
亞伯拉罕・馬斯洛《動機與人格》
塞繆爾・史邁爾斯《自己拯救自己》

德日進《人的現象》

取決於你

「在最後的分析中，不可或缺的是個人的生活。光是這點就可以造就歷史，最大的蛻變也由此產生，同時整個未來，整個世界的歷史，最終是來自個人身上這些隱藏資源迸發出來的龐大總和。」

卡爾・榮格（Carl Gustav Jung）

很久很久以前我們生活在部族裡，部族會指引我們如何生活，供應我們在身體、社會和精神上的各種需求，隨著「文明」的誕生，可能是教會或政府承擔了這些角色，今日你可能仰賴你上班的公司提供物質的保障和歸屬感。

然而歷史顯示，每一種體制和社群終究會崩潰，而崩潰之時個人就失去掩護。這是被迫的改變，同時隨著世界的演進加速，這種事發生在你身上的可能性也提高了，因此你需要多一點的自知，懂得如何更好的駕馭改變，並且對於自己的人生有一套不依賴體制的計劃。無論你是想要改變世界或者只是改變自己，不會有人為你做這件事，做就對了。到最後，一切都取決於你自己。

或許乍看有點奇怪，但我們承受的另一關鍵壓力是越來越多的選擇。我們大多數人珍惜自由，不過當我們真的獲得機會隨心所欲時，可能會讓你害怕。我們有越多選擇，就越需要有個專注的焦點，這本書評述的許多作品都在處理這項弔詭。每個人都可以找到一份工作，但是你擁有目的嗎？

二十世紀是關於人如何嵌入大型的組織結構裡，順應得好你就成功。不過李察・柯克在《80／20法則：商場獲利與生活如意的成功法則》中為我們闡釋現在及未來的成功來自更接近自己的本色，如果你願意表達自己的獨特性，你必然會貢獻具有真正價值的事物給這個世界。這一點（德日進指稱為「我們每個人都擁有不能傳達的奇特處」）帶有道德的面向，然而也具備了經濟和科學方面的意義。演化是由差異產生的，而不是因為符合某個一致的標準，因此，生命的獎賞永遠是給予那些不只是優秀還要獨樹一格的人。

自我成長書的未來

「我自我矛盾。我是龐大的。我包含大眾。」

華特・惠特曼（Walt Whitman）

自我成長書的核心有兩個基本概念，都是關於我們應該如何看待自己。例如偉恩・戴爾的《真實的魔法》、湯瑪斯．摩爾的《傾聽靈魂的聲音》，以及狄帕克．喬普拉《福至心靈：成功致勝的七大精神法則》之類的著作，假定我們內在有一永恆不變的核心（這有不同的稱呼，靈魂或更高的自我），指引和協助我們實現自己的獨特目的。在這樣的概念下，認識自我是邁向成熟的路徑。

還有一類的書例如安東尼．羅賓斯的《喚醒心中的巨人》和班傑明．富蘭克林的《富蘭克林》，假定自我是塊白板，你可以在上面書寫自己的人生故事。沒有人比得上尼采把這種態度總結得更好：

「活躍、成功的天性是採取行動，不是根據『認識自己』的格言，彷彿面前盤旋著誡命：用意志驅使自我，汝即成自我。」

當然，認識自我和創造自我的人只是抽象概念，現實中的人永遠是兩者的有趣組合。儘管如此，兩種觀點包含了相同假設：自我是獨立和單一的。然而在二十一世紀我們擁有多重角色，是眾多社群的成員，並且呈現了各種人格面具，因此我們的經驗是複雜的。自我成長要如何嵌入這樣的脈絡，它的位置在哪裡？

在《飽和的自我》（*The Saturated Self*）這本書裡，肯尼斯．格根（Kenneth Gergen）主張，單一自我的舊觀念必須演化，將我們的許多心思，或者他稱呼的「多重心智人格」納入考慮。另一位作家羅伯．傑．立夫頓（Robert Jay Lifton）在《多變的自我：碎片時代人的韌性》（*The Protean Self: Human Resilience in an Age of Fragmentation*）中表示，要避免四面八方拉扯的感覺，我們必須發展出比較強悍和比較複雜的自我，並且了解自我的許多面向，唯有這樣「多變自我」才能應付這個無比複雜的世界。對立夫頓來說，單一自我並沒有死亡，而是處於挑戰的時代。

無論如何，即使是對於自我有比較進化的了解，就能應付科技的進步嗎？在能夠運用基因和其他科技來改變人格和提升智力的二十一世紀，哪一種人會出頭？如果我們將來有能力改變自我到這種程度，柏拉圖想像的「自我認識」是什麼？

科學家有信心今日誕生的許多小孩壽命會遠超過一百歲，甚至到一百四十、五十歲。活得這麼久會讓你的自我認定比較一致嗎？或者經過十五個世代的改變——關係、家庭、生涯和世事——粉碎了任何的延續感和安全感？更嚇人的是，有可能是我們的身體棄守後，大腦的「軟體」或許還能繼續活著，於是可以將大腦移植到新的軀體上。

越來越複雜的科技應用到人體和大腦上，顯然會讓「自我是什麼？」這道問題的意義越來越重大，在仿若進入「銀翼殺手」那個世界的未來，自我認識的概念會越來越有趣。

自我成長書興起於確定性的消失和傳統的崩潰，不過這一類著作永遠假定我們知道自我是什麼。當這個假設受到質疑時，未來的自我成長書必須是關於自我本身是什麼的指南。

讀者紅利

歡迎讀者免費索取我對斯瑞庫瑪．勞歐（Srikumar Rao）的傑作《第35個故事…》（*Happiness at Work*）的評介。只要寄封主旨為「Self-Help Bonus」的電子信件給我，信箱：tombutlerbowdon@gmail.com

1902

我的人生思考1：意念的力量

As a Man Thinketh

「關於靈魂經過復原，在這個時代重新為世人所知的所有優美事實中，沒有一項比下述更令人歡喜，滿載著神的許諾和信心：你是你思想的主人，你品格的陶鑄者，以及你境況、環境和命運的製作人和形塑者。」

「好的思想和行動永遠不可能造成壞結果；壞的想法和行動也絕對不可能產生好結果……我們了解這條法則在自然界的運作，也依循這條法則行事，然而很少人了解這條法則在精神和道德世界的運作（儘管它的運作既簡單又不會偏離），因此人們不會配合這條法則行事。」

「宇宙中的主宰原則是法則，而不是混亂；生命的靈魂與實質是公正，而不是不公正；主宰精神世界的塑造和推動力量是正直，而不是腐敗。既然如此，我們只能端正自己才能發現宇宙是正確的。」

總結一句

我們吸引的不是我們想要的，而是我們是什麼。只有改變你的思想才能改變你的人生。

同場加映

約瑟夫．墨菲《潛意識的力量》（41章）

佛羅倫絲．斯科維爾．辛《失落的幸福經典：影響千萬人的生命法則》（45章）

01

詹姆士・艾倫

James Allen

以「心靈是編織大師」創造了我們的內在品格和外在境遇為主題，《我的人生思考1：意念的力量》深入探索自我成長書的核心觀念。詹姆士・艾倫的貢獻是針對我們共有的假設——由於我們不是機器人，因此我們可以控制自己的思想——揭露其謬誤。因為我們大多數人相信心靈跟物質是分離的，我們認為能夠把思想隱藏起來，把思想變得無力，於是我們可以思想是一回事，行為又是另一回事。不過，艾倫相信潛意識造成的行動跟意識一樣多，儘管我們或許可以維持幻覺，以為自己是透過意識在控制，而事實上我們不斷面對下述問題：「為什麼我不能讓自己做這件事或完成那件事？」

在指出渴望和意志會受到與渴望不一致的想法破壞後，艾倫得出駭人結論：「我們吸引的不是我們想要的，而是我們是什麼。」成就的達成是因為你身為人且具現了外在成就；你不是「獲得」成功，而是變身為成功。心靈與物質之間沒有縫隙。

我們是自己思想的總和

這本書的邏輯無懈可擊：高貴的思想造就高貴的人；負面思想打造出悲慘的人。對於陷入負面思考的人，這個世界看起來就像是困惑和恐懼構成的。另一方面，艾倫指出，當我們制止自己的負面和破壞性想法時，「整個世界會對我們溫柔以待，而且準備好幫助我們」。

我們吸引的不只是我們所愛，還有我們恐懼的，為什麼會如此？他的解釋很簡單：受到關注的想法，無論好壞，都會進入潛意識成為燃料，推動真實世界中後來發生的事件。正如愛默生的評論：「一個人就是他整天所思所想的樣子。」

我們的境遇就是我們

艾倫的著作有部分的聲名是建立在他下述的主張：「境遇不會造就一個人，而是揭露一個人的本質。」這看來是過分無情的評論，似乎將漠視身處危難的人取得正當理由，合理化剝削和虐待，認可居於頂端的人比較優越，而身處底層的人比較低劣。

然而對於這個論點，上述是本能反應作出的結論，其實每種境遇無論多麼惡劣，都提供了獨一無二的成長機會。如果境遇總是能決定一個人的人生和前途，人類永遠不會進步。事實上，境遇似乎是設計來引出我們身上最好的特質，如果我們認定自己受到「錯待」，那麼我們就不太可能開始刻意去努力逃脫自己的處境。總之，任何傳記作者都知道，一個人的早年生活和處境往往是賜予個人的最大禮物。

艾倫著作嚴肅的一面是：關於自己當下的處境我們怪不了別人，只能自己承擔責任。正向來看，我們知道一切取決於自己蘊含了無限可能。之前我們對於層層的限制瞭若指掌因而卻步，現在我們成為行家，懂得欣賞什麼是可能的。

改變你的心就改變了自己的世界

雖然艾倫沒有否認個人或民族可能陷入貧窮，但他想要澄清的是，怪罪加害者之類的防衛動作，只會越陷越深。衡量我們、揭露我們本質的，是我們如何運用這些境遇做為輔助或鞭策來不斷進步。簡言之，成功的人或社群最懂得處理失敗，他們是在這方面最有效能的人。

艾倫評述：「我們大多數人都急切想要改善自己的境遇，但是不願意改善自己，因此我們一直受到束縛。」當舊的自我卡在舊的方式上，富裕和幸福就不可能降臨。人們幾乎是不知不覺成為自己不能富裕的原因。

寧靜＝成功

佛教對艾倫思想的影響明顯見於他對「正念」的強調，不過也顯現於他主張邁向成功的最佳途徑是靜心。冷靜、放鬆和目標明確的人表現得彷彿這是他們的天然狀態，其實這幾乎是自我控制的成果。

這些人對於思想是如何運作有比較精進的知識，源自於多年來實實在在「關於思想的思考」。根據艾倫的說法，這些人擁有磁鐵般的吸引力，他們不會因為每一次偶然的小小風動就草偃。我們尋求他們的助力，因為他們是自己的主人。「動盪不安」的靈魂奮戰不休的想要成功，但是成功會迴避不穩定。

總評

在首度出版大約一百年後，《我的人生思考1：意念的力量》繼續獲得讀者的熱情褒揚。在這個蘊含煽情聲明和個性的文類中，平鋪直敘和不誇張炒作的文字反而吸引人，同時我們對作者所知無幾的事實更增添作品魅力。

為了讓書中訊息傳達給比較廣大的讀者，有兩個與時俱進的版本問世且修正了原書的性別針對性：馬克．艾倫（Mark Allen，沒有親戚關係）編輯的《當你思考時》（*As You Think*），以及桃樂絲．赫斯特（Dorothy Hulst）編輯的《當女人思考時》（*As a Woman Thinketh*）。

詹姆士．艾倫

艾倫在一八六四年生於英格蘭的萊斯特（Leicester）。父親在家族事業失敗之後前往美國，遇到搶劫遭歹徒殺害，於是艾倫十五歲時被迫輟學，出外工作。他輾轉受雇於好幾家英國製造公司，直到一九〇二年，他開始將全部時間用來寫作。搬遷到英格蘭西南海岸的伊爾佛勒科姆（Ilfracombe），他安定下來過著寧靜的生活，閱讀、寫作、種花蒔草和冥想。

《我的人生思考1：意念的力量》是他十年內完成十九本書中的第二本。儘管公認為他最優秀的作品是在他妻子的催促下才出版的。其他著作包括《從貧窮到權力》（*From Poverty to Power*）、《幸福的小徑》（*Byways of Blessedness*）、《人生凱歌》（*The Life Triumphant*），以及《富裕八柱》（*Eight Pillars of Prosperity*）。艾倫卒於一九一二年。

2ND CENTURY

沉思錄

Meditations

「開啟一天的方式是告訴自己：今天我會遭遇干擾、不知感恩、傲慢無理、不忠誠、惡意和自私，這一切都是因為冒犯者不懂善惡。不過我長久以來已經覺知善的本質和善的高貴、惡的本質和惡的卑劣，以及罪犯本人的天性，他是我的兄弟（不是血緣意義的，而是同樣天生具備理性並且共享神性的同胞），因此這些事情無一能傷害我，因為沒有人能讓我涉入有辱人格的事。」

「熱愛那些編織在你的命運圖案中降臨你身上的事，除此之外還有什麼能更巧妙適合你的需求？」

「萬物——馬、藤蔓——都是因為某種義務創造出來的，這沒有什麼好驚訝，即使是太陽神都會告訴你：『這是我在這裡要做的工作。』其他天神亦復如此。那麼，你自己是因為什麼任務創造出來的？為了享樂？這樣的想法你能夠容忍嗎？」

總結一句

不要陷在無謂的瑣事或小事裡，要在比較大的脈絡中領會自己的人生。

同場加映

波伊修斯《哲學的慰藉》（6章）
理察・卡爾森《練習當好命人：別再為小事抓狂》（13章）

02

馬可・奧里略

Marcus Aurelius

馬可・奧里略是羅馬皇帝，西元一六一年登基，直到十九年後去世。他掌權之時羅馬已經面臨威脅：與邊境「蠻族」持續交戰、士兵帶回疫病、瘟疫橫行，甚至發生地震。想像一下，一個愛好哲學的美國總統若身處這些危機之中，會如何應對呢？不過儘管是這樣的局勢，馬可・奧里略死後羅馬人仍把他理想化為完美的帝王，是真正的哲學家皇帝，在他兒子康茂德（Commodus）的殘暴政權和第三世紀的無政府狀態之前，提供了最後真正的高貴統治。

信奉斯多噶哲學的馬可・奧里略拒絕因為人生的艱難而變得自怨自艾。斯多噶主義是希臘的思想流派，起源於西元前三百年左右。簡單來說，斯多噶哲學教導人們活著就應該順服宇宙法則，並且強調義務、迴避享樂、理性，以及不畏懼死亡。斯多噶的信徒也會承擔自己行動的全部責任、擁有獨立的心智，追求超越自身的更大利益。對於今日的聯合國和其他支持協同合作的世界機構，想必這位皇帝會覺得安然自在。斯多噶學派擁有國際視野，相信四海一家。

不只流傳全世界，斯多噶學派的思想也跨越時間，如同這段摘錄自《沉思錄》的文字所闡釋的：

「所有事情都淡入層層過往，不一會兒就由遺忘所籠罩，即使對於那些人生充滿燦爛榮光的人，榮光也會消逝，至於其他人，之前他們就近乎無聲無息，以荷馬的話來說，他們『同樣無人看見，無人傳唱』。究竟什麼是不朽聲名？那是虛無、空洞的東西。那麼，什麼是我們必須追求的？這些，而且就只有這些：公正的思想、無私的行為、不說虛假的話；歡迎每一件經過眼前的事，接納它們是注定的、期待的，而且發自同一根源。」

這段文字書寫於十九個世紀之前，當我們知道這段文字是多麼古老，某種程度就更有連結感了。馬可．奧里略的人生見證了這段宣言，雖然現在沒有那麼多人有理由要記住他身為領導人的技巧，不過他的《沉思錄》，在作戰中於營火旁書寫的沉靜思想，將繼續存在讀者的心中和腦海裡。

《沉思錄》充滿了深刻洞察，指出宇宙萬物（包括人類）基本為一體。這些沉思告訴我們，努力透過他人的眼睛來觀照就是在擴張自己的世界，也是在統一這個世界。蔑視、迴避或評判一個人不過是阻礙自然法則。要把人際關係推進更高層次，我們就必須做上述這些事的反面，這樣的領悟形成了這位皇帝的思想基礎。

《沉思錄》的每一頁都是這個主題：接納事情和人們本來的面目，而不是我們希望的樣子。這個觀點有其悲傷的一面，如同下述短評所示：「你可能會心碎，但是人們依然故我。」讀者的確會留下這樣的印象，閱讀的是一名孤寂之人的思想，但是馬可．奧里略有能力客觀看待人生讓他免於真正的幻滅：

「要像岬角一樣抵擋海浪一波一波的沖刷，岬角屹立不搖，直到眼下環伺的潮騷再度消退平息。絕對不要這麼說：『我是多麼不幸，這種事竟然發生在我身上！』要說：『我是多麼幸運，這件事沒有留下怨恨給我，現在不動搖，未來不洩氣。』」

斯多噶哲學的偉大價值是它有能力幫忙把事情放入大局來觀照，因此你可以記住真正重要的事。如果你喜歡《沉思錄》就是古代版和高貴版的《練習當好命人：別再為小事抓狂》。能夠如實看見這個世界的人，也會有能力看見超越這個世界的實相。我們身在此處，我們有工作要做，但是我們有個感覺，認為自己來自另一個地方，而且最終會去那裡。人生可能是悲傷和孤寂的，似乎一事接連著一事不斷發生，然而這永遠不會抹滅我們對於自己在宇宙中的存在所湧起的基本好奇和讚嘆：

「測量繞行的星星，彷彿你自己跟它們一起運行在途中。經常描繪自然元素那改變又改變的幻化。這樣的視界清除掉我們世俗人生中的渣滓。」

總評

馬可・奧里略是康茂德的父親，從這樣的事實我們能夠領悟出什麼？康茂德繼位和殘酷的統治打破了王位不世襲的傳統，如果這位哲學家是如此偉大的人物，怎麼會生養出這樣殘忍的兒子？

《沉思錄》不只是一本有著簡單答案的自我成長書，它的主題正是不完美。我們永遠不可能確切知道事情為什麼會發生，人們為什麼會那樣行事，但是無論如何這不是由我們來裁判的。發生的事件和存在的生命有著更大的意義是我們難以知曉的。這樣的認知本身就是安慰。

這本書篇幅不長，能在瘋狂世界中讓人醍醐灌頂，保持清醒。而今日的讀者也會喜愛《沉思錄》突出於現代哲學書和自我成長書之上的優美散文（麥克斯威爾・史丹尼佛斯〔Maxwell Staniforth〕的英譯本特別好）。不妨買一本，對你的人生會有用處的。

馬可・奧里略

哈德良這位羅馬功業最輝煌的皇帝之一，於西元一三八年去世時指定安敦寧・畢尤（Antoninus Pius）為繼承人，安敦寧・畢尤又指定十七歲的馬可・奧理略繼承他。當馬可・奧理略迎娶安敦寧・畢尤的女兒芙絲蒂娜（Faustina）之時，這名年輕人的未來就確定了。除了履行宮廷責任，奧理略投身研讀法律和哲學，四十歲時接任大位，奧理略自願和弟弟路奇烏斯・維魯斯（Lucius Verus）分享治權。維魯斯在八年後過世。

儘管生性愛好和平，奧理略被迫繼續捍衛帝國領土，與日耳曼部族交戰，包括馬柯曼尼人（Marcomanni）和夸地人（Quadi）。有份已遺失的手稿是《沉思錄》的來源，其實馬可・奧理略從來沒有想要出版這份手稿，而《沉思錄》是在這位皇帝於西元一八〇年去世後，經過了幾乎十四個世紀，於一五五九年首度印行。雷利・史考特的電影《神鬼戰士》描述這位皇帝被兒子康茂德殺害，但沒有歷史證據顯示如此。

薄伽梵歌

The Bhagavad-Gita

「我們誕生在自然的世界，第二次誕生是進入靈性的世界。」

「然而他，擁有強壯的身體為心靈服務，放棄他的權力去做有價值的工作，不追求獲益，阿周那（Arjuna）！這樣的人是值得尊敬的。執行你分派到的任務！」

「他的平靜不會因他人動搖，在他面前其他人找到平靜，不再興奮、憤怒和恐懼，他是我親愛的人。」

「如果你不去打你的人生戰役，因為自私讓你害怕戰鬥，你的決心是無用的，自然會驅迫你。」

「我已經給予你視野和智慧，比起隱藏的奧祕更不為人知的奧義。在你靈魂的靜默中沉思這些話語，然後自由去做你要做的事。」

總結一句

追求內在的平靜，做你分內的工作，讚嘆宇宙的奧祕。

同場加映

狄帕克．喬普拉《福至心靈：成功致勝的七大精神法則》（15章）
《法句經》（21章）

03

薄伽梵歌

The Bhagavad-Gita

《薄伽梵歌》是一名年輕人和神祇（以「黑天」的面貌現身）之間的對話錄。年輕的戰士阿周那在一場戰役的早晨陷入驚慌狀態，因為他即將作戰的「敵人」是熟稔的堂兄弟。

在這種極端的困境中，阿周那向他的馬車夫黑天求助。他得到的答案並不是他想要聽的，不過這是黑天告訴凡人宇宙是如何運作的機會，還有面對人生的最佳途徑是什麼。

《薄伽梵歌》是龐大的印度史詩《摩訶婆羅多》中深受讀者喜愛的一小部分，關於兩個親族，俱盧族和班度族交戰的編年史詩。書名的意思是天神之歌或至尊神之歌，根據胡安・馬斯卡羅（Juan Mascaró）的描述，是一首代表印度靈性高峰的「交響樂」。

這本著作的優美是它涵蓋了各種層面，詩歌、經文、哲學、自我成長指南。此書中我們聚焦在最後一項。

阿周那困境的意義

阿周那不想要捲入這場戰爭，而且為什麼他要參與？讀者勢必會同意與自己的親族打仗實在是瘋狂。不過這則故事是寓言，是關於行動和不行動，同時為我們引介「業」(karma）和「法」(dharma）這兩個概念。

阿周那不解（相當合理的），在一個如此敗壞的世界裡，為什麼他應該費心去做好事，或者去做任何事？喬瑟夫．坎伯在《神話的力量》裡表示，成熟的部分意義就是不否認可憎的或邪惡的，承認惡存在自己的世界裡。他所說的「肯定所有事物」意思並不是面對任何處境你都不能抗爭，只是你不能說某件事沒有權利存在，凡存在必有理由，即使那個理由就是讓你去跟它搏鬥。從人生中撤離，試圖超越人生，這聽起來或許不錯，但是你不能這麼做，因為我們活著，我們無法迴避行動和行動的後果，這就是「業」。

如果我們必須把自己投入生活，那指引我們的是什麼？有的行動是由欲望驅動，有的行動是出於使命感而展開。

第一類行動似乎比較容易，因為那讓你不必質疑的活著，也不怎麼需要自知之明。事實上這樣的行動違反了宇宙法則的肌理，通常會導致我們生活中的靈性喪失。有目的的行動似乎比較複雜和隱晦，然而其實是最自然的方式，救贖了我們的存在，甚至是喜悅的來源。用一個字來說就是「法」。

理性

《薄伽梵歌》是偉大著作，因為它體現了會推理的心智，能夠選擇有目標的道路，克制自發性，放棄由欲望引領的人生。如果阿周那只是依循自己的欲望不去戰鬥，他學不到任何東西。相反的，黑天告訴他去「打一場好的戰役」，這是他的義務，他的「法」。擺脫猶豫不決後，黑天接著告知阿周那，反正他的對手「活該如此」，阿周那只是「神聖業力」的工具。

讀者不需要在「為什麼神要建議打仗」上打轉，這則故事的重點是：年輕的戰士在質疑自己的行動和存在時，展現了理性。今日我們傾向於把理性等同於智力，但這是懶惰的思考，因為這意味著像隻老鼠或一台電腦，展現能力來「解決事情」而已，這樣我們就在同樣的層次裡了。

事實上理性是透過思考過程發現我們在宇宙大局中的位置，尤其是藉由工作或行動讓我們的存在獲得正當意義和圓滿。理性讓我們成為人。

《薄伽梵歌》不是在鼓吹遁入神祕世界。藉由展現通往理性的道路，《薄伽梵歌》揭示了我們的最高才能和最大資產。

工作

《薄伽梵歌》要我們關注三大「自然要素」：黑暗或惰性（Tamas）、火或變性（Rajas）、光亮或悅性（Sattva）。「變性」的生活風格充滿行動和沒完沒了的事件、插手太多事情、總是想要更多、缺乏休息，貪戀東西和人。這樣的人生是關於獲得和贏取，聚焦於「什麼是我的，以及還有什麼不是我的」。

聽起來很熟悉？這是根據「後果」來生活，儘管可能比「惰性」（慣性、呆滯、漠不關心、無知）高一階，但依舊歸屬於平庸。而光亮的生活，像是悅性，當你的意圖高貴，同時在行動中感覺平靜，你會知道自己活得光亮。你的工作就是你的聖殿，即使根本沒有回報你也會全力以赴。

這本神聖經典對於工作的關鍵論點是：除非你從事的是自己熱愛的工作，否則你是在讓自己的靈魂變得黑暗。如果做自己所愛的事似乎不可能，那麼就愛你正在做的事，自由（免於恐懼，不擔憂不焦慮「結果」）就會隨之而來。智慧的人總是預想著後果或結果，然而他們不會在乎結果是什麼，這使得他們更具有效能。

《薄伽梵歌》說，比冥想的平靜更高等的是順服於行動成果的平靜，在這種狀態下，我們不會執著既定期望，允許預期之外和不尋常的後果浮現。

穩定的自我

你或許在電視機面前放鬆自己，此時播放的是今年奧斯卡金像獎的相關報導，述說著頒獎典禮和典禮後閉門宴會的閃閃星光。有人評論：「這就是世界上其他地方可能的生活。」在表面賞心悅目的報導下，突然你產生了不如人的意識：「如果人們說那是膚淺，誰在乎啊，我想要在那裡！我這一生做了什麼，為什麼不在宴會的賓客名單上？星期一早上我真的要回去工作嗎？」

關於這樣的思考，心理學上有個名詞，叫做「客體轉移」。意思是把焦點放在別人身上，尋求他們的贊同。好萊塢是著名的祭壇，崇拜外界評斷的價值，在那裡你永遠狐疑，下一次試鏡、表演或交易時人們對你的看法。這基本上是恐懼的人生，而且當事情的結果不是你所希望的，那就是絕望的人生。《薄伽梵歌》的教導是：你可以達到不需要任何外界讚許讓你感覺自己正確的狀態，你清楚自己有真正價值。

要達到這種層次的存在狀態，其中一條重要路徑是冥想，讓你能夠超脫恐懼和貪婪之類的情緒。透過冥想我們發現不會輕易改變的自我，以狄帕克．喬普拉的話來說：「不受批評左右……不畏任何挑戰，而且不覺得居於人下。」與我們在行動世界可以獲得的相比，這肯定是真正力量。

在比較底層意識的欲望中，你跟其他人沒有什麼兩樣；在冥想的狀態中你可以捕捉到自己的獨特性。冥想之後我們做的事通常不會產生負面的「業」，因為我們是從純淨和全知的區域浮現。「完美的冥想帶來完美的行動。」《薄伽梵歌》如是說。

這本著作一再評述，開悟的人不論成功或失敗都表現如一，不會因為事件的風向或情緒而搖擺。《薄伽梵歌》是指導我們如何定心的手冊，反諷的是這樣的境界源自體悟到人生轉瞬即逝的本質，以及時間運行之無情。雖然宇宙可能處於恆常的變動狀態，但我們可以訓練自己的心成為罕有的定點。對於能夠讓現代生活中最有信心的人也感到渺小感和無意義感，這本書是絕佳的解毒劑。

總評

懷有偏見認為宗教書籍是「神祕兮兮的垃圾」的人，可能會震驚的發現，《薄伽梵歌》是關於如何掌控「心」的偉大著作之一。

天神告訴阿周那：

「我已經給予你視野和智慧，比起隱藏的奧祕更不為人知的奧義。在你靈魂的靜默中沉思這些話語，然後自由去做你要做的事。」

即使天神是全能的，人擁有自由意志。《薄伽梵歌》送出這則訊息，傳之久遠，其力量不受時間磨損，因為或許有點反諷，它是透過詩歌，所謂心的語言來傳送的。

這是本完美的自我成長書，因為它不是學術著作，內容也不複雜，卻是最高深智慧的來源，在二十一世紀高速和充滿壓力的生活中，提供了定心的道路，以及如何獲得工作上的喜悅。

聖經

The Bible

「你定意要做何事，必然給你成就，亮光也必照耀你的路。」

（約伯記22：28）

「耶和華是我的牧者，我必不致缺乏；祂使我躺臥在青草地上，領我在可安歇的水邊；祂使我靈魂甦醒。」（詩篇23）

「弟兄們，我還有未盡的話：凡是真實的、可敬的、公義的、清潔的、可愛的、有美名的，若有什麼德行，若有什麼稱讚，這些是你們都要思念的。」（腓立比書4：8）

「我靠著那加給我力量的，凡事都能做。」（腓立比書4：13）

「疲乏的，祂賜能力；軟弱的，祂加力量。」（以賽亞書40：29）

「神若這樣為我們，誰能抵擋我們呢？」（羅馬書8：31）

「凡你們禱告祈求的，無論是什麼，只要信是得著的，就必得著。」

（馬可福音11：24）

總結一句

愛，信仰，希望，上帝的榮光，人完善自己的能力。

同場加映

《薄伽梵歌》（3章）

《法句經》（21章）

04

聖經

The Bible

人們看待《聖經》的方式通常落入下面三個範疇：神聖的宗教文本；龐大的歷史著作；或是偉大故事的合輯。不過固著於既定印象會阻礙我們無法以新眼光將《聖經》界定為理念的合輯，而這些理念協助我們建立人可能是什麼樣子的概念。

進步

我們很容易忘記《舊約》和《新約》對於我們今日生活的世界要負多大責任。湯瑪斯・高希爾（Thomas Cahill）在他的著作《猶太人的禮物：一個遊牧民族如何改變歷史》（*How a Tribe of Desert Nomads Changed the Way Everyone Thinks and Feels*）中寫道：

「沒有《聖經》我們就永遠不會見識到廢奴運動、監獄改革運動、反戰運動、勞工運動、民權運動、原住民和流離失所的人爭取自己人權的運動、南非反種族隔離運動、波蘭團結工聯運動，以及南韓、菲律賓，甚至中國這些遠東國家爭取言論自由和支持民主的運動。這些現代歷史中的運動全部採用了《聖經》的語言。」

或許我們的思考方式最關鍵的改變是進步的觀念。在遙遠的古代，時間總是被看成是循環的，偉大的創世故事對於早期文化中的初民要了解自己是如此重要，其實是相當陌生的，因此他們不太關注未來，也不會有「明天可能會比今天好」的觀念。當時有許多神祇，但是他們「非人」而且反覆無常，沒有一位神祇對於人類有任何特定的願景。

經由西奈山上的摩西，上帝直接揭示了戒律，改變了上述狀況。儘管這位獨當一面的新神祇令人畏懼，祂是永遠把我們的最佳利益放在心裡的神祇，而且對於祂的子民懷抱長遠願景。祂是引領猶太人脫離在埃及的奴隸狀態前往應許之地的神祇，祂會在歷史長河中努力，創造自己的目的，他是進步之神。

雖然我們今日已經習以為常，這種進步的世界觀定義了西方文化，而且幾乎所有非西方文明也採納了這個觀點。正如高希爾上述所說，進步的世界觀是所有偉大解放運動背後的力量。這些運動往往採用「出埃及記」的語言，從「事情不一定要如此」的想法發展出來，這種想法也是大多數自我成長書籍的引路燈。

愛的力量

如果《舊約》是族群走過千年的啟示，《新約》就成了個人救贖的象徵。《舊約》的革命性在於強調個體的新鮮觀點，而《新約》將此邏輯推到極致，表示個人不僅能改變世界，而且有義務這麼做。以耶穌為例激勵世人接受挑戰，遵循上帝形象將世界改頭換面，這使得《新約》成為積極之愛的手冊。再一次，能療癒和創造的愛就像進步觀點，我們現在已經完完全全視為理所當然。不過如同安德魯·威爾本（Andrew Welburn）在《基督教的開端》（*The Beginnings of Christianity*）中陳述的：「愛是上帝對具有個性和自我意識的人揭露的啟示，正如權力和明智的秩序是上帝對尚未發展出自我意識的古代人類的啟示。」

《聖經》關於愛的力量的主題標示了人類的新紀元。大數（Tarsus）[1]的掃羅（Saul，後來成為聖保羅）在前往大馬士革鎮壓基督徒的路上，「因亮光而目盲」。這則個人蛻變的美好故事闡釋了陌生的新觀念：愛可以比立場或權力強大。

信仰

在猶太教獨尊一神的概念之前，眾神的故事多半是反映人的欲望。如果你得不到你想要的，顯然是因為神祇對你不高興。摩西的上帝比較複雜，要求崇拜者要有信仰，以陶鑄祂的目的並且展現祂的全能。猶太教和基督教的上帝不只是成為創生和破壞之神，也是會與人共同創造的神祇。

看看亞伯拉罕的故事：上帝告訴他到山上去獻祭，他照做了，卻發現祭品將是他的獨子，震驚之下，他願意完成祭禮，在最後一刻上帝讓他以附近樹叢抓到的公羊取代小男孩，亞伯拉罕成功通過這個不可思議的考驗，獎賞是後代子孫繁榮昌盛。

這並不單純是忠誠於上帝的考驗，也不只是關於亞伯拉罕，而是人性本身通過了試煉：我們能夠選擇不再是害怕得發抖的動物，與物質世界緊密相連，在成為擁有冷靜信仰的存有時，還是可以反映出上帝的形象。

聖經與個體性

其他宗教和哲學要不是把這個世界看成是幻象，就是我們粉墨登場的一齣戲。而基督教認為個體是讓世界可以發展和實現潛能的單位，如此一來歷史變得重要了，歷史成為人類努力在地上創造天國的故事。

---

1 位於土耳其的小亞細亞半島東南部，托魯斯山脈之下、西德奴斯河流往地中海的出海口。

最重要的是，基督教解放了信徒，讓他們不必接受自己的命運。這是極致的平等主義：人類不再受俘於其他人，也不受俘於善變的神祇、「命運」或「運氣」。強調這點帶給人們開創性的觀念，即是階級、種族或貧窮之類的因素再也不能界定他們。

《聖經》，尤其是《新約》帶來的變革機會是：讓人們看見並且理解「所有人都擁有的不能傳達的奇特處」（德日進之言）。雖然《聖經》比較寬廣的願景是創造出一個人類社群，不過只能是每個人都有機會完整呈現這種奇特處的社群。無論你對教宗保祿二世的觀感為何，是上述信念推動他如此強烈反對共產主義，因為他看到共產制度竟願意犧牲個人的獨特處來成就較大的社群。

總評

《聖經》值得用新眼光來檢視。我們沒有必要再把《聖經》看成是關於原罪和犧牲，或者孵育了嚴格的教會階層制度和聖戰。我們應該想到的是《聖經》中傳達比較單純的訊息，關於同情以及如何實現和精進自我，那是不需要強迫別人接受的道德體系。儘管當成充滿精彩故事的歷史著作來閱讀也是引人入勝，我們應該公正對待《聖經》，記得它是關於個人蛻變的最初手冊。

1990

鐵約翰

Iron John

「過去二十年男性已經變得比較體貼，比較溫柔，但是經歷這個過程他並沒有變得比較自由。他是好男孩，不只取悅自己的母親，還要取悅與他共同生活的年輕女性。」

「對於這名天真的男性來說，『特殊』這個字眼很重要，而且他跟特定的人擁有特殊關係。我們都會有一些特殊關係，但是他以令人膩煩的善意圍繞著特殊人士打轉。這份關係如此特殊，他永遠不會檢視一個人的黑暗面。」

「鐵約翰的故事保留了一、兩萬年前北歐男性啟蒙儀式的記憶。『野人』的職責是教導這名年輕男子的男性氣質是多麼豐富、多元和多面。男孩的身體承繼了死去已久的祖先發展出來的身體能力，而他的心智繼承了幾百年之前發展出來的精神與靈魂力量。」

總結一句

透過古老的故事我們可以讓古代深厚的男性力量復甦。

同場加映

喬瑟夫・坎伯（比爾・莫耶斯合著）《神話的力量》（12章）
克萊麗莎・平蔻拉・埃思戴絲《與狼同奔的女人》（25章）
湯瑪斯・摩爾《傾聽靈魂的聲音》（40章）

05

羅勃・布萊

Robert Bly

羅勃・布萊是受敬重的美國詩人，但為什麼會寫出一本自我成長的暢銷書？布萊一直在進行關於神話學的演講來補充自己的收入，他發現「鐵約翰」這則格林童話碰觸到男性的痛處。由這則古老故事催生出來的著作幫忙建立了男性運動，羅勃・布萊的研討會則啟發了男性運動中固定儀式的擊鼓和抱樹活動。

當代男性

在早期的研討會上，布萊要求與會男性重演《奧德賽》的一個場景：奧德賽走近母性能量的象徵「喀耳刻」（Circe）時受到指示舉起他的劍。愛好和平的男性無法舉起劍，他們如此執著於不要傷害任何人的觀念，這些男性是在越戰期間成年的，他們不想要跟需要敵人才感覺到活力的男性氣概扯上關係，他們不再像一九五〇的男性那樣忠誠守一，而是願意接受不同的觀點和議程。

對於這些「柔軟的男性」（布萊承認他們是可愛的人）這個世界已經美好多了，但是心境如此平和的男性也顯著的不快樂。他們的不快樂是被動造成的，布萊試圖教導他們，揮舞劍不一定意味著你是好戰份子，而是你可以展現一點「歡歡喜喜的決斷」。

《鐵約翰》試圖透過神話和傳說把男性帶回他們男性氣概的源頭，找到中庸之道，立足於「新時代敏感傢伙」的深刻覺察和戰士的力量與活力之間。

故事

數千年來鐵約翰的故事以不同形式出現，總而言之：一名獵人回應了國王的挑戰，前往沒有人能夠回來的森林深處。獵人進入森林，而他的狗被湖中伸出來的手抓走了，他慢慢用桶子把湖水舀乾，他發現湖底有位毛茸茸的野人，結果野人被抓回鎮上的城堡囚禁起來。

國王的兒子在玩金球時，金球意外滾進關野人的籠子裡，王子與野人達成協議，他可以把球拿回來，但是要先釋放籠子裡毛茸茸的野人，這場協商標示男孩成為男人的開端，他願意脫離自己的父母，透過發掘自己的男性能量來取回他的「金球」（青春活跳跳的感受）。

野人是誰，或者是什麼？

布萊慎重其事區分了野人和野蠻人。野蠻人是那種破壞環境、虐待女性的人，他把自己的內在絕望向外推出到世界上，成為對他人的漠視或痛恨。野人則是已經準備好要檢視自己的痛處，因此他比較像是禪師或薩滿，而不是野蠻人。野人是男性氣概最高尚的呈現，而野蠻人是男性氣概最低劣的表現。

開化的男性會努力把自己的野性融入較大的自我之中。當故事中的王子賭上一切和野人進入森林時，父母以為他們的男孩被惡魔帶走了。事實上這是深刻的啟蒙，內在的覺醒。布萊的訊息是：當代執迷於讓童年成為只容得下光明的繭，封閉了小孩的世界，接觸不到力量的源泉，上癮和心理失調反映了社會無能容納「黑暗面」。

布萊相信關於和諧與更高意識的新時代思想，對於天真的男性有危險的吸引力。神話召喚我們充分投入生活之中，遍嚐人生所有的血和淚，要實現完整的自我，方法是專注於「一件珍貴的事物」（一項觀念、一個人、一場追尋、一道問題），而無論任何代價都要追隨著決定就是成熟的徵兆。當我們做出清楚的選擇，我們內在的國王就會甦醒，我們的力量就會釋放出來。

再度喚醒戰士

戰士的能量如果沒有受到尊崇或是疏導，結果就是表現為青少年的幫派鬥毆、打老婆、戀童症和羞恥感。如果正確使用，精粹的戰士能量可以成為每個人的欣喜來源。布萊詢問，不然我們如何能解釋潛意識對雄赳赳氣昂昂的騎士或者穿戴筆挺白色制服和徽章的男子的仰慕？這些形象代表了文明化的戰士能量。

作者也呼籲戰士精神和偶爾的「兇猛」要運用在關係上。他引用了精神分析師卡爾．榮格的評論，榮格說過美國人的婚姻「大概是最悲哀的，因為男性把所有的戰鬥都保留給辦公室」，在家裡他是小貓咪。兇猛包括保護你正當擁有的東西，而且女人也想要知道男人的界限在哪裡。

落地

男性可能二、三十歲時都活得像個「飛行男孩」，活在他的想像裡，沒有什麼可以拉得住他。但是要成為完整的男人，必須要有什麼撕開他，一個讓他的靈魂得以進入的傷口。在許多神話裡，會有野獸靠得夠近，戳傷年輕男子的腿。在鐵約翰的故事裡，是一名騎士追逐王子，刺傷他的腿，當他從馬上跌落時，他藏在頭盔下不讓任何人看到的金髮暴露了。直到此時他似乎擁有了兩個向度，布萊表示，就實現男性潛能來說，體會痛苦和悲傷，和擁有能力在空中翱翔是同樣不可或缺的。

渴望男子氣概

所有文化的男性啟蒙儀式都是深入和被迫發現黑暗面。女性無法啟蒙男性。在許多文化中，男孩被帶走，離開至今為止掌控他人生的女性，跟年長的男性生活一陣子。現代社會幾乎沒有啟蒙的安排，男孩可能整個青春期都在努力延長自由，體現為狂野的行為，對父母（尤其是母親）粗魯，還有沉迷於引人注意的衣著和音樂。

數百萬男性在充斥女性能量的環境下長大，這本身不是問題，但是男孩也需要男性能量。隨著年紀增長，男性開始越來越常去思考關於父親的事，而神話著墨了許多「進入父親屋子」的沉重，要男性拋下輕鬆與舒適的期待，面對嚴峻的現實。舉例來說，布萊表示莎士比亞的《哈姆雷特》就是絕佳隱喻，詳盡闡述了從母方轉移到父方的過程。

人生的色彩

在鐵約翰的故事裡，王子喬裝成騎士，騎著紅馬，之後是白馬，再換成黑馬。這些顏色合乎邏輯的象徵了男性一生的進展：「紅色」代表他年輕歲月的情緒和不加抑制的性慾；「白色」是遵循法則的工作和生活；「黑色」則是成熟，此時同情和仁慈有了綻放的機會。

布萊評論，在林肯擔任總統的晚期，他成為一位「黑色」的男人。他見識了一切，不再受他的情緒（紅色）或是某些外在準則或律法（白色）左右，他停止責怪而且培養出聰慧、具有哲學意味的幽默感。你往往會知道誰開始朝向黑色移動，因為他確實可以信任，沒有隱藏的角落，因為他已經完全整合了自己的陰影。

總評

為什麼布萊重述一則童話能吸引數百萬西方男性？

數千年來人們在營火旁講述《鐵約翰》的故事。遺憾的是，許多男性不知道他們究竟錯過了什麼，然而這本書的影響顯示，關於真正的男子氣概，就像遲遲無人認領的遺產，但今日終於有人要求索回了，而女性和社會上其他人都會因此受益。

可能會嘲笑這樣一本書的男性大概是最需要的人。破壞性最強的類型往往是那些最沒有培養出自我檢視能力的人，女性應該歡迎任何努力想要恢復強大力量，但是沒有破壞性的男性精神。《鐵約翰》帶給男性的滋養，《與狼同奔的女人》也為女性做到了，強力推薦。《鐵約翰》值得再三閱讀，尤其當你還不熟悉神話。這是布萊的第一本散文著作，其中還包含了精選出來的個人絕佳詩篇。

羅勃・布萊

一九二六年生於明尼蘇達州麥迪遜（Madison）的一戶農家。布萊前往哈佛讀大學，在愛荷華大學取得碩士學位。他是仍然在世最出名的美國詩人之一，編輯了一些詩集，指導許多年輕詩人，同時透過他的翻譯讓非英文的詩歌變得比較普及。在反越戰運動中他是其中一位領袖。

布萊撰寫了其他主流書籍，包括《手足社會》（*The Sibling Society*），論辯我們現在生活在「青少年」文化裡；與自我成長書作家瑪麗恩・伍德曼（Marion Woodman）合著的《少女王：男性與女性的復合》（*Maiden King: The Reunion of Masculine and Feminine*）；以及《關於人性陰影的小書》（*A Little Book on the Human Shadow*）。他目前住在明尼蘇達州。

6TH CENTURY

哲學的慰藉

The Consolation of Philosophy

「思索天國的廣袤和安穩，然後終於停止羨慕沒有價值的事物。」

「……其他生物缺乏自知是自然的，但是於人是道德瑕疵。」

「因此儘管整體圖像在你們凡人看來似乎是困惑和混亂的，因為你們完全看不出其中隱含的事物秩序，然而他們都有自己的模式，規範和引導他們向善。」

「『這就是為什麼，』她繼續說，『每當陷入跟命運女神的衝突時，智者不應當發怒，就好像戰鬥的喧囂響徹時，勇者感到憤恨是不合宜的。對他們每個人來說，困難提供了機會。對勇者這是拓展名聲的機運，對智者則是提升自己的智慧。』」

總結一句

不管遭遇什麼事，你永遠擁有心智的自由。

同場加映

馬可．奧里略《沉思錄》（2章）
大衛．布魯克斯《品格：履歷表與追悼文的抉擇》（9章）
維克多．法蘭可《活出意義來》（26章）

06

波伊修斯

Boethius

在自我成長這一類著作中，你不太可能高估《哲學的慰藉》的地位。雖然波伊修斯在今日不是家喻戶曉的名字，但在信奉基督教的西方世界，千年以來他的著作受歡迎程度僅次於《聖經》。

波伊修斯屬於天之驕子，誕生於羅馬帝國晚期的貴族之家，全名是阿尼修斯・曼留斯・塞維里努斯・波伊修斯（Anicius Manlius Severinus Boethius）。政治家敘馬庫斯（Symmachus）收養了他，並且把女兒嫁給他，栽培他競逐權力。波伊修斯接受最好的教育，不到三十歲就當上執政官，除了是羅馬元老院和社會的棟樑，也是備受尊敬的學者，翻譯和評述亞里斯多德，讓古典傳統在中世紀保存下來。不過他想要翻譯柏拉圖和亞里斯多德全部的著作，並且將他們的觀念融合在一本書裡的目標並沒有達成，因為波伊修斯活在動盪的時代。

羅馬帝國已經變形為「基督教世界」，分裂成東（君士坦丁堡）和西（拉文納）兩塊。儘管保留了舊羅馬帝國的大部分體制，此時義大利的統治者並不是羅馬人，而是「蠻族」東哥德人狄奧多里克（Theodoric）。波伊修斯受命為狄奧多里克宮廷的執事官，類似幕僚長，負責緩和元老院和新政權之間的關係。然而一場宮廷陰謀讓狄奧多里克指控波伊修斯叛變，儘管誓言無辜，在酷刑下他被判死刑。

之前擁有一切的生活現在盡成廢墟，眼下他所鍾愛的哲學要如何幫助他？如此惡劣的困境讓他成為回答這道題的不二人選。在等待死刑執行期間他寫下了《哲學的慰藉》。

幸運之輪

書的開頭是幽靈「哲學夫人」來到牢房造訪沮喪的囚犯（我們當他是波伊修斯本人）。聽完囚犯抱怨他處境的不公義，哲學夫人開始理性論辯為甚麼他不應該怪罪「幸運女神」。幸運女神任憑自己的選擇來去，因此永遠不應該依賴祂。囚犯把「快樂」和自己的崇高地位、公眾的尊敬和財富連結在一起，然而哲學夫人論辯，如果上述事物導致他來到眼前的地方，這些東西就不可能是快樂的真實來源。如果要仰賴幸運女神，我們就該預期祂既然會降臨也同樣會離去，就像季節來來去去，盛怒之下，波伊修斯忘記了世界是如何安排得井井有序。

世界是如何安排得井井有序？「哲學」讓囚犯同意我們能尋求的至善是上帝，我們對於外在事物的追求，包括名氣、財富和權力，事實上都是想要抓住這個真正的快樂來源。不像「幸運」，上帝是不變的，而且透過向內觀照就可以接觸到。弔詭的是，尋求認識上帝的人會獲得自我認識。

但這一切仍令人有點沮喪，囚犯抱怨惡人往往贏過好人。不過「哲學」質疑這點，指出如果惡人達到他們的目標，他們就變成動物，然而如果好人成功，他們就高過凡人，上升到神的層次。因此惡永遠不可能真正獲勝，因為惡的「成功」哪裡都到不了，而所有向善的企圖引領我們高升。

命運和天意

這本書逐步論述導向了更大的問題，關於天意和自由意志。被告知在宇宙中沒有機運這回事，天意完美安排了一切，囚犯理所當然要求解釋：「那麼人怎麼會有自由意志？」「哲學」回答：「上帝在當下就預見了源於自由選擇的未來事件。」如果你做了某個選擇上帝知道會發生什麼事，但是不會介入你的選擇，除非你要求指引。

囚犯明白了雖然「天意」毫不費力組織整個宇宙，「命運」則是關於個人在時間長河中的行動。接近上帝的人活得比較合乎天意，因此可以仰賴天意的協助；那些相信自己獨立自主的人完全跟他們的命運綁在一起，於是再一次弔詭的，比較不能控制自己的宿命。體悟到靜止境界的人明白「天意」的心思；除了騷動和混亂之外，一概不懂的人只會看到命運的冷酷。

不幸的意義

「哲學」試圖為波伊修斯闡釋，再也沒有比他更合適的人被迫去思考物質的終極價值。他享有財富、權力、名聲，以及所有高貴出身的優勢，但是這些都不能保護他，防止降臨在他身上的事，而且事實上是這些東西讓他迎向了自己的命運。在他最後的時日，以「囚犯」身分書寫，他全盤觀照了自己的人生。他領悟到自己的成就比不上他現在獲得的自我認識重要。

波伊修斯終於恍然大悟，他的人生到目前為止都是關於掌控的力量，或是隨性的自我創造。入獄這一年，他體悟到宇宙的合一與一體，取代了青少年／成人對於掌控的依戀。他讓自己從不斷攫取的政治人物蛻變成智慧老人。經過「哲學」的慰藉，即使面對那麼可怕的死亡也可以通透來看待。

《哲學的慰藉》的深遠影響

《哲學的慰藉》啟示了但丁、喬叟和阿奎那，而且透過九世紀的阿佛烈大帝和十六世紀的伊莉莎白一世女王翻譯成英文。整體來說，這本書幫忙啟發了虔誠和內省，我們現在多把這兩種特質跟中世紀連結在一起。

波伊修斯想要啟蒙比較廣大的群眾，這種渴望表現在《哲學的慰藉》的書寫形式，那些散文與詩詞交錯稱為「梅尼普斯諷喻」（Menippean satire）的文體，這種諷刺文一直到那時都是受歡迎而且輕鬆的文學風格。這本書的設計是透過提供歡愉和撫慰來引誘讀者接受作者的論證，而這的確也達到目的了。P. G. 沃爾實（P. G. Walsh）的譯本出色掌握了這本書的意圖。

總評

波伊修斯是他那個時代的傑出知識份子，雖然他的書基本上是私人作品，但他直接訴求各種年紀的讀者，提供即時的建議、安慰和啟示。這本書的核心問題是「自由意志」，乍看之下可能太知性，事實上卻是整個自我成長倫理的關鍵，即使在身體不自由時依舊保持心智的自由，如同波伊修斯做到的，這就是成熟的精義。關於快樂的本質，《哲學的慰藉》是你可能閱讀到的最深入探討之一。

1997

擁抱似水年華：普魯斯特如何改變你的人生

How Proust Can Change Your Life

「雖然普魯斯特從來就不喜歡，而且用不同說法來指涉『不幸』〔1914〕、『誤導』〔1915〕和『醜陋』〔1917〕，《追憶似水年華》的優勢是直接指出這部小說的主題：追尋時間消散和逝去的背後原因。絕對不是追索抒情年代流逝的回憶錄，這本書是切合實際而且普世通用的故事，關於如何停止虛擲光陰，開始欣賞你的人生。」

「儘管傳統上哲學家一直在關心如何追尋快樂，更多更精闢的智慧似乎顯現於如何找出方法，能不失分寸又具有生產力的不快樂。痛苦頑強的一再出現，意味著發展出應付痛苦的可行途徑，肯定是勝過任何烏托邦式追求快樂的價值。」

總結一句

不管境遇，欣賞人生的豐富經驗。降低期待造就驚喜。

同場加映

湯瑪斯・摩爾《傾聽靈魂的聲音》（40章）

07

艾倫・狄波頓

Alain de Botton

普魯斯特一家的父親是受人敬重的衛生學教授，他寫了無數的學術文章，並且四處旅行。兒子也成了醫生，經濟上成功，喜愛運動，身體健壯到曾經被馬車輾壓過也活下來了。

然而還有另外一個兒子，病懨懨的唯美主義者，靠著父母的錢生活，甚至簡單如圖書館的工作都保不住。在他比較健康的日子，人們會看見他現身巴黎歌劇院，或是舉辦晚宴。一直到父母雙亡之後他才準備好要做點什麼，等到三十幾歲時他決定要寫作，在他獲得任何肯定之前不知要經過多少年。如同艾倫・狄波頓的陳述，普魯斯特對他的女僕表達了這必定看來是渺茫的希望：「啊，塞萊斯特，如果我能肯定自己的書，就能做到我父親為病人做的事。」

現在我們知道後來普魯斯特贏得的名聲了，抱持這麼低的期望似乎有點荒謬。不過在狄波頓的眼裡，上述評論總結了普魯斯特著作的意義：這名作家的確誠心想要效法父親的成功，也想要成為療癒者。狄波頓的書挖掘出一部傑作（《追憶似水年華》）在文學價值之外的意涵，揭露了它的療癒力量，讓我們明白普魯斯特最終希望獲得的這方面評價。

疼痛的目的

普魯斯特感興趣的是如何好好利用痛苦，對他來說這是「整個生活的藝術」。狄波頓指出哲學家傳統上都是在尋求快樂的理論，但是在普魯斯特的著作中他找到實質上比較有用的人生忠告：與其去追求讓我們的人生成為願望都能實現的迪士尼樂園，更好的是找到方法可以「具有生產力的不快樂」。

痛苦似乎永遠令我們感到意外，或許不應該意外的時候也是如此。普魯斯特著作中的許多角色都是糟糕的痛苦者，採取防衛機制而不去面對他們的「議題」，讓他們成為別人受不了的人。好的痛苦者在他或她的感受中看清楚了苦澀的邏輯，知道重要的事必然會失去情緒強度，留下殘餘的智慧。

就普魯斯特的了解，生活的藝術不是關於美妙的生活風格，是關於無論境運好壞如何定位自己的價值和意義，而不是去克服境遇。以這種方式看待，有生產力的不快樂就變成相當不錯的迎向人生方式。

如何贏得朋友……而依舊保有你的歷史地位

普魯斯特有很多非常愛他的朋友，有些人寫了熱情洋溢的回憶錄，記述跟他在一起的時光。狄波頓為我們闡釋普魯斯特究竟是如何享有這樣的敬重。

首先，他不相信友誼是向別人赤裸裸展現靈魂的機會，即使對方有興趣聆聽你不吐不快的心事。的確，要保有朋友同時從他們的人格中獲得最大好處，你必須讓他們說話，普魯斯特受人喜愛或許是因為他是如此出色的聆聽者。第二，他相信友誼應該是輕鬆而且非知性的，交談是娛樂別人和讓他們覺得自己特別的機會。

上述一切或許可以直接取自戴爾．卡內基關於人際關係的著作，而事實上普魯斯特的朋友發明了「普魯斯特化」這個動詞，意思是給予大量的關注和讚美。不過其中意涵不止於此，狄波頓以深刻的洞見闡釋了普魯斯特如何在友誼方程式中審慎去除「真相」和知性，讓自己在書寫中表達他雷射般的分析力量，因此保住了朋友。

我們可以從這位友誼大師身上採集到的訊息是：對你的朋友放低期待，而且一般而言不要把自己的快樂寄託在別人身上。掌握自己比較深層的熱情或愛好（通常不是什麼人，而是召喚你去實現或追求的事，以普魯斯特為例，這件事就是寫作），並且根據這份熱情來愛好生活，獲得的滿足會把友誼和其他關係放在恰當的定位來全盤觀照。

如何過上與眾不同的生活

如果醫生告訴你，你只能活一星期，這個世界就會看起來美妙無比，這真是個奇蹟。那為什麼在正常狀態下，我們這麼容易就沮喪、無聊，或者完完全全感到厭倦？普魯斯特相信上述這些感受雖然相當正常，卻是認知上的錯誤。他書中的敘述者前往海邊，希望能見到暴風雨肆虐的暗沉沉海岸線，有海鳥呼號，結果看到的是常態的渡假勝地。但是藉由他的畫家朋友斯蒂爾（Elstir）指出一些簡單的事物，例如陽光下一名婦女棉衣的純白，就能夠讓敘述者重新欣賞美。

對許多人來說，「普魯斯特」這個字眼召喚出來的意象是高不可攀的知性和精緻，他的書寫能夠把我們帶回巴黎的黃金時代，那時的生活多少比較輝煌和富裕。狄波頓告訴我們這樣的觀點多麼謬誤，反諷的是，他對普魯斯特的崇敬蘊含了警告，要我們不要太愛這位法國作家，我們不應該費心去造訪他童年時消磨了一些夏日時光的貢布雷鎮，以及試圖看見他所看見的。確切的說，閱讀他的目的是提升自己的感官意識，那是你無論在哪裡或是活在哪個時代都能運用的，但願自己活在普魯斯特的年代，享用那個時代的瑪德蓮蛋糕、馬車和宴會都可視為一種犯罪行為，如此一來等同於放棄了活在當下的可能性。

時間

在某個層次上，普魯斯特的著作是關於領略當下的美好，品味生活的微小細節，他希望我們感受到時間是很奢侈的，要縱情於時間之中，而他的寫作風格極為出色的反映了他的執念。如果一個句子可以理解為字詞組成的一個時刻，他尋求延長這些時刻。如果某件事值得書寫，那就值得詳盡書寫。狄波頓提到有個句子以標準字體呈現會長達四公尺，或者環繞一瓶酒十七次！

在另一個層次上，普魯斯特過著相當不在意時間的生活。《A la recherche du temps perdu》經常翻譯成《追憶似水年華》，的確關於普魯斯特的作品流行的圖像是：因為情感的緣故遺忘的記憶重新復活。然而狄波頓給我們的印象是，這部傑作根本不是「關於」過去，事實上就像所有偉大的小說家，普魯斯特運用過去來描述事物如何超脫於時間的觀點，事件停留在過去，但是普魯斯特所提供的關於人、關於愛和生活的深刻理解是超越時間的，正是普魯斯特這種不受時間限制的觀點啟發狄波頓寫下他的書。

總評

許多人認為七大冊、一百二十五萬字的《追憶似水年華》是二十世紀最偉大的著作。這本書真的跟自我成長牽扯得上一丁點關係嗎？有的意見激怒了一些普魯斯特的崇拜者，因為不能讓實用的療癒價值把藝術變得廉價。儘管這本書連結的意象是菁英和文化修養，普魯斯特曾經表示，他尋求的讀者是「那些在搭火車之前買本印刷粗糙的書來閱讀的人」。如狄波頓所說，普魯斯特寫作不是為了獲得文學大師的認可，而是為了自己的救贖。如果這本書幫助了他，或許也會幫助別人。

《擁抱似水年華：普魯斯特如何改變你的人生》不只是向一個人致敬，還是送給自我成長倫理的獻禮（儘管不無反諷意味）。此書的大功德是把這位法國天才至關重要的哲學帶給或許永遠不會實際去閱讀他的人。普魯斯特對於人生的理解儘管複雜又高深，但現在已經成了一種選項，提供給可能永遠不會花力氣去尋求有別於史蒂芬·柯維或安東尼·羅賓斯那類明確、甜美答案的讀者。

如果通常只會閱讀關於「時間管理」書籍的人，能夠進一步去思考時間本身的特性，狄波頓以及通過他引介的普魯斯特就成功了。

艾倫・狄波頓

狄波頓在瑞士長大，就讀英國的哈洛公學，取得劍橋大學的學位。其他著作包括：一九九三年《我談的那場戀愛》（*Essays in Love*）、一九九四年《愛上浪漫》（*The Romantic Movement*）、二〇〇二年《旅行的藝術》（*The Art of Travel*）、二〇〇九年《工作！工作！影響我們生命的重要風景》（*The Pleasures and Sorrows of Work*），以及二〇一二年《宗教的慰藉》（*Religion for Atheists*）。二〇〇〇年的《哲學的慰藉》（*The Consolations of Philosophy*）被改編成英國「第四頻道」的電視系列節目，作者把蘇格拉底、伊比鳩魯、塞尼加、蒙田、叔本華和尼采的思想應用到日常的問題上。

狄波頓住在倫敦，督導「人生學校」（The School of Life），這個機構提供由哲學引導的團體課程和個人諮商。

1980

轉變之書：
別為結束哀傷，因為那是你重生的起點

Transitions: Making Sense of Life's Changes

「整個自然界成長涉及到定期的加速和蛻變：有一段時間進展緩慢，似乎什麼事都沒有發生，突然之間蛋殼裂開、枝枒開花、蝌蚪尾巴萎縮不見、樹葉掉落、鳥兒換羽、冬眠開始。我們人類也一樣。儘管與動植物的世界相比，徵兆不那麼明顯，轉型的時間發揮了同樣的功能。」

「無論你是否選擇去改變，你的內在都擁有未實現的潛能，那些你還沒有去探索的興趣和才華。轉變為新的成長清開了道路。轉變讓簾幕放下，因此能夠為新的場景佈置好舞台。在你的人生此刻，在後場安靜等待進場的信號是什麼？」

總結一句

所有的人生轉型都有固定模式，如果能辨識出來就比較容易理解艱難的時光。

同場加映

羅勃・布萊《鐵約翰》(5章)
喬瑟夫・坎伯(比爾・莫耶斯合著)《神話的力量》(12章)
克萊麗莎・平蔻拉・埃思戴絲《與狼同奔的女人》(25章)
湯瑪斯・摩爾《傾聽靈魂的聲音》(40章)

08

威廉・布瑞奇

William Bridges

威廉・布瑞奇是在自己經歷改變階段，卻發現沒有提供引導的轉變指南時，才心不甘情不願開始撰寫這本書。令他意外的是，《轉變之書：別為結束哀傷，因為那是你重生的起點》立刻填補了空缺，銷售超過二十五萬本，書就這樣靜靜的流傳於眾人之手。

這本書的深度讓它不只是關於「如何應對」的手冊，同時讓我們見識到解體、死亡和再生的歷程是自然界的基本法則，也是神話的核心主題。這樣的循環才是自然狀態，而不是穩定。我們都直覺的知道這一點，但是布瑞奇表示，承認此事，並且仔細去檢視這個歷程，會讓無可避免的改變階段變得比較容易應對。

轉變之路

關於轉變有趣的一點是，轉變之路總是無預期的降臨我們身上。舉例來說，伴隨新生兒進入生活之中，許多夫妻得辛苦應對時間和自由的喪失，在他們能享受孩子帶來的驚奇之前，他們必須先處理好比較不受限的舊生活結束了。

一位男士加入布瑞奇的團體聚會，想要處理他近來職位三級跳造成的生活改變，現在他的家人得到了曾經想要的一切，但是心理上他發現很難應付生活的改變。為什麼？我們都擁有自己的生活模式，在某種程度上，這個生活模式是否讓我們快樂並不重要，只要模式改變，就會感到失落。即使是多年來在小夜總會辛苦謀生，突然發現自己成了明星的音樂人，或是買彩券中了大獎的人，都需要適應的時間。

寓意是：不要那麼關注發生的是好事還是壞事，要把焦點放在是否會造成你生活上的重大改變。如果事件無足輕重就不需要煩憂，那可能只是有較深且不滿的情緒潛藏在內在心理層面時，改變最明顯的象徵而已。

唯一不變的是改變

把轉變放在生命旅程中較大脈絡來看會有幫助。許多社會科學家認為三十歲是關鍵的轉捩點，從青年進入真正的成年，過去成年的時間點是二十一歲。來看布瑞奇對於男性表示：「我似乎在進入老年了，而且才剛剛離開青春期！」事實是我們一生不斷在經歷轉變，不一定要相應於固定的年紀。

布瑞奇討論了奧狄賽的神話故事，儘管奧狄賽是位傑出的領袖，但他發現自己必須拋棄過去應對生活的種種方式，踏上需要通過眾多試煉與磨難的迢迢歸鄉路。轉變的訊息之一就是，我們不可能終其一生是同樣的人做著同樣的事。年輕時你想像自己從三十歲到死亡的生活是沒有起伏的穩定狀態，然而實際上鮮少如此。如果生活太安定了，要嘛你選擇去改變，否則就是被迫去改變。

下面簡略勾勒布瑞奇的轉變三階段，這是根據人類學家確認而且明顯見於大多數部落的「過渡儀式」而來。

結束

要有新的開始你就需要承認結束。在傳統民族之間的普遍做法是：當有成員即將經歷內在轉變時，會把他們帶離日常生活。在改變的時期，我們或許覺得需要脫離自己的日常經驗。

隨之而來的可能是感覺失去認同，我們不再清楚知道自己是誰，原有的動機消失了，下一階段是覺醒，此時我們領悟到自己看待世界的方式終究不能好好反映現實，這可能是轉變的第一階段，也是最後階段，因為覺醒為新的開始和看待世界的新眼光鋪平了道路。

我們要面對結束各自所擁有的不同風格，不過每個結束都可能重新喚醒舊有的傷痛或羞恥感。如果童年時別人讓你覺得自己沒有價值，往後人生每一次表面上的失敗都會帶來強烈的痛苦，因為這提醒了你認定的無價值感。儘管有時候感覺是如此，但結束並不是我們的末日，在部落文化裡，結束被儀式化，因此當事人不會把結束看成是終局，而是開啟新生活的必要階段。

中間地帶

在結束帶來的震驚之後我們通常會想要盡快逃離這段不舒服的時光。然而，這有可能成為你人生中最寶貴的時光，因為此時你「被打開了」，你也準備好考慮其他的生存和行事之道，對於你身處中間地帶的不確定時光，布瑞奇有些建議：

一、確定找到獨處的時光，歡迎空白。到某個沒什麼可消遣的地方，你可以確確實實什麼事都不做，但是不要期待任何偉大的靈啟。重點是關注自己的夢想和思想。

二、寫日記或部落格，紀錄下你的「中間地帶」經驗，或者撰寫你的自傳。給自己機會「重寫」你的人生故事。

三、努力去發掘你真心想要的，什麼是你覺得自己早就應該做的事？

歷史上許多偉大人物（聖保羅、穆罕默德、但丁、佛陀）都清楚「進入森林」或沙漠的必要。你或許沒有拯救世界的意圖，但是請放心，數千年來人類一直在做隱修的事，而且有必要這麼做。

新的開始

我們怎麼知道什麼時候可以把中間地帶拋諸腦後？什麼時候我們要邁開重要的新起步？往往在回顧中我們才能看出新的開始在哪裡，那些事在當時看來似乎不顯眼。我們在自己不想前往的宴會上遇到了後來的配偶；我們在朋友的住處碰巧打開一本永遠改變了自己的書。

當我們準備好向前進時，機會就會出現，那會是令人興奮的時刻。但是不要對自己太嚴苛，至少要跟舊生活維持某種形式的延續。不確定的時光裡獲得的洞見會讓你煥然一新，如果事情的進展沒有你希望的那麼迅速，不要太氣餒。布瑞奇想起禪宗格言：「開悟後，濯衣。」

總評

如果你經驗過重大轉變，無論是離婚、回大學念書或是展開新的工作生涯，普遍的感受會是有種將「回到原點」，好似之前那些年全部浪費了。你很可能會想：「或許我應該繼續做我正在做的事，沒那麼糟糕，不是嗎？」

但願布瑞奇的著作能夠成為你的支持和動力，因為這本書為我們闡釋了轉變不是一切的結束，而是周而復始的歷程，最終的獎賞是你的方向感比之前清楚多了。作者引述了愛默生的話：「人不是因他的目標而是他的轉變而偉大。」如果你能學得技巧，擅長通過艱難時期，你會覺得更有信心去應對整體的生活。

這部經典或許現在看起來沒什麼吸引力，不過下一次你開始覺得穩定期即將結束，試著想起這本書。

威廉・布瑞奇

生於一九三三年，布瑞奇在新英格蘭長大。他進入哈佛攻讀英文，在哥倫比亞大學取得歷史碩士學位，博士學位則是在布朗大學完成。原本是美國文學教授，但布瑞奇在一九七〇年代中葉進入「轉型管理」這個領域，他以顧問和講師的身分工作，為英特爾、蘋果和殼牌之類的大公司發展轉型策略。

其他著作包括暢銷書《換工作》(*Jobshift*)、《創造你和公司》(*Creating You & Co*)，以及《應付轉變》(*Managing Transitions*)。《轉變之路》(*The Way of Transition*)是寫來回應失去妻子芒迪(Mondi)的打擊。後來定居於加州的米爾谷(Mill Valley)，卒於二〇一三年。

2015

品格：履歷表與追悼文的抉擇

The Road to Character

「品格是在你內心衝突的過程中建立起來的。品格是性情、欲望和習慣的組合，在掙扎著克服自己的弱點中慢慢雕刻而成。透過一千次自制、分享、服務、友善的小小行動和優雅的享樂，你變得比較有紀律、體貼和有愛心……如果你不是以這種方式培養出表裡一致的品格，人生遲早會垮掉。你會成為自己熱情的奴役。不過如果你確實遵循慣性的自律行事，你會變得一致以及可以信賴。」

「有品格的人……會永遠依附重要的事情，以此為錨安身立命。在知性領域，他們對於基本真理有一套恆久的信念；在情緒領域，他們沉浸於無條件之愛這張大網中；在行動領域，他們對無法在一生當中完成的任務有恆久的承諾。」

總結一句

願意持續奮鬥以求道德完善比攀爬成功的階梯重要。

同場加映

波伊修斯《哲學的慰藉》（6章）
克雷頓．克里斯汀生《你要如何衡量你的人生？哈佛商學院最重要的一堂課》（16章）
維克多．法蘭可《活出意義來》（26章）
詹姆斯．希爾曼《靈魂密碼：活出個人天賦，實現生命藍圖》（32章）
史考特．派克《心靈地圖：追求愛和成長之路》（43章）

09

大衛・布魯克斯
David Brooks

身為專家和專欄作家，大衛・布魯克斯「天生就有流於淺薄的自然傾向」，他承認，而且「獲得報酬得以敝帚自珍，大吹法螺」，發表強烈意見。

他敏銳覺察到人可以在「玩遊戲」方面非常成功，但是從來不曾探索自我最深的層面，甚至不會認為精進和改善自我的修煉是重要的。如果人們似乎很喜歡你，而你的家人也愛你，那表示你一定是夠好。「我一直過著道德期許不怎麼清楚的日子，」布魯克斯在《品格：履歷表與追悼文的抉擇》前幾頁寫道：「模糊的希望成為好人，模糊的希望效力於某個遠大的目標，然而沒有……我開始清晰了解如何過著內在豐富的生活。」深入這項主題提供他機會研究代表道德勝利的人物，他們堅定不移的獻身比自我更偉大的事情。布魯克斯領悟到，一個人可能擅長生活的策略，但是卻沒有策略去建立「悼文」中的美德，那些在你的葬禮上可以讚頌的德行：仁慈、勇敢、坦誠、忠實。

弔詭的是，我們在世俗活動上失敗時，才學會了謙卑，因此在道德意義上反而贏了。我們靠著增強自己的長處在事業上前進；我們面對自己的弱點來培養德行。建立品格是自覺的計劃，是我們人生中最重要的事。

不是去推動，而是接受牽引

布魯克斯談到美國大學畢業典禮上的演講，請一位外人來激勵即將進入職場的畢業生，這些演講充斥著陳腔濫調，關於發現自己的熱情和人生目標，因此就能圓滿快樂。根據這樣的看法，你就是自己人生的策略大師，首先，你盤點自己的熱情和天賦，然後找到目標著手去達成，然而這整個展望，布魯克斯表示，起始和終點都只有自我。

他簡述了法蘭西絲·柏金斯（Frances Perkins）的生平。柏金斯是位有著好名聲且年輕的紐約女性，在一九一一年悲慘的「三角女衫工廠」（Triangle Shirtwaist Factory）大火之後，她決定一輩子獻身去改善工人的處境。如同柏金斯，我們應該願意去接受某事的牽引，而不是永遠在推動什麼。不要問我們想要從生活中獲得什麼，更有力量的不是去問：生活希望從我身上獲得什麼？我的境遇召喚我去做什麼？演化或者上帝把我們拋進獨特的時空，我們的任務就是去找到在這個時空裡面可以做什麼。小說家費德瑞克·布希納（Frederick Buechner）詢問：「在什麼地方我們的天賦和深刻的喜樂與這個世界的深層需求遇合了？」

你可以選擇職業，不過通常是志業選擇了你，或者如猶太經典《米示拿》所說：「你沒有義務去完成工作，但是你也沒有自由喊停不讓工作開始。」志業大過你，因此在你死前你不會「完成」任何事。你是開展某件事的貢獻者，而且能夠在努力中獲得喜悅，布魯克斯表示，法蘭西絲·柏金斯知道「服務不是因為你心腸好去做的事，而是你獲得了生命的禮物必須還債」，她在大學時期接收到了這樣的耳提面命。在她的時代，大學教育的目的不是幫你做生涯的準備，而是培養自制、品格和沉著自信的態度，讓你成為穩定和平衡的人。學生受到的教導是，成為英雄人物是可能的，但是當然不是為了自己的榮耀。他們的弱點會清楚的向他們指出來，跟今日剛好相反，現在的年輕人接受的教導是相信自己「好棒棒」。

布魯克斯不客氣的表示，今日做一些社區服務是用來掩蓋內在生活薄弱的事實，如果我們真的宣稱要服務，那是在詢問自己如何能夠造成「最大的影響」，或者協助「最多的人」。我們探問，我的大我精神運用在什麼事情上才是正當的？誰會幸運的受惠於我的慷慨？霍桑：「仁慈與自傲是雙胞胎。」

柏金斯改善工業環境和工人生活，讓她成為羅斯福總統兩屆任期內的勞工部長。她是「新政」改革背後的重要推力，尤其是社會保障和就業計劃、加班法、最低薪資以及失業保險的開創。在幾乎沒有女性閣員的時代，這是份艱難的工作，她也遭受無情批評。不過正如布魯克斯指出的：「全心投入志業的人不會仰賴不斷的正面加強。這份工作不需要每月或每年得到報酬，受天命召喚的人去執行任務是因為這項任務本質是善的，不是因為產出的成果。」這個觀點和今日的「生涯發展」是多麼不同。

不是關於我

喬治・馬歇爾（George Marshall）小時候不是人們認為的聰明孩子，他的父母讓他進了維吉尼亞軍校。通過欺凌、嚴格的規矩、不停的敬禮和嚴苛的自律，他被打造得跟過去判若兩人，男孩變成了年輕男子，他「刻意的簡樸和平實」，展現出克制力量的精義。

不像與他同時代的艾森豪，馬歇爾在美國軍隊中大器晚成。到了三十九歲他依舊是暫代中校，看著比他年輕的人晉升在他之上。他在許多不起眼的職務上歷練，缺席了重大戰爭，成為管理和後勤的專家。在美國參與第一次世界大戰時，他在法國的壕溝中組織上千人的行動和補給，戰爭結束後，馬歇爾為潘興將軍（General Pershing）勤奮工作，但是沒有得到升遷，他得要再花十八年的時間才會獲得第一顆星星，受命為美國參加第二次世界大戰的參謀長時，當時的他將近六十歲。

布魯克斯指出，現今沒有人想要當組織人，無私的投身於公司或部門或軍營，取代的是，我們根據什麼對我們最好來規劃生涯，為了我們的自我實現，從一個組織到另一個組織增強我們的履歷。我們忘記真正的承擔是什麼意思，那是不管降臨在自己身上的是什麼，但都甘願承受，就像馬歇爾為美國陸軍的付出。相反的，我們尊崇新創、破壞者、反叛者、非政府組織，以及社會企業家，這當然很好，但是副作用是體制的衰敗，龐大的體制被視為恐龍。

然而所有體制都是設計來讓我們成長，並且提供我們一條貢獻社會的路。在我們出生之前體制就存在，在我們死後也會繼續存在。體制「根據通過時間考驗的特定方針溫和的指引行為」，讓我們比較容易成為好人。不要為了自己尋求光榮將一切夷為平地，我們可以努力讓體制變得比較好。軍隊造就了馬歇爾，因此他有義務為軍隊服務，他改革了陸軍的訓練，讓每一件事變得比較簡單，比較吻和戰爭的實際狀況，當羅斯福總統要他負責戰備時，他純粹是因為功績中選，一旦擔任這個職務他就必須執行殘酷的裁員，結束許多人的軍旅生涯。然而國會和英國人致以他最高的敬意，因為他們知道他超越政治，只是想要贏得戰爭。

羅斯福總統決定把領導盟軍的任務交給艾森豪，去攻擊占領法國的德軍，因為馬歇爾不曾表示他想要這份工作（儘管他私底下想要）。艾森豪成為偉大的戰爭英雄，馬歇爾的名氣比不上他，是因為他沒有嘗試宣傳自己。不過邱吉爾總是說馬歇爾的貢獻最大，稱呼他是「勝利的組織者」。

在傑出的軍旅生涯之後，馬歇爾即將退役，此時杜魯門總統邀請他擔任駐中國大使，他毫不遲疑接受了，即使他剛剛為自己和太太買了退休後的住家。在接續的國務卿職位上，他制定了著名的「馬歇爾計劃」（官方名稱是「歐洲復興計劃」）。透過這項計劃，美國協助殘破的歐洲國家重建。

布魯克斯的重點是：馬歇爾變得偉大正是因為他從來沒有把自己放在第一優先，無論做什麼都是為軍隊和國家服務。在人人受到驅策要「跳出框架來思考」的時代，投入體制聽起來像是可怕的老古板，然而體制是社會的基石，有時候最道德的選擇是獻身於體制的保存和精進，因此體制能夠持續為我們永遠不會認識的人們服務。

臣服的力量

年輕時，奧古斯丁可說是上升之星，他的腦袋和才華，加上野心勃勃的母親莫妮卡的催逼，讓他將晚期的羅馬帝國從邊緣走向核心。他跨越地中海在米蘭的皇宮成為演說家和修辭學家。

但是隨著他越爬越高，似乎變得越來越不快樂，他總是相信要成功必須成為自己的主宰：要更努力工作、擁有更強的意志力，或者做出比較好的選擇。但是這種自我效能、與世界區隔開來的意識，並沒有為奧古斯丁帶來平靜，只有更多的焦慮。相反的，他越臣服於自己所相信偉大無比的上帝，反而似乎有越多的力量和平靜降臨他身上。如同他之後在著名的《懺悔錄》中寫的：「直到我們安住於您，我們的心才會安定下來。」

奧古斯丁在花園中皈依的著名場景終結了他「自我修養」的信念，他將自己託付給上帝，充滿著恩寵與目的感。在這之前他抗拒臣服，因為他不願意放棄世俗享樂，不過他的頓悟讓他明白沒有什麼事比得上奉獻的生活那樣喜悅。布魯克斯表示，奧古斯丁發現「隨著人們越來越依賴上帝，他們懷抱雄心和行動的能力也會提升。依賴不會孕育被動，孕育的是能量和成就」。「虛己」（或排空自己，kenosis）的過程是「下降到依賴以獲得無限的高度」。奧古斯丁想要偉大，也如願變得偉大，然而並非以他預期的方式，而是運用了所有技巧和能量協助塑造現代教會。這比他原來可能的人生——身為頂尖律師或演說家讓自己過得風光的人生——意義和影響力重大多了。

布魯克斯敘述奧古斯丁的故事用來對比現代的自我發展倫理，自我成長和勵志書主張我們駕馭自己的人生，不過這些書全部建立在我們能主宰的自負上。我們唯一能塑造和控制的是自己的品格，而這需要包含我們的個人盼望，無論是基督教的上帝、佛心，或者某個帶領我們超越自我的道德體系。事實上，布魯克斯寫道，你越長時間相信控制，「你就離真相越遠……心靈是如此龐大而未知的宇宙，單靠自己你永遠不會認識自己」。你怎麼可能做到？當你的渴望無限，你的情緒一直在變動，你自欺的力量無窮盡，要發達、要成功，然而，真正對世界有用的是，我們必須認同不變的事物。「我們沒有造就自己，」奧古斯丁寫道，「造就我們的祂永遠不會消逝。」

從道德上的拼搏到成就上的拼搏

每個社會的道德氛圍是服務於它的現況，強調某個價值凌駕其他價值，有些品質遭到遺忘或是公認為過時，而其他品質變得比較重要。布魯克斯指出，在「道德現實主義者」的傳統下，社會強調減少自我的角色，為偉大的體制服務，同時專注於普世價值。在十九世紀和二十世紀初期長大的人被灌輸的德行是自謙、內斂、自制和犧牲，「原罪」的觀念是日常生活的一部分，時時警戒自己如果違反了某些道德標準會發生什麼事。

道德環境的改變似乎是在二次世界大戰之後產生的，此時人們希望擺脫自制，放輕鬆讓自己享樂。哈里・歐文史崔特（Harry Overstreet）辯稱，強調原罪意味著人們不信任自己，而且不必要的中傷自己，人本主義心理學的教導是：人們需要愛自己和打開自己，我們基本上是良善和值得信任的，因此自愛、自我讚美和自我接納是獲得快樂的一部分。自尊運動也發揮作用，創造出「推崇真實的文化」。在這樣的文化裡人們應該永遠信任自己的感受，追隨自己內在的聲音，不要屈服於墨守成規或腐敗的世界。原罪從來不是存在於你的內心，而是存在於社會、種族主義、壓迫或不平等，重大選擇依據的是「感覺正確」而不是客觀的道德標準。

結果就是產生「喪失詩意和喪失靈性」的人，聰明、有成就，但是沒有多少深度的人。自我變成是關於才華而不是品格，菁英文化要求你成為「機靈的動物」、「簡化內在人性更容易扶搖直上」布魯克斯寫道。這個文化告訴你如何達到目標，但是沒有告訴你為什麼你選這條路而不是那條路。把每一件事，甚至是社會事件，都看成是提升自己的機會，人們使用商業字眼來描述私人領域：時間的「品質」、「人力資本」。雖然品格曾經意味著無私、慷慨、自我犧牲（大概是跟超越別人無法相容的品質），現在品格已經意味著勇毅、韌性、意志力、堅持等特質（比較可能獲得世俗成功的特質），道德上的拼搏已經由成就上的拼搏所取代。

然而在人生的某個時刻，或者某個危機時刻，我們可能終於明白為何成就拼搏不如我們所想的那麼值得，取代自戀和自我擴張的是渴望找到答案：我們是誰，我們可以跟什麼樣的大義或目的並肩，我們需要培養出什麼特質或德行才能真正服務世人，而不只是為了自己。我們領悟到自己並不是宇宙中心，我們沒有自以為的那麼好，光有才華不足以擁有美好人生。人生不是關於成就，而是要讓靈魂更加出色，那是內在鬥爭和精進自我的結果。我們明白自己最大的敵人是驕傲，讓我們看不見自己的弱點，阻止我們「在需要他們的愛的人面前」表現脆弱。驕傲會使得我們冷漠無情甚至殘酷，「誘騙我們以為自己是人生的主宰」。

總評

「我寫這本書並不確定我能夠遵循品格之路，」布魯克斯寫道：「但是我希望至少知道這條路是什麼樣子，以及其他人是如何履踐的。」

《品格：履歷表與追悼文的抉擇》最初的構想是關於「認知和決策」的著作。結果變成了更偉大許多的作品，帶領布魯克斯和我們這些讀者超越心理學進入更為重要的領域。我們不只是各種反射動作、情緒或演化衝動的集合，而是道德的存有，人生總結來說是有意識的做出各種決定讓自己更好。布魯克斯用聚光燈照亮我們的內在生活恰逢其時，這個主題從未受到如此熱烈歡迎。

布魯克斯的人物側寫極為迷人，他在這方面是天才，能把歷史人物寫得栩栩如生，從艾森豪到塞繆爾・約翰遜（Samuel Johnson），蒙田到喬治・艾略特，讓你在閱讀的那一刻覺得認識他們，彷彿他們是朋友或是同時代的人。這跟把著名人物寫得死板板的蒙塵傳記差距不能以道里計。讓甘地、馬丁路德・金恩博士偉大的不是身為演說家或運動領袖的技巧，而是跟道德問題的激烈角力令他們偉大。《品格：履歷表與追悼文的抉擇》提醒我們真正的領導力永遠是道德上的領導力。

大衛・布魯克斯

一九六一年生於多倫多，但在紐約市和費城長大，父親是英國文學教授，母親研究歷史。他在芝加哥大學讀完歷史學位，之後以政治記者的身分工作。他成為《國家評論》（National Review，威廉・巴克利〔William F. Buckley〕創辦的保守派雜誌）的實習生，在「胡佛研究所」工作，同時為《華盛頓時報》寫影評。一九八六年他開始為《華爾街日報》工作，起初是書籍與電影的評述員，後來是派駐布魯塞爾的專欄作家。二〇〇三年《紐約時報》雇用他為專欄作家，替代威廉・薩菲爾（William Safire）。他自認為是與艾德蒙・伯克（Edmund Burke）和亞歷山大・漢彌爾頓（Alexander Hamilton）同一範型的保守派。

布魯克斯曾經是杜克和耶魯大學的客座教授，目前是芝加哥大學董事會的成員。其他著作包括二〇〇〇年《BOBO族：新社會精英的崛起》(*Bobos in Paradise: The New Upper Class and How They Got There*)，以及二〇一一年《社會性動物：愛、性格與成就的來源》(*The Social Animal: The Hidden Sources of Love, Character and Achievement*)。

2012

脆弱的力量

Daring Greatly

「這項研究進行了十二年之後，眼見匱乏感肆虐我們的家庭、組織和社區，我敢說我們共同的一點是，我們厭倦感覺害怕了。我們希望大膽冒險。」

「盔甲讓我們感覺比較強壯，即使我們因為拖著額外的重量到處行走而越來越疲憊。反諷的是，當我們面對藉由面具和盔甲隱藏或保護的人，我們會感到挫折和無法連結。這就是此處的弔詭：脆弱是我最不希望你在我身上看到的，卻是我在你身上先尋找的。」

「脆弱不是軟弱，我們每天面對的不確定、風險和情緒暴露也不是選項。我們唯一的選擇是要不要投入的問題。」

「在變得真實的過程中愛自己同時互相支持，或許是最了不起的大膽冒險行為。」

總結一句

脆弱不僅不是軟弱，還可以是我們力量的來源。

同場加映

大衛．布魯克斯《品格：履歷表與追悼文的抉擇》（9章）
露易絲．賀《創造生命的奇蹟：影響五千萬人的自我療癒經典》（31章）
蘇珊．傑佛斯《恐懼Out：想法改變，人生就會跟著變》（33章）

10

布芮尼・布朗

Brené Brown

「榮耀屬於真正站在競技場上的男人，他的臉龐因塵土、汗水與血漬而污損……在最好的情況下，他最終會嘗到高成就的勝利滋味，而在最壞的狀況下，如果他失敗了，至少是因為大膽冒險才失敗。」

泰迪・羅斯福（老羅斯福總統）一九一〇年在巴黎的索爾邦大學發表了他著名的演講「競技場上的男人」，從此之後成為某種聖歌，讚頌自認是行動者的人，相對於光說不練的批評者，行動者在追求他們相信的事物過程中，願意坦露自己的不足。「競技場」可能是新關係、新工作、重要談話，或是創作歷程，重點是你不能等到一切完美時才進入，你必須以自己真實的樣貌走進去，決定不要走進去也會付出代價，希望安全的心態會導致我們觸摸不到真實的自我。

受到此篇演講的激勵，社會科學家布芮尼・布朗花了超過十年的時間研究脆弱、羞愧和同理心。她早期研究的對象有著「不值得擁有真實連結的恐懼」，由於各式各樣的心碎和背叛，他們敏銳的覺察到自己的缺失和自我認定的不足，並且與自己的價值感搏鬥。不過她也探究了相反類型，她稱之為「全心全意的人」（向心理學家凱倫・荷妮致意），他們願意在工作、關係和社會上展現出不設防的脆弱。

布芮尼・布朗在《脆弱的力量》中寫道，這麼多人相信自己不足——不夠成功、不夠瘦、不夠有力量、不夠聰明、不夠傑出，或是不夠確定——這樣的文化是「匱乏的文化」。人們發現在社交、情緒表達和專業上冒險是困難的，然而「大膽冒險」，或者敢於挑戰任何事是唯一讓我們成為命中注定的那個人的方法。

展現脆弱

英文字典中「vulnerability」（脆弱）的定義包括「對於攻擊和損害不設防」，或者「能夠承受傷害」。這暗示著軟弱，然而布朗主張，真正的軟弱根源於從來沒有覺察或承認自己容易疼痛的柔弱點，這使得我們成為比較僵硬、比較沒有同理心的人，拒人於千里之外，對我們未來的關係造成更為嚴重而不可預測的損害。不脆弱就不受傷，這是致命的幻覺。

不設防的脆弱可以是：說逆耳的話；為自己挺身而出；請求協助；開創自己的事業；主動向配偶求歡；協助你得癌症的配偶寫下遺書；打電話給孩子剛剛過世的朋友；流產三次之後懷孕；身材不好

時在公眾場合運動；請求原諒；獲得升遷但是不知道自己會有什麼樣的表現。

上述這一切都不是軟弱，這全部都包含了勇氣。全部（你可以加入自己的狀況）都會讓你心臟悸動、雙手冒汗、胃部痙攣，讓你感覺失去控制，赤裸裸。不過有一個好問題是：「什麼是值得做的即使我會失敗？」布朗在加州的長灘進行TED演講之後，她覺得即使聽眾反應不好，或是徹底失敗，仍然是真正有價值應該做的事。不論人們是怎麼想她，她把自己關於羞愧和脆弱的一些研究成果帶給大眾，這就是她的目標。她說：「大膽冒險的結果不一定是勝利大遊行，而是安安靜靜的自由感受，混和一點戰鬥後的疲憊。」

孩童時代我們期待長大就不再渺小無足輕重，成年後我們把成功等同於不再脆弱，達到克服一切風險和不確定的那種狀態。然而現實並不存在「擺脫脆弱」的免死金牌，在生活的每一個領域，無論我們多麼富裕、出名或成功，我們不斷面臨必須冒著風險向前進的時刻。任何人表示他們「不展現脆弱」，都會發展出補償行為，同時穿戴上心理盔甲，這兩者的結果可能都比暴露情緒或不確定的活著造成的傷害嚴重多了。需要你攻擊、抽離情緒並且涉及輸贏的職業（例如律師或軍人），會讓你付出高昂的情緒代價。布朗指出，不能脆弱的要求讓你配備精良去上法庭或戰場，但是對於正常生活來說，這真是糟透了。

指認羞愧

除非你是反社會人格，否則你一定會為某些事感到羞愧。我們是群居動物，羞愧牽涉到的恐懼是害怕因為做了什麼事跟社群失去連結，讓你不值得別人的仰慕、愛與接納。

我們可能因為外表、有沒有錢、是不是好父母、上癮、身體和心理健康、年紀、信仰的宗教、過去的創傷而感覺羞愧。在布朗的研究中她詢問受訪者什麼事讓他們感到羞愧，答案包括：期限到了、沒有懷孕卻遭人詢問；隱瞞自己正在戒癮；被開除而且必須告訴懷孕的妻子；告訴自己的未婚夫，爸爸住在法國，實則是入獄；對孩子大發脾氣；宣告破產；做不成合夥人；不孕；上色情網站；被社會淘汰；與父母吵架。雖然我們非常容易坦露身體上的疼痛，有一些心理傷痛我們則會不惜任何代價保守祕密。

如果內疚的感受是「我做了壞事」，羞愧的感受就是「我很壞」。由於行為舉止不符合自己的價值而內疚是建設性的感受，因為那會讓我們改變自己的行事方式。然而羞愧永遠是破壞性的，因為假定了一個固著的壞自我，無法改變，羞愧則會導致上癮、暴力、攻擊性、霸凌、飲食失調和憂鬱。

感覺羞愧的人要嘛想要投入自我麻痺或自我毀滅的行為，否則就是想要傷害或羞辱別人。羞愧與羞辱也是有區別的：人們覺得自己的羞愧是活該，但是受到羞辱感覺剛好相反：「他們怎麼敢如此！」是對於羞辱的自然反應。

我們可以培養出「羞愧的復原力」，布朗說，這牽涉到把我們的羞愧感轉換成解毒劑，也就是同理心。如果能跟以同理態度傾聽我們的人述說羞愧的事，羞愧感就會消失無蹤。對方可能之前做過類似的事，或者他可以讓我們對於自己的行為一笑置之，關鍵是有人提醒你，關於你的「惡劣」，你不是獨自一人，你不是唯一的，如果我們同情自己，羞愧感就不可能再留存。

女性、男性和羞愧

布朗發現，男性和女性同樣會有羞愧的經驗，不過他們感到羞愧的事不一樣。女性容易感到羞愧的是：看起來不「完美」、不是好母親、沒有小孩或沒有結婚、只有一名小孩、沒有上班的母親，或者只是待在家裡。

她第一次在TED演講的影片於網路上爆紅之後，自認內向的布朗嚇壞了，她想要駭入TED的伺服器把影片刪除。為什麼？她領悟到自己想要保持自己的工作渺小且沒人注意，因為越少人知道意味著遭受批評的可能性越低，而將她的研究成果放在網路上，就會招來批評狂潮，甚至辱罵。的確，她在「評論」區遭到許多辱罵，關於她的體重、外表、精神是否穩定，以及身為母親是否稱職，「研究少，肉毒桿菌多」是其中比較溫和的譏刺。不去追索她的論證，人們想要砍進去他們知道女性會感到疼痛的地方，她領悟到女性依舊陷溺在那些沒有明說的期望，她們應該「渺小、安靜和美麗」，而躲開這道心理陷阱你需要反抗女性傳統的羞愧來源。躲開意味著認可女性的每一步都舉足輕重，而且你永遠無法取悅每一個人，因此，邁步向前，行動吧。

布朗進行研究的頭幾年只訪問女性。之後她離開自己的舒適圈開始探究男性的羞愧和脆弱。對男性來說，最普遍的羞愧經驗是工作、經濟和婚姻的失敗。羞愧是沒能成功、被證實錯誤而且遭到嘲笑、被看成柔弱、軟弱，或害怕。一名男士述說小時候他是多麼熱愛畫畫，在他的祖父譏嘲他父親「什麼，你現在養了個娘炮藝術家」之後，他就被禁止上任何藝術課程，他也再沒有拿起一根色筆。許多男士陳述，如果他們失業或開始談論自己的感受，妻子和女兒是不會接受的。有些妻子對於男人應該是什麼樣子有非常固定的想法，因此男人如果達不到這些標準就會陷入羞愧狀態。

在關係中，男性和女性感覺到的羞愧不一樣：女性在沒有獲得傾聽或感受沒有得到認可時會感覺羞愧；男性在伴侶看他們不中用時（他們永遠賺得不夠或做得不夠）感覺羞愧。當男性感覺受到這一類指控時，他們會生氣，或者封閉自己，這會使得女性更加抱怨、咄咄逼人或想要刺探。

布朗主張，這麼多人包括男性和女性，會在中年離異、面臨危機或發生外遇的原因是：他們受夠了讓自己感覺羞愧的期待，厭倦阻止他們實現自我或呈現本色的要求。他們被減損到只是媽媽，或者賺錢養家的人，然而他們希望能感覺到自身的價值。有時候，似乎只有家庭以外的人能提供這種價值感。

防衛柔弱點：心理盔甲

布朗指認了三種心理盾牌，用來阻擋脆弱和羞愧。

「預感禍事的喜悅」。當你過度擔憂可能會發生壞事時，就會降低當下的生活品質。我們大多數人的物質處境都比我們的祖先好太多，然而正是因為一切順利到我們嚇得要死，擔心接下來的恐怖攻擊、天然災害、校園槍擊事件，或者大腸桿菌爆發感染。聽到參與她研究的受訪者表示，他們感覺最脆弱的時刻也是最喜悅的時刻，布朗十分震驚。一旦他們體驗到他們是多麼愛自己的丈夫／孩子／父母，隨之而來的想法是：不可能持續／一定會出錯／他們會死。她訪談的父母有百分之八十承認，他們看著孩子的當下心裡想著：「我愛你愛到幾乎無法呼吸。」他們腦海裡也會浮現壞事發生在孩子身上的畫面。布朗本人習慣想像車子撞毀，然後跟警方進行可怕的電話交談，直到她告訴研究參與者這件事之前：「經常規劃如何應變災難是我的小祕密。」

我們為什麼做這樣的事？很簡單，布朗說：「我們不想要被傷害突襲。我們不想要毫無防備而措手不及，因此我們確實在演練如何被摧毀……」想像災難畫面是我們針對太多喜悅不自覺的解毒劑，而我們在新聞和犯罪片中看到的暴力畫面也助了一臂之力。布朗的建議是，用感恩來代替想像的恐怖，深深感謝喜悅的時刻讓你能夠充分享受那些時光，而同時你也坦然接受生命的不確定。當你感覺喜悅，承認感覺到喜悅，你實際上是在表述，在這個當下我擁有一切。如果你擔憂孩子去戶外教學，或者你的先生要單獨帶他們去過週末，承認你感覺到脆弱，甚至該對你的配偶大聲說出來。而另一個選項則是你會編造理由讓孩子不要去，這麼做比較不是因為情境的真實風險，而是因為你想要掌控事情的非理性欲望。

第二種盾牌是「完美主義」。如果我可以把每件事做到完美，羞愧就沒有機會存在於我的人生。完美主義不是關於優秀或自我改善，而是想要為自己贏得讚許，建立在我們內心深處覺得自己沒有價值的感受上，這是阻擋羞愧的防衛。完美主義會成為惡性循環，因為當我們真的經驗到失敗時，那是因為我們不夠完美。完美主義的解毒劑是愛自己。然而自我同情不是一次性的，而是完美主義者需要經常操作的練習，讓你能夠去從事一大堆「夠好」或「好過什麼都沒有」的事情。

第三種心理盾牌是「麻痺」。只要能減輕羞愧或痛苦的感受，或是減輕焦慮不必擔心自己應付生活要求的能力不足，不管是什麼方法我們都會樂於採用。「瘋狂的忙碌」就是一種防衛，讓我們不去實際檢視自己的生活，也不去真正覺察自己的感受。透過幾杯酒「消除緊張不安」來麻痺我們的情緒也是防衛。這些作法或許安定了不確定或負面的情緒，也可能阻止我們去感覺愛、喜悅、歸屬感和創造力。「我們無法選擇性的麻痺情緒。」布朗指出，「麻痺會黑暗你的世界也麻痺了光亮。」

布朗仔細檢視了自己人生中採用過的各種偽裝：好女孩、抽丁香煙的詩人、憤怒的行動主義者、職業婦女、活躍於社交聚會的女孩。她領悟到每一種偽裝都是「整套盔甲」，她以為可以用來保護自己，不會變得「太投入和太脆弱」。變得「酷」是在回應脆弱，事實上任何人使用「差勁」、「愚蠢」或「魯蛇」等詞彙來形容別人就是洩漏了自己的恐懼：害怕自己會失去什麼的風險、害怕自己如果在乎什麼會被看成是軟弱。

我們可以輕易看穿別人的心理盔甲，感覺像是橫亙在他們和自己之間的障礙，但是如果我們穿戴已久，要看見自己的心理盔甲就很困難。心理盔甲變成第二層皮膚，我們甚至可能遺忘真實的「我」是什麼樣子，那個「我」已經被掩蓋太久了。要如何擺脫盾牌、盔甲和面具？主要的方法是有勇氣說我們現在這樣就「足夠」了。不抽身我們現身，去冒險同時讓自己被看見。不老是想著災難，完全承認自己情感上的依賴。藉由冒這些小小的風險（一開始經常會不自在），布朗訪談對象的人生往往就此改變。大膽行動，比等待直到一切完美重要多了，因為完美的時刻可能永遠不會來臨。

總評

不要抱持任何幻象，走進競技場，大膽去做事，雖然布朗承認「你會被踢得團團轉」，不過要記得，如果有任何人對於我們創造的事物或抱持的立場惡意批評、吹毛求疵或嘲諷，很可能他們是那種認為脆弱就是軟弱的人。你的大膽舉起了鏡子讓他們照見自己的恐懼和固步自封，因此他們的反應是辱罵你，而不是去檢視自己缺乏勇氣，不願接受不確定性。布朗指出，公正的批評有益，但是當殘酷現形時，「很可能脆弱是驅動程式」。

任何人在他們的名字後面掛上「博士、認證的社工師」必定是對自己的信譽有些擔心，事實上布朗費了不少功夫來證明她的想法有學術研究背書。這些事提醒我們，即使是研究脆弱的專家，要呈現脆弱也是困難的（布朗在書中承認這點）。

她的著作和影片大受歡迎的事實，說明了尋求贊同的文化並不是我們真心想要的文化，事實上，「渴望更多的勇氣」才是普世的嚮往。

布芮尼・布朗

一九六五年生於聖安東尼奧，布朗的部分童年是在紐奧爾良度過的，她父親派駐在那裡工作。二十幾歲時她嘗試過各種工作，快到三十時才在德克薩斯大學奧斯汀分校拿到社工的學士學位，接著是休士頓大學的碩士學位。二〇〇二年取得社工的博士學位，目前是休士頓大學社工研究學院的研究教授。

布朗的其他著作：二〇一五年《勇氣的力量》（*Rising Strong*）、二〇一〇年《不完美的禮物》（*The Gifts of Imperfection*），以及二〇〇七年《我已經夠好了》（*I Thought It Was Just Me*〔*but it isn't*〕*: Telling the*

Truth About Perfectionism, Inadequacy, and Power）。關於「羞愧的復原力」理論她發表了許多學術文章。她的TED演講「脆弱的力量」已經有兩千九百萬人次觀看。

布朗用來處理羞愧和脆弱的實踐方法——「膽大之路」（The Daring Way），實際應用在個人和組織上，她的線上學習社群——「勇氣工程」（Courage Works）提供勇氣和領導力的相關課程。她與先生（小兒科醫師）、兩名子女住在德州的休士頓。

1980

好心情：新情緒療法

Feeling Good: The New Mood Therapy

「你不必有嚴重憂鬱才能從這些新方法中得到莫大益處。我們每個人都可以從不定期的心理『調整』中獲益。這本書為你闡釋，當你情緒低落時，究竟應該做什麼。」

「將自己從情緒的牢籠釋放出來的鑰匙是什麼？很簡單：你的想法創造了你的情緒，因此，你的情緒不能證明你的想法是正確的。不愉快的感受只是顯示你正在想著負面的事情，而且深信不疑。你的情緒尾隨想法出現，就好像小鴨子必定會尾隨鴨媽媽。」

總結一句

感受不是事實。永遠要質疑你的情緒是否準確反映了實相。

同場加映

丹尼爾·高曼《EQ：決定一生幸福與成就的永恆力量》（29章）

馬汀·塞利格曼《學習樂觀，樂觀學習》（46章）

11

大衛・柏恩斯

David D. Burns

《好心情》誕生於不滿傳統佛洛伊德學派針對憂鬱的處置。大衛・柏恩斯的導師亞倫・貝克（Aaron T. Beck）發現，沒有實證確認精神分析能成功治療憂鬱症患者，事實上通常是讓患者覺得自己是失敗者。佛洛伊德相信如果患者承認了深層的錯誤，他們對自己的認知大概是正確的！

貝克與憂鬱患者接觸的經驗顯示，他們對自己當下的意見和他們真正的成就是矛盾的，他們嚴正聲明「我沒有價值」，在旁觀者看來根本沒有道理。他的結論是：憂鬱是錯誤思考的結果。負面或不正確的想法讓當事人急速陷入一整套憂鬱症狀，於是很容易讓病情惡化。貝克的見解為認知治療打下了基礎，認知治療是讓患者「說服自己掙脫」憂鬱，反擊自己的想法直到他們擺脫扭曲的自我認知。

這項研究激起了一波興趣，使得認知取向成為當代憂鬱治療的一根支柱，與藥物和其他形式的心理治療鼎足而立。

《好心情》的故事

大衛．柏恩斯是賓州大學貝克認知治療中心團隊的成員，《好心情》是這個中心臨床治療和研究的產物，大受讀者歡迎，儘管目前已經不怎麼新鮮了，《好心情》依舊是出色的入門書，介紹認知治療如何打敗憂鬱，而這本書至今仍暢銷不墜。

如果你想要的是比一般自我成長書籍更加臨床取向來探討個人成長和心情控管的著作，這本書應該不會讓你失望（在一千本自助應付憂鬱的書籍中，美國心理健康專業人士評價《好心情》是第一名）。圖解、表格和透過想像編造的「患者－醫師」腳本，對某些讀者來說可能有點倒胃口，不過可以跳過這部分不讀。

無論如何，《好心情》不只是抗憂鬱手冊，它賣了三百萬本，因為它能訓練你航行在比較波瀾不興的海洋——那個由日常心情與情緒形成的汪洋。就如同塞利格曼的經典《學習樂觀，樂觀學習》是源自研究「學習而來的無助」，貝克與柏恩斯兩位博士致力於破解憂鬱的「黑膽汁」催生了這本著作，為你示範如何培養憂鬱的反面：「喜悅」，以及如何培養自我掌控來營造喜悅。

接下來我們比較詳細的檢視這本書的主要論點。

揭開憂鬱的神祕面紗

◆在精神醫學的整個歷史中，憂鬱一直是情緒失調。認知治療的觀點則是智識上的錯誤造成或惡化了憂鬱症。憂鬱是我們不必罹患的疾病。

◆負面想法有滾雪球效應，只要一個負面念頭就可能導致輕微的憂鬱病例，反過來憂鬱症又擴大了整體扭曲的認知，而陷在這一大團迷霧中每件事看起來都糟透了，或者缺乏意義。一個人憂鬱時，他的無價值感會表現在自己被打敗、有缺陷、被拋棄和被剝奪的情緒裡，於是無價值似乎是斬釘截鐵的事實。憂鬱的病人事實上喪失了清晰思考的能力，而憂鬱症越嚴重，扭曲得越厲害。一旦思考清晰同時有分寸感能正確觀照事情時，就必然擁有健康程度的自尊和信心了。

◆柏恩斯區分了真正的悲傷和憂鬱。前者是身為人的一部分，擴大了我們的人生經驗，並且帶來深刻的自我認識。後者封閉了我們的視野，讓我們看不到人生的各種可能性，窒息了我們。

感受不是事實

◆我們傾向於相信自己的情緒反映了不證自明而且不容質疑的真相。但情緒愚弄我們，讓我們以為情緒是「正確」的，關於自己或無法挑戰自己能力的惡劣感受。人們告訴我們要「信任自己的感受」，然而如果餵養感受的想法不是理性的，或者奠基於誤解或偏見，那麼信任自己的感受就變得非常危險。

❖柏恩斯採用了下述比喻：「你的情緒尾隨想法出現，就好像小鴨子必定會尾隨鴨媽媽。但是鴨寶寶忠誠尾隨的事實並不能證明鴨媽媽知道自己要去哪裡。」情緒幾乎是我們最不應該信任的，因為「感受不是事實」。

❖心情大好能證明你是特別有價值的人嗎？如果答案是否定的，那麼按照邏輯，心情不好也說明不了你真正的價值。柏恩斯表示，「你的感受不能決定你的價值，只不過決定了你舒不舒服的相對狀態。」不意外的，他忠告絕對不要把「沒有價值」、「為人不齒」之類的語詞標籤在自己身上。我們不是可以那樣裁判的定型物體，每個人都是不斷演化、流動的現象，不容輕易裁判。我們的行為某一面或許不好，但是對我們的行為有意見，然後把這個意見擴大成對我們根本自我的裁判，並不符合邏輯。

如何培養低 I Q（Irritability Quotient，煩躁商數）

❖面對憤怒和煩躁有兩種常見取向，一是把憤怒轉向內心，那會腐蝕我們的內在導致憂鬱和無感；二是表達，或者說「全部發洩出來」。

❖ 表達有時候是有效的，然而把事情過度簡化了，甚至可能讓你陷入麻煩。認知取向勝過前述兩種取向之處是，實際上去除了應對憤怒的需求，因為一開始就沒有什麼憤怒可言。不過，首先你必須明白是「熱思考」而不是事件滋生了你的憤怒。即使發生了以正常標準來說不好的事情，你應該依舊保有能力選擇你的回應，而不是受制於自動或無法控制的反應。如果你憤怒，那是因為你選擇憤怒。

❖ 你想要克服自己對批評的恐懼嗎？甚至更進一步，受到批評時能夠以冷靜、非防禦的方式回話嗎？這種能力會大大影響你的自我認知。批評可能是正確或錯誤的，或者在兩者之間，而要釐清的方法就是向批評者發問。問題要明確，即使聽到的話既難聽又針對個人，這樣就會揭露要嘛對方說的話是事實，給了你機會修正自己的行為，或者對方是出於憤怒這麼說，那樣你會知道批評是表達了他們本身的挫折，而不是對你真實的批評。無論是前者還是後者，你這一方都不需要產生負面的情緒反應。你置身的處境是你可以採納批評或者駁回批評，然後繼續做事，同時你也澆熄了批評者的怒火。

❖ 大部分的憤怒都是在防衛自尊的喪失。不過，藉著學習控制自己的憤怒感受，你的自尊可以保持平穩，因為你拒絕把每一個情境轉變成情緒激動的情境。如柏恩斯所說：「你鮮少需要你的憤怒才具有人性。」控制你的感受不會把你變成機器人，相反的，會帶給你更龐大的能量來生活，並且享受生活。

其他章節

❖ 有一些精彩的章節探討罪惡感、克服「贊同上癮」和「愛上癮」、工作（你的工作不是你的價值）、目標放低的重要性（敢於達標就好，克服完美主義的方法），以及如何打敗「什麼事都不做的死氣沉沉」。

❖ 或許令人驚訝的是，這本書最後一章檢視了憂鬱的化學療法（例如百憂解）。與認知治療同時使用，藥物通常會有效，因為藥物能讓人比較理性的思考，所以，在這樣的基礎上認知治療可能會更有效。

總評

你或許相信心情波動和自我挫敗是身而為人自然的部分。《好心情》厲害的地方就是不僅打破了這項迷思，還闡釋了只要運用簡單而有效的原則和技巧，就可以輕易防止這些錯誤。大部分的憂鬱通常只是陷入了窠臼，遺忘原來是如何觸發的。之前你可能想著「這些重要的深層感受我必須處理」，現在你可以看清楚它們究竟是怎麼回事：浪費你的時間。

情緒控管不是把自己變成機器人，而是增加你的人性。《好心情》的重要意義是開闢了一條路，讓《EQ：決定一生幸福與成就的永恆力量》和《學習樂觀，樂觀學習》之類的成功著作跟進。這些書籍集合眾人之力企圖讓理性歸位，像君主那樣統一和統治情緒的領域。

大衛・柏恩斯

生於一九四二年，柏恩斯就讀艾姆赫斯特學院（Amherst College），然後從史丹佛大學拿到醫師學位。他在賓州大學完成精神科醫師訓練，成為該校醫學中心的精神科代理主任。柏恩斯曾經是哈佛醫學院的訪問學者，目前是史丹佛大學醫學院「精神醫學和行為科學」的兼任榮休教授。

除了成功的衍生品《好心情手冊》（*The Feeling Good Handbook*），柏恩斯也出版了針對關係的《一起擁有好心情》（*Feeling Good Together*），以及《快樂的十日課：從憂鬱到快樂的十個步驟》（*Ten Days to Self-Esteem*）。

1987

神話的力量

The Power of Myth

「莫耶斯：你是否曾經有這種感覺，當你追隨天賜至福時，如我時刻感覺到的，受到了隱藏之手的協助？

坎伯：總是如此。這是奇蹟。我甚至因為隱形的手總是降臨漸漸產生了迷信。也就是，如果你真的追隨自己的天賜至福，你把自己放入一直在那裡等待著你的軌道上，你應該過的生活就是你現在的生活。當你能夠看清楚這點，你開始遇見你至福領域內的人，他們為你打開門。我說，追隨你的天賜至福，不要害怕，在你不知道哪裡有門的地方，門會打開。」

總結一句

永遠做你熱愛的事，領略你的人生是趟美妙的旅程。

同場加映

羅勃・布萊《鐵約翰》（5章）
詹姆斯・希爾曼《靈魂密碼》（32章）
湯瑪斯・摩爾《傾聽靈魂的聲音》（40章）

12

喬瑟夫・坎伯（比爾・莫耶斯合著）

Joseph Campbell with Bill Moyers

這是本熱血沸騰的書，出自一位生活非常圓滿的人。坎伯本質上是說故事的人，他的一生致力於發掘和講述那些他覺得有力量吸納現代生活疏離感的古老故事和童話。雖然是備受崇敬的學院派神話學者，但他也扮演關鍵角色，影響了一則不折不扣現代故事的創作：《星際大戰》。導演喬治・魯卡斯表示，坎伯在一九四九年出版的《千面英雄》（*The Hero with a Thousand Faces*）是他在虛構這部電影時的催化劑，而給他靈感創造出尤達大師這位智慧老人的就是坎伯本人。

然而說坎伯的一生彷彿是神話中出現的人物應該不會太反諷，因為他的關鍵理念之一就是，每個人的一生都可以像是一則偉大的神話。他關於「英雄旅程」的理念產生了巨大衝擊力，把許多謙遜的人送上偉大的軌道。

《神話的力量》有點像是坎伯和比爾・莫耶斯（作家／記者）之間的營火邊對話，談到了各種文明的故事和象徵。在喬治・魯卡斯的「天行者牧場」錄製成電視節目，這個系列吸引了美國大眾的注意，同時這本書也成了暢銷書。錄完節目不久坎伯就過世了，《神話的力量》成為他的智慧與學識的絕響。

神話的力量

坎伯的大問題是：「對於生活在今日的人，為什麼神話的影響力依舊強大？」我們的人生真的比得上奧狄賽或者月神黛安娜嗎？

他相信神話人物代表了人類各種可能性的原型。神話人物遭遇問題後採取的行動給了我們如何應付生活的想法。例如，若認同《薄伽梵歌》中的年輕戰士阿周那就不會讓我們的自我膨脹，而是接受這個人物可以教導我們一些東西。在神話體系裡，我們永遠不可能真正感覺到孤單，因為在神話裡有著針對人類精神的指引，那是屬於每一個人的，為每一個人生周期或經驗提供我們可以前進的地圖。他稱神話是「宇宙之歌」，由一千個不同的文化和民族譜出的和諧旋律，有了神話的加持，所有經驗都可以賦予你力量，沒有神話來詮釋，人生可能看起來只是一連串無意義的起起伏伏。

坎伯表示，我們不是指望從神話當中找到人生意義，神話的宗旨是讓我們領略「活著就是歷險」，若沒有意識到我們是存在於人類想像和經驗的大歷史之中，我們的人生必定會缺乏浪漫和深度。我們腦海裡的故事和意象只是我們可以取用的一小部分，若能加強我們對於過往文化和藝術的了解，人生會無可限量的豐富許多。

追隨你的天賜至福

在《神話的力量》中，坎伯談論了中世紀「命運之輪」的觀點。命運之輪是關於人生的隱喻，數千年來操控著我們。命運之輪有個軸心，向外輻射到輪的邊緣，命運之輪在時間長河中轉動，我們吊掛在輪邊，上上下下，經驗著劇烈的高潮和低潮。以現代的詞彙來說，我們追逐獎賞，例如更高的薪水、權力或美麗的身體就是吊掛在輪子邊緣。我們緊抓著，有時是為了寶貴的生命，處於歡愉與痛苦的無情循環之中。

不過命運之輪的觀點也包含了解答：我們也有可能學習活在軸心，凝聚心神，專注於坎伯所說的每個人的「至福」。我們的至福是有魔力讓我們無限著迷的活動、工作或熱情。至福對我們來說是獨一無二的，然而來臨時可能完全是個意外，因此我們或許會抗拒許多年。以現代心理學的措辭來說，至福就是我們在做自己最擅長的事時體驗到的「心流」狀態（參見十九章），時間似乎靜止了，我們感覺自己信手捻來且創造力十足。這時的感覺是喜悅，有別於歡愉。

坎伯描繪的至福是永遠等著你的軌道，有雙「隱藏的手」似乎會協助你招引來正確的情境，讓你完成工作。以神話的術語來說，至福是由宇宙之母代表，祂守衛著永不枯竭的井，提供世俗生活中的慰藉、喜悅和保護。

在另外一本著作《神話之道》（*The Way of Myth*）中，坎伯談到他見識過一輩子在攀爬「成功之梯」

的人，而這些人到頭來只是發現梯子靠在錯誤的牆上。在電影《美國心玫瑰情》中，凱文・史貝西扮演的角色描繪出一名整個人生都聽命於他人期待的男子，有天他決定要為所欲為，因為他受夠了「輪邊」的生活。這部電影的訊息以及坎伯著作的總結是：當下生活的平庸一直在等待著讓渡給比較偉大的故事。

英雄旅程

坎伯的龐大閱讀量近乎傳奇。就在華爾街大崩盤的前幾星期他從歐洲回到美國，五年間找不到工作，不過這是一段豐饒的時光：「我沒有感覺貧窮。我只是覺得我半毛錢也沒有。」他的至福基本上是閱讀，每一天，一整天，在他租來但實際上一無所有的棚屋內。

一開始單純是求知若渴，逐漸變成一場追尋，想要找出「所有神話的關鍵」，他讀越多世界各地的故事，就越來越清楚大多數故事都遵循同一套潛藏的模板，那就是「英雄旅程」：一連串的經驗，既是考驗同時證明人－暨－英雄。

神話的典型開頭是，主角在自己家裡過著平靜然而不圓滿的生活，然後發生了某件事他或她獲得「召喚」，懷抱某個明確的目標或追求離家歷險。在亞瑟王傳奇裡，亞瑟王一開始是去尋找聖杯；史詩《奧狄賽》中，奧狄賽只是想要回家；《星際大戰》的天行者路克必須拯救莉雅公主。通過無數小小的考驗之後，英雄要熬過極大的試煉，在看似一切都將失去了的時候，最後才會迎來某種勝利。接著英雄必須試著把他的「神奇甘露」（某種祕密知識或事物）帶回家，回到現實生活。這個模式衍生出許多細微的差別和變形，不過上述是基本發展。

英雄旅程跟我們的時代有什麼關聯？或者，如莫耶斯向坎伯提問的，英雄與領導人有何不同？坎伯表示：領導人是看見什麼事可以做然後把它完成，他們善於組織公司或國家；英雄事實上是創造出新事物。由於今日的商業聚焦於創新，所以，個人的旅程顯然變得重要了。

總評

神話揭露了我們擁有不可思議的潛能，可以過著更多樣的人生，無論這樣的人生是用什麼形式降臨。坎伯陳述，「當人們談論凡夫俗子時我總是感覺不自在，因為我從來沒有遇見過平凡的男性、女性或小孩。」不過他承認太多人接受不是真心實意活著的悲哀與絕望，過著沒有至福的生活，甚至不知道至福的存在。

坎伯是博學之人，什麼事都吸引他。他注意到西方文明的趨勢是朝向專才，但是他很自豪是通才，能夠看出所有人類故事和生命經驗的共通性。他復興了英雄的概念，給人們可以安放自身經驗和夢想的模板，這個模板出現在所有的人類神話裡，沒有國界的阻隔，這個概念不強調去抓緊什麼或者趕忙去做什麼（坎伯的一生是個好例子），而是享受當下的豐饒，而且更重要的意義是，把焦點放在認識自己，而不是擴大自我。

一九六〇和七〇年代的「人類潛能」運動或許很重要，不過是坎伯提醒我們神話已經陳述數千年的訊息：每個人都有權利成為某種英雄。

喬瑟夫・坎伯

一九〇四年生於紐約，男孩時期的坎伯就熱愛美國原住民神話。十五歲時他的家遭遇祝融之災，祖母喪生，他收集的印第安書籍和文物全數焚毀。他在達特茅斯學院（Dartmouth College）攻讀生物學和數學，之後轉往哥倫比亞大學，在那裡撰寫他的碩士論文，主題是亞瑟王傳奇。他是傑出的運動員，曾創下紐約市八百公尺賽跑的紀錄，也曾在爵士樂團吹奏薩克斯風。

一九二七年，他獲得獎學金到巴黎大學研究古代語言，之後又轉到慕尼黑大學研讀梵文文學和印歐哲學。回到美國後他定居在伍茲托克（Woodstock）附近的小屋好幾年，這段期間也旅行到加州，在那裡遇見史坦貝克夫婦約翰和卡洛，以及他們的鄰居艾德・里克茨（Ed Ricketts）。里克茨被史坦貝克寫入他的《製罐巷》（*Cannery Row*）因而不朽。

坎伯第一份真正的工作是在新成立的女子學院「莎拉・勞倫斯」（Sarah Lawrence）中擔任不起眼的教職，他在那裡待了三十八年，娶了自己的學生珍・厄德曼（Jean Erdman）。珍是位舞蹈家。他慢慢增加自己出版的著作，包括《打開「芬尼根的守靈夜」的萬能鑰匙》（*A Skeleton Key to Finnegan's Wake*），以及共同編輯和翻譯了《奧義書》。一九四九年出版了《千面英雄》。

坎伯對形形色色的聽眾演講，包括美國國務院、蘇維埃科學院和依莎蘭學院的成員，足跡遍布各地。晚期值得關注的著作包括：一九六九年《神的面具》（*The Masks of God*）、一九七四年《神話的意象》（*The Mythic Image*），以及一九八六年《外在空間的內在延伸》（*The Inner Reaches of Outer Space*）。坎伯在一九八七年卒於檀香山。

1997

練習當好命人：別再為小事抓狂

Don't Sweat the Small Stuff… and It's All Small Stuff

「太多人耗用了太多的生命能量『為小事浪費精力』，結果他們接觸不到生活的神奇和美麗。當你承諾要朝向這個目標努力時，你會發現你擁有超多的能量讓自己變得比較親切，比較溫和。」

「我們這麼多人一直匆匆忙忙、驚慌失措、競爭心強，而且持續過著彷彿十萬火急的生活，一項主要原因是我們恐懼如果自己變得比較平和、有愛心，我們會突然停步不去完成自己的目標。我們會變得懶惰和漠不關心。領悟到反面才是正確的你就可以放下這份恐懼。擔憂、狂亂的思考會消磨龐大能量，並且耗盡我們生活中的創造力和動力。」

總結一句

從大局觀照你的小奮鬥，通常可以從別人身上和生活中獲得比較多的享樂。

同場加映

馬可・奧里略《沉思錄》（2章）
偉恩・戴爾《真實的魔法》（23章）
諾曼・文生・皮爾《向上思考的祕密》（42章）
馬汀・塞利格曼《學習樂觀，樂觀學習》（46章）

13

理察・卡爾森

Richard Carlson

《練習當好命人：別再為小事抓狂》成為國際上的超級暢銷書。作者在導言中敘述了這本書誕生的故事。一家外國出版公司要求卡爾森為自己的書《你可以恢復好心情》（*You Can Feel Good Again*）去請暢銷作家偉恩・戴爾為他背書。因為戴爾博士幫他前一本書寫了推薦語，卡爾森表示他會試試看，並且寄出了請求。時間流逝沒有得到任何回音，半年之後卡爾森的出版公司寄給他一本外國譯本，讓他極為惱怒的是，出版公司把戴爾為前一本書寫的推薦語用在這一本書上！卡爾森寫了封誠摯的道歉函寄給戴爾，解釋他會試著讓這個版本下架。憂心忡忡的幾星期過後，他收到戴爾的回信如下：

「理查，生活要和諧有兩條規則：一、別為小事浪費精力，二、一切都是小事。讓引言留著吧。愛，偉恩。」

對卡爾森來說，這封優雅的回覆啟發了超級實用的指南，根據的是超凡的靈性法則：選擇最少抵抗的路。《練習當好命人：別再為小事抓狂》不是力求自己完美的手冊，只不過是集合了各種盡可能避免奮鬥的點子。這一百種以小論文闡述的策略，顯然在卡爾森的客戶和讀者身上證明了它們的價值。

觀照之道

這本書有著你會在戴爾・卡內基和諾曼・文生・皮爾等人的著作中找到的古怪好心腸和對世人的愛，同時結合了東方的時間概念和對「靜」的推崇。不過，此書真正的價值是覺察到現代生活以及我們所處文化中各種碾壓人的要求。可能參加禪修營或週末沿著海灘散步會讓你有好心情，但是效果很快就會消磨掉，到了星期二早上我們再度開快車、生氣，痛恨自己沒有時間。

我們如何把平靜與全盤觀照的視野帶進真實生活中的每一時每一刻？這是卡爾森抓住讀者目光的問題，而《練習當好命人：別再為小事抓狂》讓人耳目一新的地方是，作者告訴你不要擔憂心情不好。書中說，不要試著消除惡劣感受，而是試著把這些感受放進比較大的脈絡中來觀照。

卡爾森提出的許多解方都相當簡單，其餘的則很新穎。在列出的一百條策略中，有一些很有趣，如下。

成為早起的人

在他的妻子和小孩醒來之前早早起床，給了卡爾森一小時的「黃金時光」，在平靜和獨處的狀態下閱讀、靜坐，或思考白天的事。許多人告訴他，光是早起這一項舉動就革新了他們的人生。

放掉「溫和、放鬆的人不能有卓越成就」的想法

時時處於緊急狀態的狂亂人生，似乎相當符合我們對有力成功人士的想像。我們把變得比較平和、有愛心等同於恍神的漠不關心。不過，狂亂的思考和不停的行動過濾掉我們生活中的動力和真正成就。卡爾森指出他很幸運周圍都是溫和、放鬆的人，然而以任何尺度來衡量事情，他們都擁有外在成功的故事。如果內在的平靜成為你的習慣，你也可以輕鬆自在達成你的目標，以及服務他人。

不要打斷別人說話，或者幫他們把話說完

這是令人意外的簡單方法，能讓你變得比較放鬆、有愛心。試試看。

學習活在當下

約翰・藍儂說：「生活就是我們忙著做別的計劃時發生的事。」把注意力放在當下，恐懼（多半是跟想像的未來連結在一起）就比較不可能存在。你或許會大為驚奇，明天的麻煩多麼容易就自己理清楚了。養成這樣的心智習慣，你會見識到生活微妙的轉變。

問自己這道題：「一年之後這件事還重要嗎？」

頻繁運用這道題之後，卡爾森發現實際上自己能笑著去面對過去讓他擔憂的事情。他曾經用來生氣和壓垮自己的能量現在則用於家庭和創意思考上。

允許自己無聊

不要害怕空白的時刻。你是身為人而存在，不是做事才存在，因此就讓自己無聊，並且思考你的無聊。你可能會驚訝這麼做能如何讓自己的心智變得明晰（在克服最初的不舒服之後），而且提供了新想法。

想像參加自己的葬禮

這是超級寶貴的方法，在重大時刻用來評估自己眼下的優先順序。很多人在回顧自己人生時，並不會開心自己花了那麼多時間在緊張焦慮，他們浪費了精力在所有的「小事」上。問自己：我是什麼樣的人？我做的是我熱愛的事嗎？我真的愛以及珍惜每一天在我身邊的人嗎？

想像你生活中的人們是小嬰兒或者一百歲了

這麼做幾乎總是會提供寬闊的視野和同情（以及愉悅）。

重新定義什麼是有意義的成就

不要總是把成就想成是外在的事，問問自己，從自我的角度來看你有哪些成就。這可能包括像是面對逆境時你沒有被打敗。

坦然接受現實

這個世界常常不是你希望的樣子。如果有人（甚至是親近的人）不贊同你，或者在工作上遇到某種失敗，跟自己承認事實就是如此，而不是自動產生許多情緒。一段時間之後，曾經非常困擾你的事情就會溜走了，完全不造成損害。在很多方面，你都可以擺脫它們了。

其他策略包括：

- 就為了好玩，同意針對你的批評（然後觀察批評消失）。
- 心情好，心存感謝，心情不好，保持風度。
- 無論什麼處境都快樂。
- 戒除自己的怠惰。

總評

如果你對自我成長的概念有興趣卻沒有時間唸書，《練習當好命人：別再為小事抓狂》或許是最好的折衷方案。儘管看起來接近民間智慧，過度簡化，事實上這本書是以認知治療為基礎建構起來的，闡釋了感受和思想是多麼密切。感受是思想的產物，越清楚的意識到自己在想什麼，你就能夠改變自己的想法，從而改變你的感受。「不要為小事浪費精力」不像聽起來的那麼沒深度。受尊敬的心理學家亞伯拉罕．馬斯洛認可這是他所謂的「自我實現的人」的關鍵特質。自我實現的人對於世界和人生抱持特別寬廣的視野，他們會放棄瑣碎小事。

這本書的編排讓你能夠隨時拿起來，隨便打開任何一頁閱讀你所需要的視野或靈感。沒有長篇大論或是落落長的故事，它濃縮表達了比較有學問的書寫，那些需要好幾百頁來說明的觀點，如果只會有一兩則策略留存在你腦海裡，也是值得閱讀的。

理察・卡爾森

生於一九六一年，卡爾森在加州的皮蒙特（Piedmont）長大。他以快樂的心理學為主題攻讀博士，於一九八六年畢業。由此帶出受歡迎的報紙連載，題目是「快樂處方」，卡爾森也以「快樂和減壓專家」的身分展開他的生涯。

《練習當好命人：別再為小事抓狂》銷售超過一千萬本，而且翻譯成多國語言。連續兩年是美國第一名的暢銷書。

卡爾森十五本受歡迎的書包括：《快樂邏輯》（*You Can Feel Good Again*）、《治療的捷徑》（*Short Cut through Therapy*）、與班傑明・席爾德（Benjamin Shield）合著的《靈魂手冊》（*Handbook for the Soul*）和《心靈手冊》（*Handbook for the Heart*）。他也寫了《別擔憂，賺錢吧》（*Don't Worry, Make Money*）、《放慢生活的速度》（*Slowing Down to the Speed of Life*），與妻子克莉絲汀（Kristine）合著《別再為小事抓狂5：讓愛情永遠保鮮》（*Don't Sweat the Small Stuff in Love*），以及《別再為小事抓狂3：你的幸福家庭計劃》（*Don't Sweat the Small Stuff with Your Family*），還有《上帝之愛：靈性手冊》（*For the Love of God: Handbook for the Spirit*）。

卡爾森與妻子和兩名女兒居住在加州北部。二〇〇六年，四十五歲的他因肺栓塞在舊金山飛往紐約的航班上過世。

1936

卡內基教你跟誰都能做朋友

How to Win Friends and Influence People

「不要去譴責別人，讓我們試著了解他們。讓我們試著釐清為什麼他們會如此行事。這比批評有益而且有趣多了，同時能培養出同情心、寬容和仁慈。『了解一切就能原諒一切』。」

「記住，與你談話的人對自身以及自己的想望和問題的興趣百倍於你和你的問題。牙痛對當事人的意義勝過在中國殺死一百萬人的饑荒。一個人對自己脖子上膿瘡的關心多過非洲的四十場地震。下一次你開啟對話時想想這點。」

總結一句

努力從別人的觀點來看這個世界。他或她感受到你的理解意味著無論你必須說什麼，都會確確實實進入對方耳裡。

同場加映

史蒂芬・柯維《與成功有約》(18章)
諾曼・文生・皮爾《向上思考的祕密》(42章)

14

戴爾・卡內基

Dale Carnegie

書名直譯為「如何贏得朋友和影響他人」，這多少透露著虛情假意。有多少人會吹噓「贏得」朋友，同時為了自己個人利益去影響他們？這聽起來就不怎麼良善。對現代讀者來說，這本書讓人想起人吃人世界裡的勾心鬥角，是大蕭條時代裡推銷員叫賣的劣質產品。以這本書為例，用封面來評判書似乎是非常合理的事，不過讀者應該考慮一下為這本書辯護的幾個論點。

閱讀並且喜歡卡內基的理由

一、書名的猖狂和書裡大部分內容奇怪的不一致。仔細閱讀就知道，這絕對不是類似馬基維利《君王論》的風格，教你如何操縱人心的手冊。卡內基真心誠意鄙視把「贏得朋友」當成目的：「如果我們只是想要讓別人留下深刻印象，對我們產生興趣，我們永遠不會有許多真正實心實意的朋友。朋友，真正的朋友，不是用那種方式結交的。」讓這本書成為出色讀本的力量來自對人們的愛。或許購買此書的人依舊是膚淺的自大狂（舉個例子，現今版本是以「博得人氣的工具書」來做行銷），不過是時候以比較溫和、比較真實的眼光來看待卡內基的經典了。

二、卡內基在一九三〇年代的美國寫下這本書。當時這個國家仍然在努力掙脫大蕭條，機會很少，尤其對教育水準不高的人來說，卡內基提供了出人頭地的道路，那就是好好利用你完全擁有的東西——你的人格。以現代標準來看，《卡內基教你跟誰都能做朋友》書中的主張並沒有太不著邊際，勵志心理學現在已經站穩腳跟獲得認可了。不過試著想像這本書在一九三七年所造成的衝擊，在二次大戰後的繁榮階段之前，對當時許多人來說，這套理論必然看起來像金子，對今日許多人而言，依舊如此。

三、《卡內基教你跟誰都能做朋友》是自我坦露的行動手冊，「透露祕密給讀者」。沒有理論，只是一套「像魔法般」有效的法則。卡內基的閒聊風格讓那些嘗試過閱讀學院派心理學的大眾耳目一新，對於根本不讀書的人來說吸引力更大。省力的信念是美國文化的印記，因此一本書承諾可以改變你的生活，又不需要多年的辛勞和培養品格，勢必會大受歡迎。

四、這本書的寫作並不是著眼於暢銷的榮耀，而是運用於卡內基課程「有效講話和人際關係」的教科書（原文書名開頭取為「如何」，就洩漏了它的起源是課程）。初版只印了五千本，這本書的初心不是做為某個總體計劃的一部分，不是想要利用人們低劣的本能來牟利，作者目標是把卡內基課程的訊息帶給閱聽大眾。

《卡內基教你跟誰都能做朋友》現象

儘管如此，毫無疑問最初光是因為書名，這本書就造成轟動。它是有史以來最暢銷的書之一（超過一千五百萬本，全世界主要語言譯本合計），在自我精進的領域依舊是總計賣得最好的書。一九八一年版本的前言中，桃樂絲・卡內基（Dorothy Carnegie）指出，她丈夫的觀念填補了真實的需求，「不只是後蕭條時代一時流行的現象」。

確實，《卡內基教你跟誰都能做朋友》獲得《二十世紀最重要的著作》（*Most Significant Books of the 20th Century*）這類彙編書的讚揚，在《克雷納和哈默爾的終極商業圖書館：管理學奠基的五十本著作》（*Crainer & Hamel's Ultimate Business Library: 50 Books that Made Management*）中也占了一席之地，並列的有亨利・福特（Henry Ford）、亞當・史密斯（Adam Smith）、馬克斯・韋伯（Max Weber）和彼得・杜拉克（Peter Drucker）等人的著作。

訊息：教育，不是操縱

卡內基成人課程的成功揭露了在領導人群、表達想法和創造熱情等「軟技能」方面，人們深深渴望獲得教育。光是技術性知識和原始智力不能帶來生涯的成功，這已經是公認的事實，但是在卡內基的時代，成功是由許多元素組成的概念才剛剛開始有人研究。看到人際技巧能讓一切大不相同，卡內基有效的推廣了情緒智能（EQ）的觀念，比學院派心理學確認情緒智能為事實早了幾十年。

他牢記約翰・洛克菲勒（他那個時代的比爾・蓋茲）的一段陳述：善於處理人的能力比其他能力加總起來更為寶貴，然而震驚的是，他找不到書寫這個主題的書。卡內基和他的研究員如饑似渴的閱讀他們能找到探究人際關係的所有材料，包括哲學著作、家庭法庭判決書、雜誌文章、古典文本、心理學最新研究以及傳記，特別是公認擁有傑出領導能力的人物生平。卡內基顯然採訪過那個世紀兩位最重要的發明家，馬可尼（Marconi）和愛迪生，還有美國總統富蘭克林・D・羅斯福，甚至電影明星克拉克・蓋博和瑪麗・碧克馥。

從這些研究當中浮現出一套基本觀念。最初寫成簡短的講稿，這些觀念經過課程參與者組成「人類研究室」的無情測試，十五年後成為《卡內基教你跟誰都能做朋友》書中的「原則」，無論人們怎麼評價這本書，它都絕對不是一時興起之作。

卡內基的原則

這些原則有效嗎？在本書的開頭卡內基給了一則例子。一位男士冷酷的驅策他的三百多位員工，顯然是混帳老闆的縮影，對於自己的手下說不出任何正面的話。不過，上了卡內基課程學會運用「絕對不要批評、譴責或抱怨」的原則之後，他能夠把「三百一十四名敵人變成三百一十四名朋友」，激發了先前不存在的忠誠，而且最厲害的是，還增加了盈利。不只如此，卡內基告訴我們：他的家人比較喜歡他了，他有比較多的休閒時間，而且他發現自己的人生觀有了「一百八十度大改變」。

讓卡內基最激動的不是他的課程有益於學員生涯發展或產生經濟效益的故事，而是這些課程如何打開學員的眼睛，因而重塑他們的生活。他們開始看見生活中可以有更多光亮，而不再把生活看成是鬥爭或是權力遊戲。

本書的第二章以美國哲學家約翰．杜威的引言起頭：人性最深的驅動力是渴望自己重要。卡內基也指出，佛洛伊德相信除了「性」，最主要的欲望是變得了不起；林肯則說那是熱切渴望獲得他人欣賞。

卡內基表示，真正了解這種熱切渴望——獲得他人欣賞——的人，也會知道如何讓別人快樂，「當他去世時，連喪葬業者也會難過」，這樣的人也懂得如何把別人最好的一面引出來。卡內基愛說他那個時代傑出工業家的成功故事，查爾斯．舒瓦伯（Charles Schwab）靠著經營安德魯．卡內基（Andrew Carnegie）的「美國鋼鐵公司」，成為一年賺一百萬美元的第一人，他透露自己的成功祕密是：對於自己的下屬「由衷嘉許，不吝讚美」。重視你的員工，讓他們感覺在公司的大局中他們是獨特的。現在這樣的觀念在管理圈中已經是大家都接受的智慧，不過在安德魯和戴爾．卡內基的時代並不是。

同時，卡內基反對諂媚。諂媚不過是模仿接收者的虛榮，而真誠欣賞別人的好處是感恩的行為，需要你真正看見對方，就算是第一次也無妨。有個效應是，對他們來說你似乎也比較珍貴了，表達重視他們的價值會提高你自己的價值。看到一張臉孔發亮你獲得無價的愉悅，而且驚奇的見證在職場上從無聊與不信任之中產生令人興奮的合作。卡內基的原則「欣賞誠實和真誠」，最終是關於看見人們的美麗。

書中列出二十七項原則，不過大部分是遵循開頭這兩條的邏輯，包括：

- ❖ 喚起別人的深切想望。
- ❖ 對別人產生真誠的興趣。
- ❖ 在爭論中獲勝的唯一方法是避免爭論。
- ❖ 對別人的意見表現出尊重態度，絕對不要說「你錯了」。
- ❖ 如果你錯了，迅速而且鄭重其事的承認。
- ❖ 以友善的方式開始。
- ❖ 讓對方多多說話。
- ❖ 訴諸比較高尚的動機。
- ❖ 給予對方可以去達成的好名聲。

總評

儘管很容易遭人諧擬，這書本身就好好笑，在個人成長的著作中相當罕見。卡內基發揮質樸的幽默感創作出讓你著迷的文本，書中一條著名的原則是：「記住，一個人的名字對他來說是任何語言中，聽起來最甜美和最重要的聲音。」

《卡內基教你跟誰都能做朋友》今後五十年都還會有人閱讀，因為這本書實質上是關於人，而這個主題我們總是假定自己知道得很多，其實不然。在類似的書出現之前，人們認為與人應對是天生能力，你要嘛擁有，不然就是沒有。《卡內基教你跟誰都能做朋友》在大眾心裡牢牢植入了下述事實：人際關係比我們以為的容易理解，人際技巧可以系統化的學習。這本書也蘊含下述主張（與原文書名的名聲剛好相反）：直到我們真正喜歡和尊重對方，我們才能真正影響他。

戴爾·卡內基

一八八八年生於密蘇里州的瑪麗維爾（Maryville），卡內基是貧窮農夫之子，而且十二歲之前沒見過火車。十幾歲時，儘管每天必須凌晨三點起床去幫父母養的牛擠奶，他還是勉力在沃倫斯堡（Warrensburg）的州立師範學院（State Teacher's College）完成了學業。畢業後第一份工作是向農場主人販售函授課程，之後他轉而為「Armor & Company」販賣培根、肥皂和豬油。他成功到讓自己的銷售範圍南奧馬哈（south Omaha）成為公司在全美業績第一的地區。

渴望成為演員讓卡內基進入紐約的「美國戲劇藝術學院」。在《馬戲團的波莉》（Polly of the Circus）中扮演哈特利醫生（Dr. Hartley），巡迴美國演出之後，他回到銷售的老本行，販賣帕卡德汽車（Packard）。他說服基督教青年會（YMCA）讓他幫商界人士開設「公開演說」的課程，結果大為成功。他的第一本著作《在商場上公開演說和影響他人》（*Public Speaking and Influencing Men in Business*）是寫來輔助教學的。其他著作包括《如何停止憂慮開創人生》（*How to Stop Worrying and Start Living*），以及《人性的光輝》（*Lincoln the Unknown*）。目前卡內基訓練課程遍布全世界。卡內基卒於一九五五年。

1994

福至心靈：成功致勝的七大精神法則

The Seven Spiritual Laws of Success

「當我們了解這些法則並且應用在我們的生活之中，我們想要的任何事物都可以創造出來，因為大自然用來創造森林、銀河、星星或人體的相同法則也可以實現我們最深層的欲望。」

「讓『付出法則』實際運作的最佳方法是……下定決心，任何時候你接觸到任何人，你都會給他們某樣事物。不一定是具有物質形式的東西，可以是一朵花、一句讚美或是祈禱……你可以給予的最珍貴禮物是關心、照顧、情感、欣賞和愛，而且不花你任何代價。」

「成功第四條精神法則是『最不費力法則』。這條法則奠基於下述事實：大自然的智能以不費力的悠哉和沒有約束的無憂運作著。這是無為的法則，也是不抵抗的法則……當我們從大自然學會這一課，我們就可以輕鬆實現自己的渴望。」

總結一句

有比較容易的方法能得到你想從生活中獲取的，那需要你跟自然還有宇宙同步。

同場加映

《薄伽梵歌》（3章）

佛羅倫絲·斯科維爾·辛《失落的幸福經典：影響千萬人的生命法則》（45章）

15

狄帕克・喬普拉

Deepak Chopra

著重於不費力的力量和回歸簡單，《福至心靈：成功致勝的七大精神法則》是當代自我成長書寫的絕佳典範，你甚至可以扔掉其他所有的自我成長書，單靠這本過日子。

強調成功與富裕或許對某些人來說似乎不夠「靈性」，不過這就是本書的重點。除非你是自足的隱士，否則你就是經濟行為者，必須有能力調和財富的增長與靈性。這既是關於信仰的小冊子，又是教你富裕的手冊，《福至心靈：成功致勝的七大精神法則》承認這一點，因此成為我們這個時代標誌性的作品。

指認出不會改變的成功法則是自我成長文類的一大挑戰，「業」（因果）和「正法」（人生的目的）與我們永世同在，它們是喬普拉七大法則中的其中兩條。下面我們簡要檢視其他五條。

純粹潛能法則

純粹潛能的領域是沉默的國度，萬事萬物都是從這裡流動出來的，在這裡「尚未顯化具現的就要讓它顯化具現」。在這個純粹意識的狀態裡，我們擁有純粹知識、完美平衡、絕對不敗和天賜至福。進入這個領域，我們體驗到比較高層、純粹的自性，能夠看清楚以自我為中心的活著是多麼徒勞與浪費。自我往往建立在恐懼之中，而比較高層的自性存在於充滿愛的保障裡。

「它免疫於批評，不害怕任何挑戰，不覺得在任何人之下。不過，它也是謙卑的，不覺得比任何人優越，因為它認知到每一個人都擁有相同的自性，不同偽裝下的相同靈性。」

當自我的掩蓋掉落時，知識會顯現，明晰的洞察是常態。喬普拉引用卡羅斯・卡斯塔尼達（Carlos Castaneda）的評論，如果我們能停止堅持自己的重要性，我們就會開始看見宇宙的壯闊。主要是透過冥想和靜默我們可以進入純粹潛能的領域，不過也可以透過不評判和欣賞自然開始練習。一旦你知曉這個領域，你永遠可以撤退到裡面，超脫於情境、感情、人和事。所有的富裕和創造力都是從這個領域流動出來的。

給予法則

你是否曾經注意到自己給予的越多，接受到的就越多？為什麼這條法則似乎顛撲不破？喬普拉說，恰好是因為我們的心靈和身體處於跟宇宙不斷施與受的狀態，創造、愛與成長讓施與受的流動保持運行，不給予就會阻斷流動，就像血會凝塊。我們給予得越多，我們就越深入捲進宇宙的能量循環之中，於是我們回收得越多，形式是愛、物質和因緣聚合的幸運經驗。金錢的確推動了這個世界，但是只有在給予跟接受一樣多的時候。

如果你給予，那就歡喜的給予；如果你希望獲得祝福，就默默祝福別人，發送他們一大堆正面想法；如果你沒有錢，可以提供服務。我們能夠給予的永遠無限，因為人類真正的本質是富裕和豐饒，大自然提供了我們需要的一切，而純粹潛能的領域提供了智能和創造力，讓我們能夠生產得更多。

最不費力法則

正如同魚的天性是游泳，太陽是照耀，人的天性是把我們的夢想變成現實，悠悠哉哉不費力的。吠陀的省力原則認為：「做得少成就得多。」這是觀念的革命，或者可以說是瘋狂的念頭？努力工作、規劃和奮鬥是浪費時間？

喬普拉主張，如果我們的行動是由愛而不是自我的欲望激發，我們會產生額外能量用來創造我們想要的任何事物。相反的，尋求權力壓過別人或是企圖獲得他人的贊同會耗費掉許多能量，我們試圖證實什麼，然而如果我們的行動源自比較高層的自性，我們的選擇只會是關於用什麼方法以及在什麼地方我們會影響演化，於是帶來豐饒。

第一步是練習接納。如果我們與之搏鬥，我們就不能期望引進宇宙不費力的力量。跟自己說：「此刻就是應該如此。」即使在非常困難的情境下。第二步，練習不防衛。如果我們一直防衛自己的觀點或是責備別人，我們不可能真正開放自己，接納隨時待命的完美替代方案。

意圖和欲望法則

這是最複雜的法則，當然也最吸引人。喬普拉指出，樹是鎖定在單一的目的上（向下扎根、向上成長和進行光合作用），然而人類神經系統的智能允許我們實際去塑造心智和自然法則，來達成我們自由想像的欲望，這是透過關注的過程和意圖發生的。

儘管關注某件事會賦予它能量讓它擴張，是意圖啟動了能量和資訊，並且「安排自己的實現」。這是如何發生的？作者用了靜止池塘的比喻，如果心（池塘）靜止，我們可以把小石子（意圖）扔進去，製造出漣漪通過空間和時間；如果心是洶湧的大海，我們可以丟個摩天大樓進去，卻不會產生效應。一旦引進了意圖，在樂於接受的靜止中，我們可以仰賴宇宙無限的組織力量讓意圖顯化具現。簡單來說，我們「讓宇宙處理細節」。

超脫的法則

或許你有個意圖，在意圖能夠自己顯化具現之前，你必須放棄依附於意圖的實現。我們可能只有一個焦點，專注於某事，不過如果我們依附於特定結果，就會產生恐懼和不安全感，擔心有可能結果不會發生。與自己的高層自性和諧的人會有意圖和欲望，但是他們的自我意識不是仰賴結果，他們有一部分是不受影響的。

以喬普拉的話來說：

「只有靠著超脫不涉入，我們才能享有喜悅和歡笑。於是財富的象徵就會自發和不費力的創造出來。不能超脫時我們就囚禁於無助、無望、世俗需求、瑣碎憂慮、無聲的絕望和嚴肅之中，這些都是每日平庸的存在和貧窮意識的顯著特徵。」

不能超脫，我們就會感覺自己必須強迫找出答案來解決問題；能夠超脫，我們就可以自由的目睹完美解答從混沌之中自發浮現出來。

不要讓上述的概要滿足你，因為細節和華美的散文讓喬普拉的著作讀起來很愉快。買下這本書，或許要花點時間才能跟上他的波長，了解他的術語，但是堅持下去，這些法則是可以產生真實的效應。

一讀再讀後或許會讓你發現，自己在文本中又發掘出新的意義，這是經典作品常見的標記。

總評

無論是有意或無意，上個世紀自我成長書的聰明之處，是透過比較物質取向的教導來傳達靈性訊息。我們買一本關於成功富裕的書，發現書上說的是宇宙仁慈與完美的智能，我們找到另一本許諾成功法則的書，驚訝的看到內容涉及在我們的行動中維持好的業，以及讓自己超脫於成功果實。而喬普拉經常受到的指控是，他倡導靈性價值是讓我們變得更有錢的方法。這樣的指控是事實，但是沒有什麼好羞愧的，如果宇宙的本質是豐饒的，抱著貧窮意識過日子就是在浪費生命。

這本書的母題是統合宇宙的萬事萬物，儘管書的內容明白關注「成功」，但或許真正的主題是力量，透過越來越打開自己，接納宇宙的一體和完美，我們可以取得更多的宇宙力量。分離的錯覺讓我們與世界相抗，在這個過程中削弱了自己的力量。最好的個人成長著作是把這個文類的「成功」概念從成為「宇宙之主」轉化為與宇宙合一，而《福至心靈：成功致勝的七大精神法則》就是其中翹楚。

狄帕克・喬普拉

一九四六年誕生於新德里，父親是卓越的心臟科醫師，喬普拉在一九七〇年移居美國之前是攻讀醫學。他在波士頓打響了自己內分泌科醫生的名號，之後任教於波士頓大學和塔夫茨醫學院（Tufts medical schools）。曾經擔任新英格蘭紀念醫院院長。

從專家轉型成上師，是拜遇見瑪赫西大師（Maharishi Mahesh Yogi）之賜。瑪赫西大師是一九六〇年代來到美國的聖者，普及了靜坐冥想。喬普拉隨後投入超覺靜坐運動，搭配對印度教醫療哲學「阿育吠陀」重新點燃的興趣，他建立了「美國阿育吠陀醫學協會」。

一九九九年，《時代雜誌》把喬普拉列入「本世紀百大代表性人物和英雄」，推崇他是「另類醫學的詩人－先知」。他在聯合國、世界衛生組織，以及蘇維埃科學院發表過演說，著作超過二十五本，包括：一九八六年《量子治療》（*Quantum Healing*）、一九九三年《不老的身心》（*Ageless Body, Timeless Mind*）、一九九三年《創造富裕》（*Creating Affluence*）、二〇〇〇年《看見神：認識神的七種面貌》（*How to Know God*），以及二〇一七年《意識宇宙簡史：人類生命本質的九大奧祕》（*You Are the Universe: Discovering Your Cosmic Self and Why It Matters*）。作品翻譯成三十五種以上的語言。他也編輯了一本泰戈爾的詩集，寫過一部小說《光之主》（*The Lords of Light*）。

一九九六年，喬普拉與人共同創設了「喬普拉幸福中心」（Chopra Center for Well Being），主辦課程和活動。目前定居在紐約市。

2012

你要如何衡量你的人生？
哈佛商學院最重要的一堂課
How Will You Measure Your Life?

「我逐漸了解，儘管我們許多人可能預設以總結的統計數據來衡量自己的人生，例如管理了多少人、獲得多少獎項、或者銀行裡儲存了多少錢等等，但我一生真正重要的唯一量尺是我能夠幫助多少人，一個接一個，協助他們成為比較好的人。當我與上帝面談時，我們的對話會聚焦在有多少人讓我能夠提升他們的自尊、加強他們的信仰、緩和他們的不舒服。我行善，不論我分配到的任務是什麼。這些是我衡量自己人生的重要尺度。」

「我們許多人說服自己，我們可以『就這麼一次』打破自己的個人規則。在我們心裡可以合理化這些小小的選擇……邊際成本永遠是低的。不過每一項那樣的決定都可能越滾越大，把你變成自己從來不想要成為的那種人。」

總結一句

我們都想要出人頭地，有好的表現，但是真正的成功來自堅守價值——支持某件事——以及長遠的思考。

同場加映

大衛・布魯克斯《品格：履歷表與追悼文的抉擇》（9章）
史蒂芬・柯維《與成功有約》（18章）

16

克雷頓・克里斯汀生

Clayton Christensen

哈佛商學院教授克雷頓・克里斯汀生以他的研究「破壞性創新」而聞名。《經濟學人》提名《創新的兩難》（*The Innovator's Dilemma*）是有史以來最具影響力的六本商業書籍之一。

在《你要如何衡量你的人生？哈佛商學院最重要的一堂課》中，克里斯汀生尋求以相同明晰、原創力和嚴謹來質疑生命本身。這本書的起源是克里斯汀生對哈佛畢業生的演講，關於他們可能如何規劃自己的人生，以及如何避免大錯。這場演講有特別意義，因為當時克里斯汀生罹患癌症。《哈佛商業評論》的編輯凱倫・狄倫（Karen Dillon）說服了克里斯汀生，他應該把這篇演講延伸成書。他和狄倫以及哈佛學生詹姆斯・歐沃斯（James Allworth）便合寫了這本著作。

在閱讀此書之前，你可能想像把商業理論應用到私人生活似乎有點愚蠢或空洞，與商業策略這樣丁是丁、卯是卯的事物相比，我們的生活似乎太流動而且不確定，由機運塑造的成分太濃了，無法由深思熟慮的目標來引導。但是克里斯汀生讓人信服的論辯是，長期來看特定的輸入勢必會帶來特定的結果，無論好壞。這本書的原文書名副標是「運用從世界上最偉大的商業機構學到的教訓找到人生的圓滿」(Finding Fulfilment Using Lessons From Some of the World's Greatest Businesses)，他寫道：

「如果你研究商業災難的根本原因，你會一再發現其中有種傾向，那就是致力於提供即時滿足的策略，而不是會帶來長期成功的規劃。」

對商業來說正確的，對我們的人生也是正確的，投入一個目標自然會讓我們想得長遠，形塑我們當下的行動與決定，腦海裡有個圖像是自己想要成為的那種人，就會迫使我們去問關鍵問題：「我現在需要做什麼讓那個圖像證實是正確的？」

不要入獄

克里斯汀生以回憶他的哈佛商學院同學會來開頭，他很訝異這些過去同窗行為偏離正軌的人數，他們多數是個好人，也對於自己的人生有很高的期望。他指的不只是離婚、不快樂的婚姻或是與孩子疏遠之類的事，而是像傑佛瑞・史基林（Jeffrey Skilling）這樣的同學，他是名譽掃地的能源公司「安隆」的負責人，他不只是克里斯汀生的哈佛同學，也曾經是「羅德學者」(Rhodes Scholar）[1]，同時，他也在牛津大學的同輩身上觀察到與上述相同模式。克里斯汀生相信這些人沒有一位是意圖搞砸事情，但是他們的人生軌道也不是運氣或命運的結果，他們經驗到的後果歸因於他們採用的人生策略，無論他們是否有覺察到。

克里斯汀生詢問他的學生：「我如何能夠確保擁有成功而且快樂的生涯？我與家人及朋友的關係如何能成為持續的快樂來源？同時又過著正直的生活？」他指出，這些問題似乎看起來很簡單，但它們卻是「這麼多同學從來沒有問過，或者問過卻忘記其中道理」的問題。透過比較清楚意識到自己的人生策略，我們可以確保自己擁有對別人有益、對世界有影響的人生，並且沒有牢獄之災。

你在想什麼？

有成千上萬本自我成長書籍可以提供建議，教你如何過著成功的生活，不過當別人詢問克里斯汀生這方面的忠告時，他不會給意見，取代的是，他用一套理論來檢視詢問者的困境，這樣就可以引導出好的答案。

人們最初想的是，如果他們在身上繫上夠大的羽毛，他們就能夠飛翔，因為他們見過鳥有羽毛。但是羽毛本身不能帶來飛行，人類必須等到丹尼爾．白努利（Daniel Bernoulli）的升力理論來解釋究竟是什麼因素讓某樣東西（鳥或飛機）停留在空中。由此克里斯汀生的論點是：我們關於成功與快樂的理論經常是錯誤的，這值得花點時間去找出成功與快樂的真正成因。

例如，了解是什麼激勵我們對於生活和事業上的滿足非常關鍵。關於這點克里斯汀生指出他受益於佛雷德里克．赫茲伯格（Frederick Herzberg）的動機理論，賀茲伯格區分工作快樂中的「保健」因素和「動機」因素。保健因素包括地位、薪資、工作保障、工作場所和公司的環境，以及員工和老闆的關係。上述因素會影響我們工作時快不快樂，然而它們不是真正的激勵因素。例如不論我們的薪資可能有多高，永遠無法讓我們熱愛自己的工作。如果你熱愛你的工作，那是因為動機因素，包括有挑戰性和有趣的工作、個人成長、認可和責任。我們熱愛工作本身，而且想要一直做下去，即使這份工作的保健因素並不能讓我們滿意，例如，你在慈善機構或軍隊裡或許不能賺很多錢，但是你為了錢以外的理由留下來。

哪些人最終做著他們痛恨的工作？克里斯汀生認為那些人比較受職位的保健因素吸引，例如薪資或地位，勝過動機因素。他們發現自己適應了工作所提供的特定生活水準，但是工作本身引發不了什麼動機。如果你有龐大的學貸要償還，畢業之後選擇高薪工作相當合理，而且許多年輕人相信，他們只會做這份工作幾年，然後就會去做他們真心喜歡的事了。但是往往事與願違，他們時長卡在當下的

1 羅德獎學金(Rhodes Scholarships)，世界級的獎學金，有「全球本科生諾貝爾獎」之稱的美譽，得獎者即被稱為「羅德學者」。獎學金評審每年十一月在十三個國家中，選取八十名全球二十五歲以下最優秀的青年去英國牛津大學攻讀碩士或博士。

工作中。

要避免這種狀況，克里斯汀生建議，不要問自己這份工作可以給你多少薪資，而是問：「這份工作能給我機會成長、發展和獲得認可嗎？這份工作是否足夠有趣，而且我會學到新的事物？我會被賦予責任嗎？」，克里斯汀生引用蘋果創辦人史蒂夫．賈伯斯的話：「獲得真正滿足的唯一方法是，去做你相信偉大的工作；而從事偉大工作的唯一方法是，熱愛你所做的事。」

最佳策略

你是否曾經左右為難，想要去規劃人生的獨特路徑，也想要去探索或掌握來臨的機會？「深思熟慮」的策略和「臨場應變」的策略是有區別的。克里斯汀生表示，人生就是如何在「審慎盤算和掌握好機緣」之間保持平衡。

如果你在薪資和工作環境都「夠好」的行業裡，而且這份工作能激勵你，那麼克里斯汀生主張，你應該堅持下去，同時長期規劃你的生涯，尋求成長與成功。但是如果你還沒有找到滿足你或你熱愛的工作，開放接受任何一種機會就合理多了。「深思熟慮」的策略有可能實際上蒙蔽了我們，讓我們看不見「旁門左道」和機會，而他們事實上可能成為未來成長的源頭。他舉了沃爾瑪創辦人山姆．沃爾頓（Sam Walton）的例子。沃爾頓想要用他的低成本模式改變零售業（深思熟慮的策略），不過他實際的成功比較是來自機運，而不是規劃。他第一家商店蓋在小鎮上，而他希望第二家店可以開在大城市。這似乎是顯而易見的路徑，店越開越大，讓事業成長，但是他的妻子拒絕搬到城市，因此第二家店還是蓋在小鎮上。然而，這個「問題」和限制是沃爾瑪成功的種子：他的焦點放在服務不足的鄉鎮而不是城市，結果迎來了大爆發的成長，因為沒有來自其他零售業者的競爭。

現實中，克里斯汀生指出：「策略幾乎總是結合了深思熟慮和預料之外的機會而浮現的。」懂得兩者的不同，我們就比較可能做出好的決定，什麼時候要留在原來的軌道上，什麼時候應該追求新的方向或機會。附帶說一下，克里斯汀生本人經歷了三種生涯（顧問、企業家和經理、大學教授），而三種都不是在他的計劃之內。他深思熟慮的策略是，大學畢業後要成為《華爾街日報》的編輯，而他仍然在等待對方的招募！

什麼必須證明為真才能行得通？

然而實際上你要如何在不同的機會之間選擇？如果同時來了好幾個機會？

克里斯汀生偏愛伊恩・麥克米倫（Ian MacMillan）和麗塔・麥葛瑞絲（Rita McGrath）發展出來的工具，稱為「由發現驅動的規劃」，總而言之就是在抉擇的時刻你可以問自己一個問題：「什麼必須證明為真才能行得通？」

在商業界，這麼做只是意味著去測試所有的假設，讓產品或服務像倡導者希望的那麼成功必須先成立的一切假設。通常會發生的狀況是，人們對於自己想做的事有個想法，然後去進行推測，得到一些數據顯示為什麼行得通，但是卻沒有在現實中真正去測試這個想法。因為數據是熱衷這個想法的人估算出來的，當然看起來前途大好，因此資源分配下去，卻只發現——此時已經太晚了——計劃中有致命錯誤，然而這個模式原本可以早一點以小小的費用來測試。克里斯汀生沒有使用「精實創業」這個詞彙，不過原則上以小規模、提早、快速和不昂貴的測試來避免之後的浪費是他想要說的。

他舉的例子是迪士尼在巴黎郊外蓋歐洲迪士尼主題公園時近乎災難的假設，他們假定遊客會停留兩、三天，如同造訪美國和日本迪士尼樂園的遊客一樣。但是巴黎的樂園只蓋了十五種遊樂設施，而不是正常的四十五種，因此平均人們只會造訪一天，結果預期的收益和實際的收入有巨大差異。迪士尼原本可以避免這項錯誤，如果他們反過來做事，先問：「要讓預期的收益實現，什麼必須是真實的？」這道簡單的問題會讓策略顯而易見：他們需要比較多的遊樂設施。

我們也可以把這道問題應用在我們個人的生涯選擇，問問：「關於這個職位／工作／角色，什麼必須證實為真，我才會在其中感到快樂？」克里斯汀生提到先前一位學生，她熱切想要去開發中國家工作，任職於一家宣稱在進行開發中國家計劃的公司，結果這家公司在這個領域幾乎毫無作為，讓她覺得自己受騙。但是若先問問上述的問題，就會引導她去檢視這家公司在這項領域的實際資源分配，幾乎就是零。回答「什麼需要證明為真？」大概會讓她一開始就拒絕這個職位，省掉她一大堆焦慮。

把這道問題運用在你生活中的每個領域，你或許會驚訝省下你多少時間和資源，而且還給了你想要的結果。

任務是什麼？

克里斯汀生表示，我們大部分時候買的不是產品，而是「雇用它們來完成任務」。舉個例子，許多人必須去做且由「宜家家居」（IKEA）來執行的就是，急急忙忙布置一整棟公寓或房子。宜家不只做到這點，把你可能需要的一切集中在一處，你還可以把孩子留在遊戲區，趁這個時間去餐廳用餐，它同時為你做了好幾件事。「V8蔬菜汁」曾經的賣點是它可以取代好幾種飲料，不過當它以「輕鬆讓你在頃刻之間喝下建議的每日蔬菜攝取量」來行銷時，銷量翻成四倍。人們必須完成攝取蔬菜的重要任務，製造商明白這一點，在這樣的心理下，V8可以當成完美的「幫你完成任務」的產品來銷售。克里斯汀生指出，有一大堆「有趣的」產品設計出來，但是如果這項產品不考慮買家試圖想完成的工作，「要成功就很拼了」。

這項原則也適用於我們的關係。我們認為配偶需要或想要的可能迥異於配偶實際想要我們去執行的任務。在此，克里斯汀生舉的例子是：一位父親下班回家，面對他精疲力盡的妻子和他們的小小孩，評估眼前的場景，他可能以為妻子想要的是請他幫忙整理乾淨和做晚飯，這或許的確有幫助，但是與需索不停的小娃娃在一起八小時之後，妻子真正想要的是成人之間的談話。

在關係中我們的假設很容易出錯。弄清楚你的伴侶真正需要你去完成的任務（精神上、身體上、實務上），而不只是想著可能讓自己感覺良好的事。這聽起來有點老派，不過克里斯汀生指出，為別人犧牲的事實會加深承諾。想要留住愛，就要不斷問：「我的伴侶最需要我去做的工作是什麼？」他們需要我執行的任務是什麼？

家庭是最偉大的投資

在克里斯汀生看來，為什麼他有些同學下場不好，主要原因不是道德上的失敗，單純是資源配置錯誤的問題。在工作上，他們追求重大的升遷或紅利，因為這些可以提供最即時、最明顯的回報，而他們分配太少的資源給比較長時間才有回報的事情，例如撫養好孩子以及花時間和配偶在一起，他們會在未來的某一刻驚訝伴侶要離開自己，或猛然醒悟孩子已走上歧途。就像每個人，他們的意圖是要撫養家人，供應他們生活所需，但是多年來他們實際使用時間的方式意味著，錢在那裡了，但是沒有為他們所愛的人付出的時間。克里斯汀生說：「你如何使用自己的精力和金錢，以及每一次的決定，都是在陳述什麼對你是真正要緊的。」

他承認工作能帶來極大的滿足，但是跟你長期培養與家人和朋友的關係而獲得的深刻快樂相比，依舊是蒼白的。許多高成就的人犯的錯誤是：把養育孩子的工作外包給旁人，或者認為他們的配偶不會在乎那所有熬夜工作的夜晚。然而，正是那些我們以為不必要照顧這些關係的時候，其實是必要的，當我們領悟到這一點時，往往已經太遲。所以，絕對不要把別人視為理所當然，他們不是讓你達到目的的工具。

邊際思考的危險

錄影帶出租公司「百視達」曾經業績好到它覺得承受得起放棄像「網飛」（Netflix）那樣經營DVD郵寄的出租服務。Netflix所做的似乎只是整個錄影帶出租產業的一小部分，百視達的經營階層覺得不值得為此破壞自己的模式。此外，如果他們涉足新領域，不就是跟自己的事業打對台嗎？

如我們現在已知，這樣的思維把百視達送上破產之路，百視達過於專注在保護自己的既存模式，無法想像一家突然崛起的競爭者會為這個產業帶來劇烈改變。發生在邊緣的事情看似不重要，克里斯汀生描述了這種「邊際思考」的危險性：「你可以看到立即的投資成本，但是真的很難準確看見不投資的代價。在你決定自己還擁有完美可接受的現有產品，而投資新產品的利益不夠可觀時，你沒有考慮到未來會有人把新產品上市。」

邊際思考對於個人生活一樣危險。做一件不符合你節操的小事，「邊際成本」似乎很低，因此你認為無妨。但是這可能迅速將你帶入漩渦之中，想想看交易員尼克・李森（Nick Leeson）最初的小錯誤導致英國霸菱銀行倒閉，或是運動員「一次」用藥讓他們占到優勢，結果長期用藥綁住他們而毀了生涯。C・S・路易斯（C. S. Lewis）表示，「通往地獄最保險的路，是微小、漸進、不注意的決定，是這些慢慢把我們帶入荒野」。

在牛津大學時，身高六呎八吋（大約兩百公分）的克里斯汀生是籃球隊打進冠軍決賽的關鍵隊員。但是有個問題：比賽預定在星期日舉行，而他的摩門教信仰禁止星期日從事運動比賽這類活動。克里斯汀生苦苦思索，終於決定，如果他打算獻身於自己的宗教，就必須完完全全獻身。當他告訴教練自己的決定時，教練非常震驚。但最後球隊還是贏了，克里斯汀生指出，「百分之百的時間都保持你的原則，比百分之九十八的時候保持原則容易……決定你要支持什麼，然後時時刻刻堅守。」

一項決定的邊際成本似乎總是不起眼。我們可以「就這麼一次」做某件事，而且僥倖過關。但是做個「百分之九十八的人」嚴重的危險是：「每一項那樣的決定都可能越滾越大，把你變成自己從來不想要成為的那種人。」

你的目的是什麼？

「我向學生保證，」克里斯汀生寫道，「如果他們花時間釐清自己的人生目的，將來回顧時，他們會知道這是自己這輩子所發現最重要的事。」

目的是你自由選擇然後獻身的事。公司或個人需要三件事來達成他們的目的：圖像（你想要成為什麼樣的人）、獻身（以達到那個圖像），以及量尺（衡量進步的尺度）。

你可能認為個人的量尺就是達成生涯目標或是累積資產，不過克里斯汀生堅持人生的終極目的永遠是非物質的。他說：「我一生真正重要的唯一量尺是，我能夠幫助多少人，讓他們一個接一個，成為比較好的人。」無論是提升某個人的自尊，幫忙安慰另一個人，或是鞏固教友的信仰，這是對他最要緊的事，也是他覺得自己會受到的審判。

與華理克牧師（Rick Warren）在《標竿人生》（*The Purpose-Driven Life*）的開頭語句「這不是關於你」同聲一氣，這種思維的轉變——從我們思考什麼對自己有好處，到我們如何盡可能以最好的方式一次幫助一個人——能夠為我們的人生帶來變革。我們可以從表面意義的「成功」，轉變成對周遭的人產生真實的正面影響。儘管你的目的實際性質會跟別人不同，但你知道那是什麼就會把你提升到能產生真實效應的道路上。

總評

克里斯汀生指出，雖然經驗可以是好老師，但是有一些洞見我們就是承受不起在工作中才學習到。「你不會希望必須經歷好幾次婚姻來學習如何成為好配偶。」他說，「或者等到你最小的孩子長大了才懂得怎麼當父母。」他的書提供了不可或缺的機會，讓讀者在活過大半輩子之前能獲得人生的智慧。這是一本有潛力改變人生的書，能夠了解你自我滿足的視野，激勵你提升自己的標準。

克雷頓・克里斯汀生

一九五二年生於猶他州鹽湖城，家裡有八個小孩。成為牛津大學的「羅德學者」之前，從楊百翰大學拿到經濟學學位。他在牛津大學取得計量經濟學和經濟學的碩士學位，聚焦於開發中國家。

一九七九到一九八四年間，他擔任「波士頓諮詢公司」(Boston Consulting Group）的管理顧問，提供製造業策略，一九八二〜三年請假去擔任雷根政府的運輸顧問。一九八四年他協助成立「CPS」，這家陶瓷工程公司，在一九八七年美國股災之前公開發行股票，在股價從美金十二元掉到兩元之後，身為負責人的克里斯汀生被逐出公司，而後他進入哈佛攻讀博士，他的博士論文是關於大公司為什麼會失敗，因為他們立足的市場被擁有比較便宜新科技的新貴公司擾亂了，這篇論文成為《創新的兩難》。克里斯汀生一九九二年進入「哈佛商學院」擔任教職，目前依舊是企業管理的「金姆．克拉克講座教授」。其他著作包括二〇〇三年《創新者的解答》（*The Innovator's Solution*）、二〇〇八年《來上一堂破壞課》（*Disrupting Class: How Disruptive Innovation Will Change the Way the World Learns*）、二〇〇八年《創新者的處方》（*The Innovator's Prescription: A Disruptive Solution for Healthcare*），以及二〇一六年《創新的用途理論：掌握消費者選擇，創新不必碰運氣》（*Competing Against Luck: The Story of Innovation and Customer Choice*）。

身為摩門教徒，克里斯汀生年輕時到韓國義務傳教兩年，能說流利的韓語。他與妻子克莉絲汀擁有五名子女，目前住在麻州。

1993

牧羊少年奇幻之旅

The Alchemist

「他研讀過拉丁文、西班牙文和神學。但是他從小時候開始，就想要認識這個世界，對他來說這比認識上帝和知曉人的原罪重要多了。一天下午，去拜訪家人時，他鼓起勇氣告訴父親他不想要成為神職人員。他想要去旅行。」

「『這股力量看起來是負向的，但是實際上是讓你看到如何去實現自己的天命。這股力量為你的精神和你的意志做好了準備，因為在這個星球上有一偉大的真理：無論你是誰，無論你做什麼事，當你真心渴望某樣東西時，整個宇宙都會聯合起來幫助你完成。那是你在地球上的使命。即使你所渴望的只是去旅行，或者與織品商人的女兒結婚。』」

總結一句

我們太容易就放棄自己的夢想，然而整個宇宙永遠準備好要幫助我們完成夢想。

同場加映

喬瑟夫·坎伯（比爾·莫耶斯合著）《神話的力量》（12章）

17

保羅・科爾賀

Paulo Coelho

聖狄雅各是牧羊人，他愛他的羊群，但他還是注意到羊的存在本質是受限的，羊只會尋求食物和水，從來不會抬起頭讚嘆綠色的山丘或是日落。聖狄雅各的父母一直在為生活基本所需而奮鬥，因此扼殺了自己的志向，他們住在美麗的安達魯西亞，這裡的古樸村落和起伏山丘吸引許多遊客前來，但是對聖狄雅各的父母來說，這裡並不是做夢的地方。

另一方面，聖狄雅各能夠閱讀，而且他想去旅行。有一天他到鎮上去賣羊，遇見了一名流浪漢頭領和一位吉普賽女人，他們敦促他「追隨自己的預兆」，離開他熟悉的世界，吉普賽女人指示他前往埃及的金字塔，她說他會在哪裡找到寶藏。

不知道是不是瘋了，他相信她，他賣掉羊，揚帆出發。出發沒多久就遭了難，丹吉爾的小偷搶走了他的積蓄，那麼辛苦的工作和紀律就為了一場小小的歷險。然而奇怪的是，聖狄雅各並沒有因此喪氣，他獲得更美好的感悟──知道自己走在正確路上的安全感，現在他過著不同的生活，每一天都是新鮮的，而且讓他滿足。他不斷提醒自己離開前他在市場上獲得的忠告：「當你真心渴望某樣東西，整個宇宙都會聯合起來幫助你。」

追隨夢想

這是神奇的信念，可以支持展開重大計劃的任何人。不過，這是沒有根據的希望嗎？大概不是。你想想，一旦你決定投入，你傾注在這件事的精力，比較精確的說，「宇宙合力」會給予你想要的，這是反映了你決心要讓這件事發生。閱讀《牧羊少年奇幻之旅》時，我們會想起歌德的強烈要求：「無論你能做什麼，或者能夢想什麼，就開始吧。天賦、力量和魔法正蘊藏在膽氣裡。」

這本書並沒有迴避夢想得付出代價這個事實，但是，如同科爾賀在訪問中指出的，不去實現你的夢想也有代價。他說，同樣的錢你可以買件不適合你的恐怖夾克，或是適合你且看起來又稱頭的夾克。人生中無論做什麼事都會遭遇困難，但是寧可遇到的問題是有意義的，因為那是你想要達到目的的一部分，否則困難似乎就只是潛伏的危害，一個接一個的嚴重挫折。追隨夢想的人有比較大的責任，像是要處理好自己的自由，或許這看起來不像是代價，但是，這的確需要某種程度的覺察（或許是我們不習慣的）。

聖狄雅各在小鎮廣場遇見的老人告訴他，不要相信「最大的謊言」：那就是你不能掌控自己的命運。老人說，你可以做到但是你必須「解讀預兆」，當你開始明白世界是一體時，你就可能擁有這種能力。世界可以像一本書那樣來閱讀，但是如果我們的生存型態是封閉的，只滿足於自己的生活現況，不願意冒險失去任何東西，我們就永遠讀不會這個世界。

愛

《牧羊少年奇幻之旅》不尋常之處是，它是一則愛的故事，卻否定浪漫愛必定是人生核心的觀念。每個人都有天命要去追求，這個天命與別人無關，那是你要去做的事或成為的人，即使你已經完全擁有自己想要的愛和金錢。聖狄雅各追尋的寶藏當然是象徵了人的夢想或天命，但是當他在沙漠的綠洲中找到他夢裡的女人，他很樂意放棄寶藏，不過在沙漠中遇到的鍊金術士告訴他，如果他的綠洲女朋友願意支持他去尋找寶藏，才能證明她的愛是真心的。

聖狄雅各的兩難是關於愛與個人夢想之間的衝突。太常見的狀況是我們把愛情關係視為自己人生的意義，但是執迷於浪漫的結合可能會切斷我們跟世界的連繫，讓我們不能過著與世上其他人比較有連結的生活。然而，心一定有需求嗎？科爾賀表示，環繞著夢想過生活，你的生活中會有比較多的「心」，於是，你才能超過現在能夠理解的。

「……沒有心會在出發尋求夢想時受苦，因為追尋中的每一秒都是與上帝和永恆相遇的時刻。」

浪漫愛是重要的，然而不是你的義務，你的義務是追尋你的夢想。唯有通過對夢想的獻身，「世界的靈魂」才會展現給我們看，那是摧毀孤寂和賦予力量的知識。

總評

有太多的自我成長著作是關於追尋自己的天命，不過夢想並非總是靠著自己的力量牽引我們。夢想持續然而靜默的說著話，不需要花太多力氣就可以扼殺內在的聲音。誰願意拿舒適、常軌、安全和現有的關係去冒險，去追逐別人看起來像是海市蜃樓的事物？這需要勇氣，這些人每天都必須做出無畏的決定才能忠實於較大的願景，而折了角、有污漬的科爾賀經典著作已經成為他們的固定友伴。

保羅・科爾賀

科爾賀成長於巴西里約熱內盧的中產家庭。他的父親希望他子隨父業成為工程師，但是在他說出要當作家的願望後，科爾賀即被送進精神療養機構，有三年時間進進出出。之後，他成為嬉皮四處浪遊，在義大利短期加入一個教派，也幫某個搖滾樂團寫了一陣子「顛覆政府」的歌詞後，遭到巴西警方拘禁和刑求。

《牧羊少年奇幻之旅》是從《一千零一夜》的一則故事中獲得靈感，賣出了兩千萬本（第一家出版公司在賣不到一千本之後放棄了，不過科爾賀努力找到了另一家出版公司）。

科爾賀是天主教徒，對於朝聖之路特別感興趣，西班牙的朝聖勝地「星野的聖地牙哥」（Santiago de Compostela）提供了他的著作《朝聖》（*The Pilgrimage*）和《魔法師日記》（*Diary of a Magus*）的故事背景。其他著作包括：《女武神：與天使相遇》（*The Valkyries: An Encounter with Angels*）、《我坐在琵卓河畔，哭泣》（*By the River Piedra I Sat Down and Wept*）、《薇若妮卡想不開》（*Veronika Decides to Die*），以及《至高的禮物》（*The Supreme Gift*）。他與畫家妻子克莉絲汀娜・奧伊蒂西卡（Christina Oiticica）目前住在日內瓦。

1989

與成功有約：高效能人士的七個習慣

The 7 Habits of Highly Effective People

「品格倫理建立在一基礎觀念上，那就是有些原則主宰著人的效能。自然法則在人的世界就像重力法則在物理世界那樣，是真實的，不會改變的，而且毫無爭議『就在那裡』。」

「如果內在沒有不變的核心，人們無法生活在變化之中。有能力改變的關鍵是：對於自己是誰、你將會成為什麼，以及你重視什麼，有著不變的意識。」

「大多數人傾向從二元對立的角度來思考：強或弱、硬或軟、贏或輸。但是那種思考有根本上的錯誤。那是建立在權力和地位之上的，而不是根據原則。雙贏的基礎範型是：人人有份，一個人的成功不是以排除他人的成功為代價來達成的。」

總結一句

真正的效能來自有明晰的原則、價值和願景。只有當改變成為慣性才是真實的。

同場加映

大衛・布魯克斯《品格：履歷表與追悼文的抉擇》（9章）
維克多・法蘭可《活出意義來》（26章）
班傑明・富蘭克林《富蘭克林》（27章）

18

史蒂芬・柯維

Stephen Covey

史蒂芬・柯維這本著作是當代個人發展書寫中超級暢銷書之一。銷售量超過一千五百萬本，已經翻譯成三十二種語言，成為一家大公司的學術基礎。戴爾・卡內基的《卡內基教你跟誰都能做朋友》花了六十年的時間才有相同的影響力。

是什麼讓這本書在眾多宣稱能擁有活得更好的祕密的書籍中脫穎而出？

由內而外的成功

首先，是時機。《與成功有約》在我們剛進入一九九〇年代的時候面世，突然之間，在流行墊肩的世界裡有志成為「宇宙之主」似乎不能讓人滿足了，人們準備接受不同的處方，來獲取他們從人生中真正想要得到的。柯維「恢復品格倫理」的訊息是如此老派因而看起來是革命性的觀念。

為了寫博士論文研讀了近兩百年的成功學文獻之後，柯維能夠區分出他稱呼的「人格倫理」和「品格倫理」的差異。人格倫理指的是，迅速搞定的解答和人際關係技巧，盛行於二十世紀大多數的著作之中。品格倫理則環繞著不會改變的個人原則。柯維相信，如果不是顯現了內在的控制自如，外在的成功根本不是成功。或者以他的術語來說，「私領域的勝利」必須先於「公領域的勝利」。

為個人生活制定的事業計劃

第二點，這本書的成功比較實際的理由是讀起來引人入勝，既是自我成長的著作，又是領導力＋管理手冊。這種跨界的定位讓市場有效的加倍了。這也意味著只是對個人發展有興趣的讀者可能不喜歡充斥其中的管理學術語、圖表和商業軼事，就一本如此著重改變典範的書來說，它極為出色的代表了商業思考的典範。

不過對於一本能夠再造你人生的出色指南，上述應該是小小代價，何況透過柯維的個人和家庭經驗這本書變得生動有趣。在許多方面，柯維可以說是戴爾．卡內基的傳人，不過他這本經典與在他之前的現代自我成長書籍相比，更有系統和全面，更能拓展你的人生。

習慣：改變的元件

強調習慣是改變的基本單位也是這本書成功的重要因素。柯維見識到真正的偉大是經過時間慢慢發展出品格的結果，偉大是以我們思考和行動的日常習慣為地基建立起來的。《與成功有約》承諾的人生變革，不是像宇宙大爆炸那樣，而是數不清的小小革新累積起來的成果。英國小說家查爾斯・里德（Charles Reade）總結了柯維的意思：

「播種想法，你將收穫行動；播種行動，你將收穫習慣；播種習慣，你將收穫品格；播種品格，你將收穫命運。」

效能v.s.效率

最後，這本書的成功要大大歸功於書名用了「效能」這個詞。到了一九八〇年代末期，西方文化已經有數十年關於效率的管理理論，時間管理的概念（執迷機器的文化自然產物）擴散到私人領域，在這樣的氛圍下，如果我們認為人生所有問題都是「無效率分配時間」的結果，情有可原。不過，柯維採取了不同看法，他傳達的訊息是：想想對你最重要的是什麼，看看你的人生是不是以它為中心打轉。不要擔憂效率，如果你做的事情缺乏意義或實質益處，有「效率」也沒什麼用。

《與成功有約》把效能擺在成就之上，除非你完成的事情確實有價值，從你最高的目標和為別人服務的角度來看都值得努力，不然成就是空洞的。柯維的觀點是，雖然二十世紀自我成長的人格倫理幫忙創造出高成就取向的社會，然而這個社會實際上也不知道自己的方向在哪裡。

負責任的習慣

建立七大習慣的基礎是：願意以新的眼光看這個世界，有勇氣認真看待人生。這本書打中要害，是因為它讓我們許多人看到，或許是人生第一次，真正的責任感是什麼。把自己的麻煩歸咎於「經濟」或者「我的惡劣雇主」，或是「我的家人」，這都是無濟於事。要擁有圓滿人生和個人力量，我們必須決定要為什麼事情擔起責任，什麼是在我們的「關心圈」內，只有透過精進自己，我們才能期待擴大我們的「影響圈」。

以下簡要檢視七大習慣：

一、主動積極。我們永遠擁有自由選擇面對刺激的反應，即使其他的一切都被剝奪了。伴隨這種能力而來的是：我們不一定要依循家庭或社會給我們的腳本來生活。不要「被動活著」，對於自己的人生我們接受良知告訴我們應該要怎麼活著。我們不再是反應的機器，而是主動的人。

二、一開始心裡就要想著最後的目的。在自己的葬禮上我想要人們怎麼說我？透過寫下自己的悼文或是個人使命宣言，我們創造出終極目標，或者以人優先，工作退居其後。我們有了自我引導系統帶給我們智慧，做出正確決定，因此不論我們今天做什麼都會符合我們為自己創造的最終形象。

三、首要的事優先。第三條習慣把第二條習慣的遠見化為日常行動。心裡有了最終圖像，我們就可以計劃每天的生活，追求最佳的效能和最大的樂趣，我們將時間花在真正重要的人和事上面。

四、想著雙贏。一個人的成功不需要以他人的成功為代價來達成。尋求雙贏，我們就永遠不會危害自己的原則。不是你的方式或我的方式，而是比較好的方式，藉由真正從對方的視角看事情，創造出比較好的關係。

五、尋求了解，然後獲得了解。沒有同理心（感同身受），就沒有影響力。關係中的情感銀行帳戶裡沒有存款，就沒有信任。真誠傾聽帶給對方寶貴的心理氛圍，向著他們的靈魂打開一扇窗。

六、協同效應。協同效應是運用其他所有習慣的結果。協同效應會帶來「第三種替代選項」，或是無法根據部分相加等於總和來預測完美結果。

七、磨利鋸刀。我們必須平衡生活中的身體、靈性、心理和社會層面。以「磨利鋸刀」來提高生產力，這牽涉到在上述領域花時間定期更新自己。

總評

作者為了讓我們更了解他心目中的英雄——班傑明．富蘭克林的哲學，列舉他是實踐品格倫理的完美典範，是「一個人努力把特定的原則和根深蒂固的習慣整合起來的故事」。埃及前總統沙達特啟動的中東和平協定，這在柯維的心裡排名也很高，列為成功「改寫腳本」的人。柯維用集中營倖存者維克多．法蘭可（參見《活出意義來》）的故事來支持他的個人責任倫理，還有用亨利．大衛．梭羅（參見《湖濱散記》）來闡釋獨立的心靈。

有人說柯維的七大習慣只是普通常識。個別來說可能是，但是以這樣的順序打包在一起，再加上以原則為核心的哲學來支持，就會產生柯維所讚揚的協同效應。

對於「自我成長」的普遍批評是：一場研討會或一本書可以帶給我們極大啟示，然後我們就忘記了。透過把習慣當成行動和改變的元件，《與成功有約》賦予讀者動力，把書上的教導融入日常生活之中。我們受贈了改變小事以完成大蛻變的方法。

史蒂芬・柯維

生於一九三二年，柯維擁有哈佛的企管碩士學位，大部分生涯在猶他州的楊百翰大學度過，他是那裡的「組織行為和企業管理」教授。

一九八四年，他成立了「柯維領導力中心」，十三年後與「富蘭克林探索公司」（Franklin Quest company）合併，組成「富蘭克林柯維公司」，銷售領導力和生產力領域的學習和表現工具。柯維的其他著作包括：《與領導有約》（*Principle- Centered Leadership*）、《與時間有約》（*First Things First*）、《與幸福有約：美滿家庭七習慣》（*The 7 Habits of Highly Effective Families*），以及《第八個習慣》（*The 8th Habit*）。

柯維擁有好幾個榮譽博士學位，並且獲選為《時代雜誌》「二十五位最有影響力的美國人」。他與妻子珊卓拉（Sandra）住在猶他州的普若佛（Provo）。他們擁有九位成年子女和五十二位孫子女。

在一場嚴重的腳踏車車禍後三個月，柯維於二〇一二年逝世。

1990

心流：高手都在研究的最優體驗心理學

Flow: The Psychology of Optimal Experience

「我們是否快樂取決於內在的和諧，而不是因為我們可以控制浩大的宇宙力量。當然我們應該持續學習如何掌控外在環境，因為我們的肉體存活可能要仰仗於此。但是這樣的掌控，並不會增加一丁點我們身為個體是何種感受，但也不會減少我們經驗到這個世界的混亂。要感受到清明我們必須學習掌控意識本身。」

「心流協助整合自我，因為在深沉專注的狀態，意識不尋常的井然有序。念頭、意圖、感受，以及所有的感官全部聚焦同一個目標，體驗是和諧的。當心流的經歷結束時，我們感覺比之前更為『合體』，不只是自己的內在，還包括跟他人以及這個世界的整體關係。」

總結一句

不要閒閒不做事，做你熱愛的事是讓你邁向更深意義、更大快樂、更複雜的自我道路。

同場加映

達賴喇嘛、霍華德．卡特勒《快樂：達賴喇嘛的人生智慧》（20章）
丹尼爾．高曼《EQ：決定一生幸福與成就的永恆力量》（29章）
李察．柯克《80／20法則：商場獲利與生活如意的成功法則》（34章）

19

米哈里・奇克森特米海伊

Mihaly Csikszentmihalyi

「為什麼快樂這麼困難？」「人生的意義是什麼？」無論是因為閒散或是挫折，我們都會沉思這些大問題。不是很多人敢於提供答案，而且更少人配備精良可以嘗試作答。不過米哈里・奇克森特米海伊在奉獻一生回答第一道題時，發現無法跟第二道題分開來談。兩者的連結就是「心流」理論的本質。

整體來說，作者為第一道問題提供的答案出乎意料的明顯：要快樂很難，因為宇宙根本不是為了我們的快樂建造出來的。儘管人們創造宗教和神話來提供一些安全感對抗上述事實，但第一手的知識卻一再殘酷的揭露宇宙真相。奇克森特米海伊表示，最好是從秩序和混沌（熵）的角度來思考宇宙。健康的人發現秩序讓人愉快就是個線索，顯示秩序本身的價值，以及秩序在創造快樂上的角色。

因此把秩序帶入意識，意即「控制心智」是快樂的關鍵。不過，是什麼給了我們這種控制的力量？

快樂與心流

奇克森特米海伊的研究不是從檢視快樂本身的性質入手，而是詢問下述問題：「人什麼時候最快樂？」也就是，當我們感覺享受或圓滿時究竟在做什麼事？為了找出答案，研究過程會時刻隨機用呼叫器發出訊號給實驗對象，整整一個星期。他們被要求寫下當時正在做什麼，以及這項活動產生的感受。結果發現最美好的時刻並不是偶然發生，也不是純粹取決於變幻莫測的外在事件，而是在進行某項特定活動時，因此我們能夠合理預測什麼時候會發生。當事人描述這些活動具有最高價值，進行時能夠消除煩憂，也不會想著其他的事，作者稱之為「最佳體驗」，或者簡稱「心流」。

處於心流狀態的人會感覺自己全心投入，正在發揮創造力開展比較偉大的事。運動員把這種狀態叫做「置身化境」，神祕主義者形容為「出神」，而藝術家的措辭是「狂喜」。你和我認可的心流經驗或許只是那些似乎讓時間靜止的體驗。書中對「心流」的最佳定義來自道家思想家莊子，在一則關於庖丁的寓言中，庖丁這位受人敬重的文惠君御用屠夫描述他的工作方式：「官知止而神欲行。」你停止思考，就是去做。

作者所探討的關鍵區分之一是享受和歡愉。有挑戰性的工作需要我們全神貫注是享受，而歡愉是被動的，這不一定需要我們投入，像是電視、藥物和睡覺都可以是歡愉的，但這牽涉到很少的自覺意志，因此不會真正輔助我們成長。最佳體驗的心得是，當我們掌控時我們才真正快樂。最佳體驗就是由我們主導，讓我們感覺駕馭自如的經驗。這就是為什麼追求目標是如此享受的事，那會帶來「井然有序的意識」，與我們目睹目標真的達成可能產生的感受不相干。井然有序的心智本身就是快樂的泉源。

心流：複雜度與意義

要躲避無意義，我們可以把自己的人生奉獻於歡愉，而這通常會遭致毀滅或心智的紊亂，或者任憑慣性引路，試圖不去思考人生所有可能的選擇。如此一來最後可能就是屈服於當時的社會價值，不論剛好是什麼，讓我們自己被定義成消費者，而不是人。

奇克森特米海伊發現佛洛伊德在這部分特別切題，佛洛伊德的「本我」代表了身體的本能驅力，而「超我」則代表可能形塑我們自我意識的外在世界。佛洛伊德關於意識的第三個元素是自我，自我是我們努力獲得自主意識的那部分，不管我們身體的衝動或環境，就是在這個自我裡面找到了人性，拋開了動物和機器人的層面。我們透過意志活在這層意識裡，既然宇宙從來不會讓我們好過，我們必然會變得越來越複雜（不是從混亂的角度，而是從比較高階的秩序來說）。

奇克森特米海伊的研究確立了心流經驗吸引人的地方：每一次體驗之後，當事人就超越之前的自己一點。每一片吸收的知識、每一項精進的新技能，都擴大了自我，讓自我擁有更高階的秩序，以他的話來說，就是形成「越來越超凡的個體」。

這就是為什麼產生心流的機會可能會讓人上癮，沒有心流經驗的生活讓人覺得靜態、無聊，而且無意義。作者表示，只要多做一點我們熱愛的事，就可以增加快樂和意義感。「人生的意義」這道題或許不能從最深奧的意義（也就是，為什麼萬事萬物會存在）來回答，不過可以從主觀、個人的層次來回答。人生的意義就是對「我」有意義的一切，無論是什麼。對於享受心流經驗的人來說，這種體驗不需要解釋，我們就只是覺察到它帶給我們兩項攸關快樂的東西：目的感和自我認識。

以心流為中心的文化？

確實如此，心流會讓你感覺比較有生氣，不過也有另一種出乎意外的效應，複雜度的增長必然會同時帶來兩種作用：一是覺察自己的獨特性，二是你跟這個世界有多麼融洽以及你與他人的關係會有重新的了解。心流讓你變得比較獨特，也讓你跟這個世界重新連結。

這雙重效應對於社群和國家的回春有巨大意涵。作者主張確保人民有最大機會涉入心流活動的國家與社會，將是二十一世紀最成功的國家與社會。他指出美國獨立宣言中納入了「追求快樂」，這個有遠見的宏願不幸變質為期待政府來提供快樂。

雖然目標的追求（或為未來而活）是當代西方文化的主要部分，以心流為中心的文化會恢復以當下為中心的文化，這是狩獵－採集社會的印記，讓我們從時鐘的專制下解放出來。隨著社會日益繁榮，如果比較多的人口去做他們熱愛的事，對時間的整體態度就會改變。時間不會再以工業文化的工作模式來框架，嚴格區分「工作」與「休閒」，取代的是，時間將由個人對於自己進行的活動抱持何種主觀態度來決定，也就是，取決於這項活動是否能引發心流經驗。

人們常說當代西方尤其是美國文化執迷於青春，其中一項後果就是特別怕老。不過如果你真實的活著而且享受當下，換句話說，處於心流的狀態就可以舒緩時間消逝的壓力。如德國哲學家尼采所說，成熟就是「重新發現我們童年時玩遊戲的認真精神」。

總評

心流理論從四十年前出現在學術期刊之後，影響深遠，因為它是後設理論（或統合理論），非常適用於所有型態的人類活動。奇克森特米海伊把心流連繫到性愛、工作、友誼、孤寂和終身學習。不過心流經驗無法強加在人們身上。一如既往，那些可以創造自己心流經驗的個人會比較快樂。

尼采相信「權力意志」是人類行動的根源，不過心流理論暗示，追求秩序的意志是餵養權力意志和其他動機的根源，讓人產生秩序感的活動提供我們意義感和一定程度的快樂。當我們如何過一生的可能性大開之後，就會浮現把我們帶往相反方向的需求，包含要如何面對生活，以及選擇在生活中做什麼，我們有創造焦點、秩序和紀律的需求。連結不是那麼顯而易見，卻吸引我們關注與此，《心流》絕對說得上是值得讚揚的著作。

米哈里・奇克森特米海伊

奇克森特米海伊生於一九三四年，二十出頭時從南斯拉夫移民美國。目前是加州克萊蒙研究大學（Claremont Graduate University）杜拉克管理學院的心理和管理教授，曾經是芝加哥大學心理系主任。他是「美國藝術與科學院」院士，文章常見於在《紐約時報》、《華盛頓郵報》、《連線》（Wired）、《快公司》（Fast Company）和《商業週刊》。

其他著作包括《最佳體驗：從心理學研究意識中的心流》（*Optimal Experience: Psychological Studies of Flow in Consciousness*，學術論文合集，是一九八八年《心流》的前身，與他的妻子伊莎貝拉合編）、一九九三年《演化中的自我：第三個千禧年的心理學》（*The Evolving Self : A Psychology for the Third Millennium*）、一九九七年《好好活著》（*Living Well*）和一九九六年《創造力：心流以及發現與發明的心理學》（*Creativity: Flow and the Psychology of Discovery and Invention*）。他還寫了一些把「心流」應用到企業和經營的書籍，以及探討德日進哲學的文章，因為德日進的哲學與演化和人類的進步相關。

1998

快樂：達賴喇嘛的人生智慧

The Art of Happiness: A Handbook for Living

達賴喇嘛：

「我們每個人都有身體構造、一顆心和情緒。我們都以相同的方式誕生，而且我們都會死。我們所有人都想要快樂，不想要受苦。」

「我相信適當利用時間是這樣子的：如果你有能力，為別人也就是為眾生服務。如果你做不到，至少要避免傷害別人。我想這就是我整個哲學基礎。」

霍華德．卡特勒：

「隨著時間推移，我逐漸相信達賴喇嘛已經懂得如何抱持圓滿意識和一定程度的平靜過生活，那是我不曾在其他人身上見識到的……儘管他是佛教的僧侶……我開始好奇是否能整理出一套他的信仰或修行，讓非佛教徒可以採用，也能夠直接應用在我們生活中的修行，幫助我們變得比較快樂、比較堅強，或許也比較不害怕。」

總結一句

獲得快樂不一定要仰賴發生什麼事。透過精神上的修行，我們可以培養出能力，讓自己大部分時間都是快樂的。

同場加映

《法句經》（21章）

偉恩．戴爾《真實的魔法》（23章）

20

達賴喇嘛、霍華德・卡特勒

The Dalai Lama & Howard C. Cutler

你是否聽過精神科醫師遇見佛教僧侶的故事？通常那是一個好的笑話的開頭，或許會涉及躺椅和托缽。就眼前的例子，精神科醫師與佛教僧侶的相遇構成了這本書的基礎。

《快樂：達賴喇嘛的人生智慧》是受敬重的精神科醫師霍華德・卡特勒和第十四世達賴喇嘛合作的成果。混合了達賴喇嘛對於各種議題的想法和霍華德・卡特勒本人對這些議題的科學反思。

許多人反對把達賴喇嘛標示為「合著者」，因為事實上他什麼都沒寫，不過當你考慮這本書的成果，達賴喇嘛是否親自執筆就不重要了。十分紮實的快樂手冊，探討我們每個人都可能提出的問題，如果我們有幾個小時能親炙達賴喇嘛。

快樂的本質和來源

卡特勒開始進行這本書時，有一些源自西方科學背景的特定信念，例如快樂是謎團，我們真正能夠盼望的不過是避免不幸。但在許多次的對話後，達賴喇嘛讓他相信，快樂不是奢侈品，而是我們存在的目的。不只如此，有條明確的道路讓我們走向快樂。首先我們必須辨識出無可避免導向痛苦的因素，以及導向快樂的因素，接著，我們必須開始消除造成痛苦的因素，培養帶來快樂的因素。

或許關於快樂讓人最意外的論點是：要獲得快樂是透過「科學」方法，而且需要紀律。如卡特勒所說：

「我意識到從一開始我們的訪談就是臨床會診的基調，彷彿我是在問他關於人體的解剖學，只不過在這個案例中，我們討論的是人類心靈和精神的解剖學。」

下述是書中的一些論點：

- 快樂有許多層次。在佛教的教義中有四個因素創造了「個人追求的總體快樂」：財富、世俗的滿足、靈性和開悟。健康和親密的朋友圈也很重要，不過通向這一切的門戶是你的心態。心態的作用不只是創造生活中的經驗，也是你審視這些經驗的濾鏡。沒有持戒的心，你就不是真正掌控你在做的事，你也無法超然於事件之外，即使你想要如此也做不到。快樂的真正來源是控制你的意識。例如，擁有平靜的心或投入有意義工作就等同於快樂。
- 追尋快樂有一基本法門，那就是培養跟他人的情感和連結。即使你失去一切，你還是會擁有情感與連結。達賴喇嘛指出，儘管他失去國家，某種程度上他獲得了全世界，因為他有能力迅速跟別人連結。去尋找你跟別人共通之處，你將永遠不會真正的孤寂。

❖ 不管看起來多麼強大，負面的情緒和心態沒有現實基礎。它們是扭曲的，阻止我們看到事情的實相，我們唯有在發了脾氣之後感覺到羞愧或難堪才能體會這點。無論如何，當我們擁有正面情緒和心態時，我們比較接近宇宙的真實本質，接近我們時時刻刻可能保持的面目。如果經常練習，所有的情緒都會增長。達賴喇嘛不斷建議我們要培養正面的情緒和心態，就像任何好習慣，你從小處做起，但是最後的益處是龐大的。

❖ 正面心態不只是對你有好處，也能惠及跟你接觸的每一個人，實質上能改變世界。無論有多困難，減少你的負面心態，增加你的正面心態。

❖ 眾善奉行，諸惡莫作，這不是道德或宗教的事，這是快樂與不快樂的實際區別。透過自我訓練，你可以發展出「慈悲心」，減少你以無益的方式行動的機會。

❖ 不要混淆了快樂與歡愉。歡愉是感官的，可能表面上是快樂，但是缺乏意義。相反的，快樂要仰賴意義，而且即使是負面的外在環境，也常常感覺快樂。快樂是穩定和持久的。歡愉只是生活中的紅利，而快樂是必需品。

❖ 快樂要經過時間培養。要下定決心將你奉獻於世俗成功的同等努力和決心運用來研究和練習快樂。卡特勒表示，系統性追尋快樂的成因和方法可以是人生最重要的決定之一，就像決定結婚或開展工作生涯。另外的選項是碰運氣，時而快樂時而不快樂，擋不住預料之外的不快樂來襲。快樂的學徒會經驗到起起伏伏，然而有比較好的配備能夠比較快速恢復正面狀態，或是提升自己「正常」的精神狀態到相當高的層次。

❖ 隨著時間推移你必須試著消除負面情緒，尤其是憤怒和仇恨，用寬容與耐心來取代。認知治療（參見《好心情：新情緒療法》）的興起成功驗證了達賴喇嘛用正向念頭抗衡負面念頭的見解，這是教導人們放棄扭曲的思考模式（例如，我的人生一團糟），用比較精確的思考模式（我這部分人生不好，其他大部分是好的）來取代。

同情和連結

❖ 達賴喇嘛主張，人類的基本天性是溫柔。科學和哲學喜歡把人描繪成利己的，但是許多研究顯示，如果有機會（例如救災）人們是喜歡利他。我們可能把嬰兒想成是人性的完美範例，他們活著只是為了自己的生理需求，但是另一個角度來看，嬰兒把喜悅帶給周遭的人。如果我們不把世界看成具有攻擊性，而是基本上滿懷同情，我們就容易看見證據。

❖ 同情是有用的。同情不是感傷，而是人與人之間良好溝通的基礎。與戴爾・卡內基的論點一致，達賴喇嘛表示，唯有確確實實從他人的觀點來看事情和感受事情，你才有能力真正與對方連結。同情不是「替對方感到難過」，而是認可彼此的共通性，別人今天感受到的，或許你下星期也會有同樣感受。

❖ 達賴喇嘛「永遠不會孤寂」。孤寂的解毒劑是準備好跟任何人連結。大多數認為自己孤寂的人身邊都有家人和朋友，然而他們把自己所有的渴求放在希望找到「特別的人」。達賴喇嘛表示，打開你的眼睛看看人們身上蘊藏的豐富寶藏，孤寂就是過去式了。

❖ 區別建立在依附與建立在同情上的愛。所有人都想要快樂，並且遠離痛苦，不要愛一個人只因為他會愛回來，讓愛的開始是看見人類處境的共通性，以及你可以做什麼來增加對方的快樂。

❖ 如果你培養不出同情心或感受他人痛苦的能力，你就意識不到自己歸屬於全人類。這種歸屬感是溫暖與鼓舞的來源。儘管感受他人的痛苦似乎不怎麼吸引人，沒有這種能力我們讓自己陷入孤獨，無情的人永遠無法適當放鬆，而擁有同情心的人會體驗到心靈的自由，以及罕有的平靜。

總評

閱讀《快樂：達賴喇嘛的人生智慧》後，你會發現自己不斷在問：「達賴喇嘛會如何應付這種情況？」儘管有這麼多負面的事，這個人還失去了整個國家，但他卻散發出人生的輕盈感。

面對卡特勒追根究柢的問題，令人意外的是達賴喇嘛屢屢表示：「我不知道。」尤其是提出個別的例子時。他說，人們是複雜的，然而西方的方法永遠是找出事情的成因，如果當你找不到答案，就可能導致某種焦慮。在我們這輩子的視野內，我們不一定能了解為什麼是這樣子過了一生。

這樣的觀點部分源自他相信輪迴和業力，不過也可以脫離佛教的教義來體會，正因為我們可能不了解關於自己存在的每件事，善待其他生靈，讓這個世界變成稍微好一點的地方，反而益發重要。只要遵循如此簡單的指令，我們會知道自己將不可能出錯。

法句經

The Dhammapada

「檀香、多伽羅香、蓮花香與茉莉花香，諸香中，戒香（德行之香）為最上。」

「來吧看這世界，彷彿華麗的皇家馬車，愚者沉湎其中，智者不囚於此。」

「早年愚鈍之後找到智慧的人，他光照世界彷彿月光脫雲而出。」

「知見至上法，雖一天好過不識至上法的百年生命。」

總結一句

精進和改善你的思想品質，你對這世界就沒什麼畏懼。

同場加映

達賴喇嘛、霍華德·卡特勒《快樂：達賴喇嘛的人生智慧》（20章）

老子《道德經》（37章）

21

法句經

Buddha's teachings

厭倦了當代的自我成長書籍嗎？《法句經》是古老的智慧來源，是靈性文學中真正偉大的作品之一。《法句經》也完美介紹了佛教思想，總匯小乘佛教正典的所有重大主題，啟迪人心。

書名「Dhammapada」源自梵文的「dharma」（法，巴利文是「dhamma」），意思就是宇宙之道，存有的法則，而「pada」在兩種語言中都是「腳」或「腳步」的意思。因此這本聖書為我們指路，通向愛與真理的宇宙之道，能夠帶領我們達到涅槃或個人的解放，如胡安．馬斯卡羅（Juan Mascaró）在他一九七三年譯本中的註記所言。《法句經》表達了宇宙的法則，以及我們在世時能如何依法而生活。

佛陀是誰

佛陀（悉達多．喬達摩）在世早耶穌五百年，「佛陀」不是他真正的名字，而是尊稱，他是一個小國國王的兒子，這個小國位於現在的尼泊爾。如果你看過基奴．李維扮演「如來」（覺者）的電影《小活佛》，你就會對印度王室享受的奢華和逸樂有些概念。

然而在二十九歲的年紀，見識了王宮城牆外的生活，發現大多數人民的生活是如何悲慘之後，悉達多逃離宮殿進入叢林，過了好多年身纏腰布的隱士生活，在菩提樹下「證道」的故事眾所周知，跟耶穌不一樣，佛陀活到老年，此後四十五年遊歷北印度傳道。

為什麼佛陀成功了

在當時數百種信仰中，佛陀贏得信徒。為什麼？佛陀接觸社會所有階層的人，不怎麼理會種姓制度以及婆羅門獨占的語言和儀式。他知道權力會腐化，圍繞著他發展的宗教是沒有教條的，他想要移除個人與開悟之間的障礙。佛陀不是神，也不是神祇的化身，甚至不是先知，透過他自己的獻身，他成就了完美的智慧和心靈的純淨，為追隨他的人樹立典範。

這位上師指認了明確的修行之道也保證了佛教的傳播，這些修行承諾會永遠消除痛苦。這顯然是革命性的觀念，至今也是如此，承諾沒有痛苦的生活會擁有不可思議的吸引力。佛教學者湯瑪斯·克利里（Thomas Cleary）相信，佛陀的成功是因為他的教導超越時代與文化，捕捉到我們跟宇宙的關係以及人類處境的核心本質。

《法句經》說了什麼

《法句經》是佛法永不過時和容易親近的象徵。《法句經》分章節，但是沒有明顯的順序，你可以翻開任何一頁，找到啟示人心的思想，這些很可能是佛陀本人說的，是跨越時間的神聖交流。有人主張，《新約》擁有的是一名年輕人尋求轉變世界的能量，而《法句經》蘊含的是長者的智慧、寧靜和耐心。

《法句經》包含了恆常的主題，例如歡愉、快樂和惡行，透過近乎詩歌的格言來表達，與佛教某些著作不同，這本書的風格平易近人，並且直指核心。由於每個時代和文化都會重新詮釋，這本經典不會過時。下述一同檢視一些主題。

快樂

讓自己擺脫仇恨、疾病和躁動是我們的職責。這不是靠拒絕這個世界來達成，而是透過培養愛、健康和內在的平靜。理想的狀態是「以喜悅為食」，喜悅是可以自我滋生的，從永遠可靠的來源汩汩流出，我們看出野心和攫取是求取快樂的低劣路徑，我們不必再依賴塵世的事件和情境來獲得快樂，以此就能自足。

不依戀

悲傷來自你所珍貴的，恐懼也是。沒有可欲，就沒有悲傷，又何來恐懼？

我們如何能夠沒有可欲也沒有不可欲？或許是不可能的，不過我們應該知道強烈的欲望都有代價。如果我們依戀某樣事物，伴隨而來的就是失去它的恐懼，這是不易的道理。見證這個世界無常的本質，並且接納降臨我們身上的一切，我們就可以減少依戀，因而減少恐懼和哀痛。

自我掌控

守戒是至關重要的，下述的經文清楚說明了：

「通過勤奮、不放逸、克己和自我掌控，智者可以造出洪水無法沖毀的島嶼。」

「可以獨處也安於獨處的人，永遠不會厭倦於精進，他可以活在喜悅之中，身為自己的主人，不走進欲望森林。」

開悟

拋棄正常生活成為隱士這種想法有時候可能非常吸引人！《法句經》則表示獨自一人的隱遁是自我中心或恐懼的徵兆，優雅應對工作和家庭生活的挑戰實際會讓我們更好，通過這些挑戰我們可能會開悟。克利里表示，《法句經》的關鍵教導是：「活在世間，但不屬於這個世界（入世而出世）。」

報應和如何避免報應

下列兩段陳述可能是《法句經》最深奧的道理，涵蓋人類生活和關係的每一層面：

「恨不能止恨，唯愛止恨，這是常法。」

「以不忿戰勝忿怒者；以善戰勝惡人；以布施戰勝慳吝者；以真相戰勝妄語者。」

注意，這兩句陳述都沒有說到不作為，它們的意思只是所有的作為必須是有意識的選擇，而不是「情緒反應」。

接受批評，那是生活的現實

「他們毀謗沉默的人，毀謗多話的人，甚至毀謗說話適度的人。世間沒有人不遭受毀謗。」

你永遠無法取悅每一個人！首要之務是專注於自己的工作、自己的操守，不仰賴別人的好話。

道路

有個迷思以為佛教是悲觀的，這來自第二十章「道品」第五偈。傳統的譯文是：「諸行無常，諸行皆苦。照見此就能離苦。這是清淨道。」西方文化詮釋這幾句話意味著人生是受苦的。

事實上，正如克利里在他的譯文中論辯的，佛教本質是樂觀的，相信個人及人類全體都可以超脫愚痴、恐懼和攻擊性。

「當人以智慧照見一切受制約的狀態皆苦時，他就會厭倦苦，這是純淨之道。」

如果我們不受制於心，不讓自己機械性反射環境，人生就不等於受苦。涅槃不是抹消這個世界、抹消感官，而是有能力完全超然獨立的生活在其中。在巴利文中，涅槃的意思是「滅絕」——滅絕貪婪、仇恨、傲慢、妄想、懷疑和武斷的痛苦。

著名的「四真諦」是佛教的核心，因為那是離苦的處方：

- ❖苦：苦或悲是緣起的狀態。
- ❖集：萬事皆有因。
- ❖滅：一切都會終結。
- ❖道：終結的方法是透過修習八正道，達到涅槃。

八正道包括：

一、正見
二、正思惟
三、正語
四、正業（正行）
五、正命（正當的謀生方式）

六、正精進
七、正念
八、正定

總評

想到一個人可能拿起兩千五百年前的書來讀，然後立刻煥然一新，這實在有點驚人。當然，佛陀的教誨不僅依舊適切，還很時髦，沒有教條和儀式讓佛教成為當代生活的完美宗教。儘管從傳統中連根拔起，我們仍然想要有一定程度的靈性戒律，而這來自最沒有包袱的世界主要宗教，並且內建對狂熱的抗拒。在這你不會經常聽到佛教基本教義派。

我們多少會期待靈性的真理是複雜的，只有敏銳的神學頭腦才能了解。《法句經》的格言讓我們看到沒有一句是高深的學問，或許看起來像是老生常談，卻都是精確的指引，教導我們如何過上可以想像的最美好生活。

2011

為什麼我們這樣生活，那樣工作？

The Power of Habit

「小贏正是聽起來的那回事，是基礎習慣如何造成廣泛改變必要的那部分。一項大規模研究顯示，小贏具有龐大力量，發揮的影響跟勝利本身不成比例……小贏為徹底轉型的改變添加燃料，利用槓桿把微小的益處操作成固定模式，讓人們相信更大的成就觸手可及。」

「要釐清什麼樣的渴望會驅動特定習慣，有效方法是拿不同回報來實驗。可能需要幾天、一星期或更久。在這段期間，你不應該覺得有任何壓力要做出真正改變，把自己當成是處於蒐集數據階段的科學家。」

總結一句

研究慣性行為的科學，目前已經進步到沒什麼藉口不去改掉壞習慣來養成好習慣。

同場加映

史蒂芬．柯維《與成功有約》（18章）

22

查爾斯・杜希格

Charles Duhigg

曾經獲獎的新聞記者查爾斯・杜希格以一名年輕女性的故事《為什麼我們這樣生活，那樣工作？》（The Power of Habit: Why We Do What We Do in Life and Business）作為開頭。這名女性在丈夫宣布愛上別人並且離開她之後，生活分崩離析。她抽煙，她過重、她負債，還成了尾隨前夫的跟蹤狂，絕望之下，她旅行到開羅去看金字塔，在那裡下定決心有朝一日要回來徒步穿越沙漠。為了完成這項目標她覺得自己需要戒煙，專注於克服這項習慣教會她如何挑戰生活中阻止她恢復身體和心理健康的其他所有習慣。她做到了永久戒煙，成為跑者，減掉一大堆重量，而且找到新伴侶。當研究習慣的專家掃瞄她的大腦時，結果顯示跟渴望和饑餓相關的部位在她看見食物時仍然會亮起來，但是會被大腦前額區的新活動壓制下去，大腦前額區與自律和抑制相關。

如同道德規範和宗教教導的，好習慣會創造好生活，然而神經學和心理學把習慣的形成和自律變成科學，不過是最近三十年的事。杜希格的著作是最早一批把這門新興科學帶給一般大眾，而且讓人讀來津津有味的書。他把書分三部分，檢視習慣對於個人、組織和社會的影響力，這裡我們聚焦在第一部分。

習慣的動物

「習慣」長久以來就是心理學家感興趣的事，一直到一九九〇年代關於習慣的科學研究才開始真正有進展。在麻省理工學院，研究人員讓老鼠大腦裡的基底核（人腦裡約高爾夫球般大小的部位）失去活動力，後果是老鼠需要重新開始想辦法找出路徑通過迷宮，過去牠們仰賴習慣找到食物，現在牠們的大腦每一次都要加班工作來找出食物。不過，隨著尋找的習慣逐漸養成，大腦的活動減少了，遲早牠們會將路徑內化，因此幾乎不再需要思考。這種轉變過程（能夠輕鬆回想起模式）似乎是發生在大腦儲存習慣的倉庫，也就是基底核，這樣可以讓大腦的其他部位可以去睡覺。

人類的心智開始形成和確立習慣的方式跟老鼠沒有什麼太大區別，我們的大腦可以執行非常複雜和精密的工作（例如把車子開出門前的車道上路——這項工作涉及我們大部分的感官，還有複雜的判斷和動作協調，無人駕駛的科技經過多年發展才差不多能夠複製），並且把這些工作減化為不需思考的慣性程序，只涉及幾乎意識不到的腦力。杜希格表示，大腦這麼做是因為「它不斷在尋找省力的方法」，表示我們的大腦可以小一點而作用比較強，讓我們能專注於比較抽象和比較高階的事物，例如發明和設計。

研究習慣的專家發現，習慣永遠不會真的消失，習慣是我們大腦裡的軟體部分，光就我們不必每天重新學習應該做的事來說，習慣不會消失是好的，從刷牙到保持禮貌到開車上班，不過如果我們試圖擺脫不喜歡的習慣，習慣不會消失就不好了。我們或許會發現，如果正確的提點或報償出現時舊習慣就可能重新浮現。事實上，一旦習慣迅速啟動就會像是腳本，我們的大腦想要看到這套腳本演完，走向合乎邏輯的終點。接收到提點或觸發，大腦會想要獲得慣性程序終結時出現的報償。如果有什麼觸發了我們的憤怒，我們不跟進完成伴隨的情緒反應或憤怒回應就會覺得不對勁；如果我們看見某幅與強烈歡愉連結在一起的情色圖像，沒有因此產生行動似乎違反我們的本性。然而什麼是我們的「本性」有著令人意外的可塑性，本性或許就只是某個舊習慣或者一堆習慣，是可以由新習慣取代的。

習慣是如何運作的

習慣的形成過程有三個階段：首先是某個提點或觸發。這個提點或觸發通知大腦可以進入慣性的自動導航，而且這項習慣會迅速啟動。第二，慣性程序本身。慣性程序可能是身體的或情緒的。第三，某種報償。報償提醒大腦這項習慣是值得的。隨著時間，「提點－慣性程序－報償」三階段的過程變得越來越自動，習慣的自動化就是，除非刻意對抗否則習慣會接管行動的起因。不過弄清楚習慣是如何運作的，美妙之處在於就像是學習小器械如何操作，一旦你擁有了知識，就能夠修修補補加以改進。

提點有可能力量強大，在我們心裡根深柢固的與歡愉連結在一起，即使報償已經變成會對我們產生傷害，我們仍然覺得無力去阻止這個習慣。有藥癮的人持續服藥，即使效果已經大不如前而且這樣做正在毀壞他們的人生。只要點一份雙倍起司堡我們就會獲得快感，即使我們知道會破壞自己控制飲食的計劃和想要保持苗條的努力。一個家庭可能為了方便一星期上速食店一次，但是因為脂肪和糖帶給味蕾的享受如此之大，這家人找到方法合理化一星期去兩次，然後三次，直到影響了全家人的健康。我們速食連鎖店為什麼有統一的店面規劃和設計，其中一項理由就是顏色和建築本身就會成為觸發。我們進入這個地方，甚至在吃東西之前就意識到了報償。如果提點和報償如此強大，我們很容易就陷入習慣，幾乎會付諸行動。

同時研究人員發現，從缺少觸發就可以讓我們迅速改變行為的角度來說，習慣也令人意外的「脆弱」。舉個例子，我們經常光顧的速食店關門了，因此我們開始在家吃飯的時間多了（而不是找一家替代的速食店）。杜希格寫道「學習觀察提點和報償，我們可以改變慣性程序。」我們可以大幅度控制自己接觸到的提點，避免習慣迅速啟動。

一切都是關於渴望

杜希格指出，習慣的力量如此強大是因為習慣創造出神經學上的渴望。我們只需要看到提點（例如一包萬寶路香煙），我們對於報償（尼古丁）的要求就會高漲。如果我們接到提點，卻不跟進取得報償，我們就會產生渴望。全世界都有法律不只禁止香煙廣告，而且不公開販售香煙，得藏在超市某個特區，這是有好理由的。如果沒有提點或觸發，就沒有慣性程序會迅速啟動，也不會產生渴望。

你知道牙膏是如何在你刷牙後留下清新、舒爽的感覺，還有起泡的嗎？除非我們獲得那種感覺或是看見起泡，我們不會感覺自己收到已經完成例行程序的「信號」，因此不會覺得自己獲得報償，然而舒爽對於阻止蛀牙沒有任何作用。杜希格在他關於廣告大師克勞德・霍普金斯（Claude Hopkins）的側寫中，揭露了有多大程度刷牙的普及是心理學而不是牙醫的觀察助長的，在很少人刷牙的時代，霍普金斯製作的「白速得」（Pepsodent）行銷廣告讓半數美國人開始刷牙。霍普金斯研讀牙醫教科書，學習到牙齒上覆蓋著薄薄的天然物質，你可以輕易去除那層薄膜，例如吃顆蘋果或是把它刷掉，而牙膏不能幫助你移除這層薄膜，然而霍普金斯發起的刷牙運動怪罪這層薄膜導致牙齒變黃和蛀牙，但這兩點都不是真實的。廣告要人們「感覺那層膜」（提點），如果膜在那裡，白速得會移除它（慣性程序）。「白速得微笑」會讓你看起來美麗（報償）。白速得確立了自己的地位，長達三十年是美國銷售最好的牙膏，而且成為國際品牌。霍普金斯的成功依靠的是了解人類的心理，尤其是提點和報償的科學，他的財富建立於創造渴望。

戒酒無名會教導的事

戒酒無名會的十二步驟康復計劃曾經遭受嚴重批評，評論者說這並不科學以及有宗教狂熱的意味，尤其是勸誡上癮者要「下定決心把我們的意志和人生託付給上帝來看護，因為我們了解祂」。雖然精神醫學和上癮研究針對上癮已經增加了堆積如山的新見解和數據，杜希格指出，戒酒無名會的技巧似乎是「凍結在時間裡」。不過最近十五年，哈佛、耶魯和其他大學的研究人員重新評價了十二步驟，發現這套計劃實際上遵循了研究證實的解癮模式：提點和報償都沒有改變，只有慣性程序改變（在這個例子中是喝酒）。

舉例來說，戒酒無名會的第四步驟，進行「一次對自己追究到底而且無所畏懼的清查」，可能包含了所有會讓自己起身去拿酒瓶的觸發。戒酒無名會也讓癮君子仔細去檢視他們似乎從酒精取得的報償，包括逃避生活、釋放情緒、放鬆、陪伴，以及抑制焦慮和煩憂。酒精上癮者渴望的不一定是喝醉的感覺（事實上有些人甚至不喜歡），而是酒精帶來的情緒釋放。德國神經學家伍夫・穆勒（Ulf Mueller）指出，與渴望肉體歡愉連結的大腦部位，和渴望寬心或情緒釋放的大腦部位座落在完全不同的區域。戒酒無名會把焦點放在不斷的聚會、友善的幫助人和同志情誼，就是在提供強力的連結感，而聚會的洗滌或淨化提供的情緒釋放效果堪比星期五夜晚的狂歡。初期的聚會「九十天九十場」，為酒癮者提供晚上可以做的事，而不是在家或者去酒吧，這是用一套新的慣性程序取代另一套。

不過成功康復的酒癮者表示，確認提點和報償並且替換新的慣性程序還不夠，他們需要別的支持，那就是上帝。在二〇〇五年，研究人員發現成為信徒且信仰一個較高力量的人，在面對讓其他人又回去喝酒的誘惑時，似乎能夠召喚出額外的力量來源。以客觀的立場，研究人員拉近鏡頭，探究他們覺得「上帝」擁有的正面效果，那就是信念本身。如果酒癮者相信他們的人生越來越好，而且他們獲得支持，那麼即使是壓力事件也不會動搖信念（壓力事件最容易造成退步和酒癮復發）。團體和社群支持這個信念，透過其他人的榜樣你可以目睹活生生的證明，克服和戰勝酒癮是有可能的。新的上癮者加入，輪到他們視你為榜樣，連結的感受強化為責任感，團體和社群所做的事就是讓人們相信改變。他們給了我們機會去嘗試建立新的自我，這些新的展望和慣性程序遲早會成為我們的本質。

改變的機制

雖然科學讓我們看到行為和習慣的修正明顯是可行的，但最終這牽涉到刻意做出決定去改變。我們必須進行辛苦的工作，指認似乎會把我們不知不覺引入習慣的提點和觸發，釐清習慣可能提供的報償，進而改變我們的慣性程序。嗜賭的人知道她的習慣威脅了家庭經濟，因此有責任尋求協助，她不能只是怪罪賭場以免費住宿和信用額度來轟炸她，想出對應策略是她的責任，要嘛讓自己免疫於這樣的誘惑，或者一開始就不要接受。除非我們看清、承認，並且列出讓我們展開行動的觸發和提點，不然，我們就不會了解自己的渴望。

因此你究竟要如何改變習慣？首先，要清楚在投入上癮行為之前你的感受是什麼，你在想什麼。有可能是無聊，或者想要放鬆，或是感覺到某種生理衝動。隨身帶著一張紙，每一次你感覺到衝動時就標記下來。一名有著嚴重咬指甲習慣的女性每天紀錄，結果是一星期咬了二十八次指甲，她發現啟動自己去咬指甲的是渴望身體的刺激，而且容易發生在她厭煩做功課或看電視時。因此，以其他形式的身體刺激來取代不是太困難，例如搓搓手臂或用手指指節敲敲桌面。

杜希格曾有個習慣，每天下午三點到四點之間去自助餐廳買個大塊的巧克力脆片餅乾，但在分析習慣之後，他領悟到自己真正追求的是放下工作片刻以及跟同事社交的機會。

因此他執行下述計劃：在每天三點半的時候，走到一位朋友的桌邊跟他交談十分鐘。他需要一段時間讓這件事成為慣性程序，有些日子他還是去買餅乾，但是幾星期之後，這項計劃開始能自動自發，帶給他真正的成就感。杜希格引用內森．艾茲林（Nathan Azrin，他幫忙發展出翻轉習慣訓練）說的：

「似乎簡單的可笑，一旦你覺察到自己的習慣是如何運作，一旦你辨識出提點和報償，你就在改變習慣的半路上了。你想著好像會很複雜，然而事實是大腦的程式可以重新設定，只是你必須審慎為之。」

情緒習慣

杜希格討論了咖啡連鎖店星巴克。星巴克領悟到除非員工學會自我控制情緒，否則他們會把自己的問題帶來上班，發作在顧客和同事身上。星巴克開始運用角色扮演訓練員工，要他們想像自己會怎麼做，例如顧客針對一份餐點開始尖叫，或者像是其他的麻煩時刻。藉由研究自律和習慣的專家協助，星巴克以俏皮的稱呼為「拿鐵」(LATTE）的方法來訓練員工：傾聽顧客（L，listen）；認可他們的抱怨（A，acknowledge）；採取行動解決問題（T，take）；謝謝顧客（T，thank）；解釋為什麼會發生問題（E，explain）。這種「拐點」(反曲點）計劃的重點是：一再練習特定時刻你該做的事，直到你的行為變成自動自發。當提點出現時——生氣的顧客——慣性程序會迅速啟動，而且永遠會有報償，例如管理階層人員會來拍拍你的背。

杜希格引用了各項研究，這些研究顯示一個人將來會多麼成功的指標，自律比智商更要緊。大腦可以給你遠大前程，但是如果你面對情境和他人的回應沒有節制，一次憤怒的爆發可以輕易毀掉一年的努力，或者正當事情有轉機之前，某件挫折就先讓你放棄了。如同每一種宗教和道德體系的教導，克制情緒的這個習慣是關鍵。除非面對人和事我們已經養成正面反應的習慣，否則我們會一直無法掌控自己的生活。

總評

威廉．詹姆斯在《心理學原理》（*The Principles of Psychology*）中寫道：「當我們從外面的觀點來檢視生物時，首先讓我們印象深刻的其中一件事是，生物是習慣的組合。」我們可以有偉大的頓悟，但是除非大腦裡神經路徑確實重新設定了，否則不可能說我們真的已經改變。詹姆斯指出，關鍵是讓神經系統成為我們的盟友，而不是敵人。

人們會成長和改變，威廉．詹姆斯寫道：「朝向他們被操練過的樣子，就像一張紙或外套，一旦產生皺摺或折疊之後，就可能永遠落入相同的摺痕。」

如果你養成正確的習慣，人生的一切將水到渠成。你希望自己的習慣是如此自動自發，而且會產生特定結果。杜希格側寫的人物之一是東尼．鄧吉（Tony Dungy），一名美式足球教練，他把坦帕灣海盜隊從常敗軍訓練成美式足球聯盟的最佳球隊之一，只不過是憑藉著把焦點放在球員「在場上打球和運用策略的習慣」。杜希格表示：「冠軍不會做不尋常的事，他們做平常的事，不過他們做的時候不需要思考，速度快到對手來不及反應。他們遵循自己已經養成的習慣。」

一大堆勵志書寫著關於想像偉大的目標，然後讓這些目標落入你的潛意識，類似「設定後忘記」的手段。不過習慣養成的科學證實了哲學、宗教和民間智慧一貫的說法：我們是許許多多習慣的組合，情緒和身體的習慣，要實現自己的潛能，我們必須非常審慎思考那些填滿我們生活的慣性程序。我們可以選擇自己的習慣，就這層意義來說，我們擁有強大的力量，然而同時也要擔負巨大的責任，因為我們選擇的習慣，甚至比我們挑選的目標影響力更大，最終造就了我們是什麼樣的人。

查爾斯‧杜希格

杜希格生於一九七四年，在新墨西哥州長大。第一個學位來自耶魯大學，他同時也擁有哈佛商學院的企管碩士學位。在《洛杉磯時報》擔任記者一段時間後，二〇〇六年開始為《紐約時報》工作。

他以一系列關於蘋果和矽谷科技公司的報導獲得二〇一三年的普立茲獎，也以其他報導獲得更多獎項。杜希格另一本著作是二〇一六年《為什麼這樣工作會快、準、好》(*Smarter Faster Better: The Secrets of Being Productive in Life and Business*)。

1992

真實的魔法：在日常生活中創造奇蹟

Real Magic: Creating Miracles in Everyday Life

「當我回顧自己一生的樣貌，我可以從當下的視角看到自己的人生每一面向都是必要而完美的。每一步最終都導向更高的地方，即使這一步步往往感覺像是障礙，或是痛苦經驗。」

「清楚知道如果有人從生病到健康、肥胖到苗條、上癮到自主、貧窮到富裕、笨拙到靈活、悲慘到快樂，或者不滿足到圓滿，那麼那種能力是普遍人類境況的一部分……而且，即使從前不存在，例如一九五四年之前的小兒麻痺症解方，或是一七四五年的飛機旅程，光是一個人有能力在他或她的腦海裡構思出這些念頭的事實，就足以讓人類開放自己擁抱可能性。」

總結一句

當你對準自己更高的自性和人生目標時，奇蹟就會發生。

同場加映

《薄伽梵歌》（3章）
狄帕克・喬普拉《福至心靈：成功致勝的七大精神法則》（15章）
露易絲・賀《創造生命的奇蹟：影響五千萬人的自我療癒經典》（31章）
德日進《人的現象》（48章）

23

偉恩・戴爾

Wayne Dyer

偉恩・戴爾是深受讀者喜愛的暢銷書作家和風塵僕僕的演說家，他協同朋友狄帕克・喬普拉，以及安東尼・羅賓斯、約翰・葛瑞、詹姆士・雷德非（James Redfield，《聖境預言書》作者）等人，讓生命的蛻變成為如此大規模的當代現象。《為什麼你不敢面對真實的自己？》（*Your Erroneous Zones*）的成功讓戴爾離開受敬重的學術界，進入談話節目和簽書會的領域。如果第一本書是他讀來最有趣的著作（從原文書名「erroneous zones」（誤區）和「erogenous zones」（性感帶）的文字遊戲就顯現出來），他最完整而且可以說是最好的著作就是《真實的魔法》了。充滿各種洞見，關於在真實人生中如何自我實現的實用指南，自由地借用東西方最優秀思想家的觀點。

真實的魔法是什麼？

戴爾從著名脫逃大師哈利・胡迪尼（Harry Houdini）那裡取用了「真實的魔法」這個語彙。在生涯晚期，胡迪尼承認大部分的精彩表演都是依靠錯覺來執行，但是有一些把戲他甚至無法跟自己解釋，這些他稱之為「真實的魔法」。對戴爾來說，真實的魔法是下述弔詭的事實：任何人都可以成為魔法師，在他們每一天的生活中創造奇蹟。這種說法似乎是打高空，然而正如戴爾所說，這不過是改變定義你自己存在的方式。他引用了德日進的話：「我們不是擁有靈性經驗的人類，我們是擁有人類經驗的靈性存在。」

這本書拿走你生活中的「不可能」，不只是建議你設定目標或堅定信念，更是為你闡釋如何培養強大的「認識」，關於你是誰，以及你可以做什麼。在擁有較高覺察的狀態下，你的人生目的變得非常清晰，關係變得比較靈性，工作上的努力開始「流動」，可以輕鬆做出決定。

根據戴爾的看法，人生沒有意外。我們的每一次經驗，無論多麼痛苦，最終會引領我們朝向更有價值的事物。當我們回顧時，我們能夠看出每件事都有意義，是漸漸開展大計劃的一部分。

透過目的開悟

貫穿《真實的魔法》的主線是，我們需要覺察自己獨特的人生目的。關於人生和自己，人們透過三個主要方式來學習或「開悟」。

❖ 透過痛苦開悟。這或許也可以稱之為「為什麼是我？」的路徑。事件發生，痛苦隨之而來，我們學會了些什麼。然而如果痛苦是我們唯一的老師，我們就會封閉了奇蹟的可能性。

❖ 透過結果開悟。在這條路徑上，我們擁有讓人生具有意義的目標和志向。儘管好過藉由痛苦開悟，但我們依舊必須反應和奮鬥，這之中會錯過能夠創造魔法的較高覺察。

❖ 透過目的開悟。宇宙中的一切都有目的，根據我們人生真正的目的來活，我們就開始與宇宙目的同步，能夠神奇的創造出我們想要的，而不是對抗生命與之戰鬥。

你是「有目的」的好指標是：如果你在工作時失去時間感；如果工作帶來這麼大的歡愉，即使明天贏得一千萬美元你仍想要工作。戴爾記得蒙田的聲明：「人最偉大和光榮的傑作是按照目的來生活。」所以，你只是活著？還是你正在創造傑作？

創造出相信奇蹟的心態

除了目的，我們透過下述幾點創造出相信奇蹟的心態：

❖ 保留判斷（你不是用你的判斷來定義別人，而是用你的判斷定義你）。

❖ 培養直覺。

❖明瞭意圖會創造你的實相。
❖臣服於宇宙，信賴宇宙會供應你的需求。

特別重要的是必須將我們所做的事跟可能會帶來的回報區隔開來。這點很困難，因為我們生活在欲求的文化裡，然而戴爾講述了奇怪卻真實的格言：野心可能啃咬成功的指甲。我們無法用意志讓奇蹟發生，但是必須讓奇蹟通過我們流動，當我們全神貫注在自己所做的事而不是專注在可能帶來的回報時，奇蹟就會相應而生。對於未來務必有個輕鬆的意圖，但是不要讓意圖干擾當下的工作。

目的和關係

目的也延伸到我們的情愛生活。戴爾表示，我們所有的關係都具有神聖的必然性，既然是命定的，那就充分利用其中的好處。靈性伴侶會超越表面上可能的共通點，看到他們的關係跟靈魂的進化有關，有了這樣的基本洞察，我們把別人當成是禮物而不是財產來對待他們。我們致力於「和善」，而不是「正確」。我們允許別人需要的空間和時間，這樣就能夠更新關係。

最後，既然我們知道每個人都是奇妙的謎團，我們就不再非了解他們不可，我們能夠「尊重無法理解的」。

目的與富足的自我

戴爾關於富足的見解特別有價值。通常我們會憂慮自己是否有錢，不過他的想法是，我們必須試著不要去「獲取」任何東西，「沒有致富之道，富足就是道」。富足主要是種心態，就好像匱乏也是種心態。富足不是關於獲取，而是本來如此，富足意識是認知到我們已經擁有的是多麼豐富，就如聖經的說法：「凡有的，還要加給他。」

相反的，匱乏意識是建立在感覺缺乏之上，這會顯現在你的境遇裡。戴爾呼應了詹姆斯．艾倫，他說境遇不會造就我們，境遇揭露我們的本質。這顯然碰觸到敏感地帶，因為可以詮釋為窮人的處境是活該的，不過戴爾做了關鍵區分：雖然我們大多數人有沒錢的經驗，「貧窮」是一套信念，每一次我們為自己的困境責怪「境遇」時，就會加強信念。活出我們的目的是進入富足之河的確定方法，因為那涉及不斷給予，而另外一種方法是自動布施我們所賺取的至少百分之十，即使這不是很多。

我應該是什麼樣子？

《真實的魔法》也談到個人認同，主要的觀點是：直到明白自己現在擁有的人格並不是固定不變，就能夠重塑自己，我們才會擁有充滿魔法的人生。關於自己的可能性，微弱的直覺或內在的喋喋不休，對你的認識超過你願意承認的，珍惜這些直覺或聲音並且讓它們成長。不要聚焦於我們缺乏的，成長應該來自於認識到「我們已經是全部的自己了」。重塑我們的人格不過是意味著，讓我們真實和較大的自性顯露的更多。

總評

《真實的魔法》也有精彩的篇章探討身體健康、「成為靈性的存有」、以及如何協助引領「靈性革命」。戴爾擁有談論非物質卻不會聽起來太嚴肅或神祕的天賦。他援引自己心理治療的經驗、東西方宗教的偉大人物，以及哲學和量子力學來證明自己的論點，同時也避免過於知性。

戴爾以非常個人的方式向讀者娓娓道來，也因此讓他成為數百萬人喜愛的作家。人們認同他致力於結合靈性道路和家庭生活中消磨耐心的要求，事實上在公開演講中，關於這個主題他傳達的非常逗趣，有一次說到他青春期的女兒站沒站相的倚靠在門上說：「學校有人說你寫了一本關於教養的書，告訴我這不是真的！」

戴爾的祕密是靜坐，而且他喜歡引用巴斯卡（Pascal）說的：「人類所有的不幸源自於無法一個人安靜坐在房間裡。」如果一個人安靜坐在房間裡對你來說似乎是不可能的任務，提供你一個好的替代方案將會是閱讀這本書。

偉恩・戴爾

一九四〇年生於密西根州的底特律，戴爾上頭有兩位哥哥，他是家中的么子。戴爾小時候有許多年是在養父母家度過的。高中畢業後進入美國海軍服役四年，包括派駐關島擔任密碼員。在底特律念完大學，他進入學校教書，並且取得學校諮商輔導的碩士學位，但因為羨慕上課教授授課時數比較少，因此去攻讀心理治療的博士學程。

之後在大學教了六年書，包括擔任紐約聖約翰大學的副教授，這段期間他寫了三本教科書。戴爾在密西西比的比洛克西（Biloxi）發現自己生父的墳墓（《You'll See It When You Believe It》敘述了這段情緒激盪的經歷），之後寫下了《真實的魔法》。在這本書暢銷之前，戴爾花了一年時間在奔波路上推廣。

戴爾的其他著作包括：《掌控自己的命運》（*Pulling Your Own Strings*）、《你對孩子真心的期望？》（*What Do You Really Want for Your Children?*）、《相信了你就會看見》（*You'll See It When You Believe It*）、《你的神聖自我》（*Your Sacred Self*）、《心想事成的九大心靈法則》（*Manifesting Your Destiny*）、《世世代代的

智慧》（*Wisdom of the Ages*，六十篇文章評介過去兩千五百年來偉大的靈性楷模）、《意圖的力量》（*The Power of Intention*），以及《智慧八十一：一日一則，改變生命的奇蹟》（*Change Your Thoughts, Change Your Life: Living the Wisdom of the Tao*）。

戴爾熱愛跑步。他有八名子女，住在佛羅里達。於二〇一五年因為心臟病發作在夏威夷去世。

1841

自立

Self-Reliance

「堅持自我，絕對不要模仿。你可以運用畢生培養出來以及所累積的力量，時時刻刻呈現自己的天賦。但是借用他人的才華，你只是暫時擁有一半。每個人最擅長的事只有造物者可以教導他……能夠指導富蘭克林、培根或牛頓的老師在哪裡？……做那些指派給你的事，那麼你就不可能過於奢望，或過於大膽。」

「我們躺臥在無垠智慧的懷抱裡，成為它真理的接收者，它活動的執行人。當我們辨識出正義，辨識出真理，我們無所作為，只是讓路給它散發的光芒。」

「社會是聯合股份公司，為了讓每位持股者更能確保自己的麵包，裡頭的成員同意吃食者要交託出自己的自由和文化，最被要求的德行是順服，自立是遭社會厭惡的。社會熱愛的不是真相和創作者，而是名號和習俗。要成為人，就不能當順民。」

總結一句

無論什麼樣的壓力，做自己。

同場加映

《薄伽梵歌》(3章)

塞繆爾・史邁爾斯《自己拯救自己》(47章)

亨利・大衛・梭羅《湖濱散記》(49章)

24

瑞夫・沃爾多・愛默生

Ralph Waldo Emerson

《自立》是本書納入評述的最短文本，只有三十頁。這篇文章濃縮了「個人發展」的特點，或許正是自我成長的本質，文章的觀點影響力大到無法估量。《自立》是幫忙塑造美國個人主義倫理的其中一篇關鍵著作，為今日書寫自我成長的作家奠定了部分知性基礎。

身為西方文化偉大的「哲學家－智者」之一，愛默生依舊舉足輕重，事實上他從來沒有這麼切合時代過。渴望實現自己的潛能一直是人類天性，不過現在我們傾向於把實現潛能視為權利，而不是遙不可及的願望。愛默生把自己的哲學稱為唯心主義，但那不是浪漫、不現實，或者朦朧的，而是像傑達（Geldard）在《愛默生的視野》（*The Vision of Emerson*）中所說：「其中有些硬核。」

對愛默生來說，自立的意象不只是一家人在西部邊疆自力更生。儘管他佩服那種一切自己來的態度，而且沉湎於自然。愛默生的邊疆是享有真正自由與機會的國度，是擺脫平庸與順服的心景。

與眾不同和自由

如同他的朋友和提攜的後進亨利・大衛・梭羅（參見《湖濱散記》），愛默生認為，即使有「正當理由」，但在我們找到自己於這個世界的位置之前，四處奔走改革和改善世界是可笑的。他著名的評述：

「所有人都在自鳴得意社會的改進，然而沒有人改進自己。」

如果我們不能檢視自己，確認我們的天命，我們就沒什麼用處。缺少覺察會讓我們迅速被不在乎個體之美和個人自由的社會塑造成形。

這是我們大多數人行走的道路，開開心心跟隨社會的規劃，交換某個社會地位和合理的物質環境。儘管我們信誓旦旦要打破限制，事實上卻是安逸於順服。

但是為什麼我們應該要費心去突破？為什麼要冒險失去保障？正如同螞蟻無法領略人類能夠享受的生活水準，如果我們的眼界從來沒有超越自己的小世界，我們大多數人也不會知道自己錯失了什麼。我們傾向於仰賴性愛、工作上的成功、吃喝和逛街之類的事物來獲得活著的感覺，愛默生看穿了外在的遮蔽，知道內在的領域才能透露出真正的富足、平靜和力量。要對抗麻痺人的順服，唯一正確的防衛是找到並且行走在與眾不同的路徑上。在《自立》這篇文章中，多處召喚讀者朝向這個目的：

「我們沒有充分表達自己，而且恥於每一個人代表的神聖意念。」

在表達代表自己的神聖意念過程中，與社會和其他人顯然堅固且必要的聯繫就會消失，我們不再需要他們的贊同才能運作。我們跟馬丁．路德站在相同的位置，他說：「我站在這裡，別無他法。」這就是我，這就是我的生存意義。

我們的首要義務最終不是獻身於我們的家庭、我們的職業、我們的國家，而是回應召喚，去做我們應該做的事，成為我們應該成為的人。太常發生的狀況是，「義務」隱藏了我們沒有承擔責任去走與眾不同的路徑，我們可以把召喚推開許多年，選擇明顯的金錢和滿足的來源，或是比較舒服的情境，但是天命終究會來主張它的擁有權。

對愛默生來說，不是在偉大的藝術家和科學家之中才會有天才。我們所做的真心誠意的事，不管別人會怎麼想的事，就是天才的吉光片羽，這必須擴展到我們人生中的每一天。只有找到並且表達這個精粹本質，一個人真正的本質才會揭露出來，而「你的順服說明不了什麼」。

明晰與知識

愛默生深受東方宗教古籍（《奧義書》、《吠陀經》、《薄伽梵歌》）的影響。這些經典的哲學揭示了萬物一體，人生充滿了幻象和虛假的連結，阻止我們與永恆和不變的事物復歸一統。透過覺察自己的思考過程，我們可以寄望清除自欺和幻象的迷霧，也就是我們現在稱呼的社會為我們制定的人生「腳本」。要自立就不能把任何人的話奉為真理。愛默生沒有不贊同梭羅的論點：哈佛（兩人的母校）教了許多學科，但是沒有教導這些學科的根基。

愛默生覺察到傳統教育並沒有真正勝任揭示真理的職責，主要處理的是知識的分類。我們可以在冥想中達到真正的覺察，那不是把知識分門別類，而是要打開自己，接受完整、不變的智慧。愛默生把這個原初的見識稱為直覺（intuition），之後所有教導只是講授（tuition，也有「學費」之意），他試圖讓我們再三思索只要仰賴自己意志的力量。冥想能讓我們領會宇宙的力量和法則，可以引領我們走上本質就是正確和「成功」的生存與行事之道。

內在寶藏

與愛默生同時代的人視他為智者或先知，人性上的缺點比他們認識的任何人都少。不過愛默生跟所有人一樣，有他的盼望和高低起伏，人生似乎就是由這些組成的。讓他突出於眾人之上的是下述信念：我們不必擁有像翹翹板那樣一高一低的情緒生活用來反應好事和壞事。《自立》的最後幾行是：

「政治上的勝利、提高的租金、康復的身體或離去的朋友回來，或者其他一些振奮你心情的好事，讓你以為好日子就在眼前了。不要相信。除了你自己沒有什麼可以帶給你平靜。除了原則的勝利沒有什麼可以帶給你平靜。」

這說明了人類處境的核心，以及關於我們賴以為生的運氣。不過愛默生相信，所有的快樂最終都是自我滋生的。永遠被事件綁架不是人的天性，我們其實相當擅長抽離或超越。

總評

讀者或許會發現，沒有一位作家比得上愛默生更能幫助自己躍入自立的自由。你很難只是把《自立》當成是歷史文件來讀，因為你很容易被拉進愛默生講究純粹責任和自我覺察的軌道，這個世界沒有藉口，只有機會。

他的訊息是，想要成功不是拿我們的鋼鐵意志去對抗宇宙。相反的，透過充分了解自然、時間和空間的模式和流動，透過與宇宙的紋理協力，我們可以成為無限偉大力量的一部分。愛默生在上述引言中談到的原則不是約束，而是我們面對這個世界有創意、有意識的回應。我們的生命應該反映這個完美的宇宙，而不是任由文化的彎彎曲曲和條條框框來塑造。自立的個人應該有能力生活在這個世界，並且改進它，而不只是這個世界的另一個產物。

瑞夫・沃爾多・愛默生

一八〇三年生於波士頓，愛默生在八名子女中排行第二。十四歲時進入哈佛，四年後畢業，成績在班上屬於中下。當了學校老師一段時間之後，他進入哈佛神學院，成為「一神論派」的牧師，也結了婚，卻眼睜睜看著妻子愛倫（Ellen）死於肺結核。由於教義上的齟齬辭職之後，愛默生到歐洲旅行，遇見了卡萊爾（Carlyle）、柯立芝（Coleridge）與華滋華斯（Wordsworth）。

一八三五年回到美國，定居康柯德（Concord），再婚迎娶莉迪雅・傑克森（Lydia Jackson），生了五名子女。一八三六年，他出版了《論自然》（*Nature*），奠定了超越（或超驗）主義的原則。其他超越主義者包括梭羅、瑪格麗特、富勒（Margaret Fuller）、阿莫士（Amos）、布萊森・奧爾考特（Bronson

Alcott)、伊莉莎白・琵巴迪(Elizabeth Peabody)和瓊斯・維里(Jones Very)。接下來兩年,愛默生在哈佛發表了引起爭議的演說,第一次主張美國知識界要擺脫歐洲獨立,第二次呼籲信仰要獨立,超越所有的信條和教會,招來宗教既有勢力的怒火。

在一八四一和一八四四年,愛默生出版了兩個系列的議論文,包括「自立」、「精神法則」、「補償」和「經驗」。在一八五〇到六〇的十年間,發表的則是「代表人物」、「英國人的特性」和「生活之道」。在他於一八八二年過世的前十年,愛默生則停止了寫作和演說。

1992

與狼同奔的女人

Women Who Run with the Wolves

「野生動物和野性的女人都是瀕臨絕種的物種。在時間的長河中，我們見識到女性本能被搶走，再塞回來以及過度營造。好長一段時間，女性本能就像野生動物和荒野那樣，遭到錯誤的管理。」

「健康的女人像是狼：強壯、飽滿、強大的生命力、給予生命、有領域感、善於創造、忠誠、漫遊。然而切割了狂野的本性使得女性的人格變得貧乏、薄弱，像鬼魂和幽靈一般隱隱約約、似有若無……當女性的生活是停滯的，或者充斥著倦怠，那永遠是狂野女人浮現的時機，是靈魂中的創造功能如洪水滔滔淹沒三角洲的時候。」

「現代女性是行動匆匆而模糊不清的身影。她受到壓力要去滿足所有人。古老的認知早就過期了。」

總結一句

與你的野性重新連結不是失心瘋的放縱，而是保持身心健康不可或缺的要素。

同場加映

羅勃．布萊《鐵約翰》（5章）
喬瑟夫．坎伯（比爾．莫耶斯合著）《神話的力量》（12章）
詹姆斯．希爾曼《靈魂密碼》（32章）

25

克萊麗莎・平蔻拉・埃思戴絲

Clarissa Pinkola Estés

當代心理學並沒有真正滿足女性深層的需求；沒有真正解釋女性的渴望，沒有闡明女性的神祕，也沒有給她們時間。埃思戴絲一生致力於下述信念：源自各種傳統文化的古老故事能夠將女性和她們的靈魂（她們比較狂野的本性）重新連結起來。她是人們所知的「民謠歌手」（cantadora），古老故事的保存者。

這本書的書名來自作者對狼的研究，她領悟到狼跟女人在精神、直覺和本能，以及辛勞方面，有很多共通處。跟狼一樣，女人因為擁有任何一點的野性跡象而遭到妖魔化，而且她們的家園完全覆滅了，不過就像許多野生的狼群已經重建，是時候女人該找回入口，進入她們的野性空間。

總體來說，《與狼同奔的女人》是精采絕倫的作品，讓許多人拜服。它讓許多女人的生活起了革命性的變化，如同《鐵約翰》對男人的影響。為每一個可以想像的生活面向提供神話和故事，說這本書內容豐富委實太輕描淡寫，我們實際上只能挑重要的說說，不過下述兩則摘要的故事，或許可以給你一些概念。

海豹女人

從前，在一個特別嚴酷的地方，一名獵人划著獨木舟外出，天色已暗，他找不到任何東西。他發現海上有塊斑駁的大岩石，在隱約的亮光中，岩石看起來優雅的晃動著，隨著越來越靠近，他看見一群美得驚人的女人，長久以來的孤寂讓他感覺到愛與渴望的劇痛。他看見岩石邊緣有塊海豹皮，他悄悄偷走了。這群女人要穿上海豹皮游回她們海裡的家時，其中一位發現她的皮不見了。

男人對她大喊：「做我的妻子，我孤單一人。」但是女人說：「我不行，我是海豹族（Temeqvanek），我生活在下面。」不過男人對她說：「做我的妻子，七個夏天之後，我會把你的皮還給你，你可以做你想要做的事。」雖然不情願，但海豹女人答應了。

他們擁有了摯愛的小孩，歐魯克。她把自己知道關於海洋生物的所有故事教給他。然而過了一段時間她的血肉開始乾枯，她變得蒼白，視線開始昏暗，日子也終於到了她要回自己海豹皮的那一天。

「不。」丈夫說，她要讓這個家沒有母親沒有妻子嗎？

夜晚，歐魯克聽到一隻巨大的海豹在風中呼號，他隨著叫聲到海邊，在岩石上他找到一張海豹皮，聞著那氣味，他明白那是他母親的皮，他把皮帶給她，她很高興，把他一起帶入海裡，將他介紹給大海豹及其他所有生物。

她恢復自己的色彩和健康，因為她回到家了。她以「無人可以殺死的海豹」聞名，成為「Tanquigcaq」，聖者。一段時間之後，她得把孩子送回陸地上，不過等他長大之後，人們經常看見他在海邊和一隻特定的海豹親密交談。

埃思戴絲表示，海豹是古老而美麗的象徵，代表狂野靈魂。海豹通常不怕人，但是就像年輕或沒有經驗的女性，她們有時候沒有覺察到潛在的傷害或別人的意圖。我們每個人在某個時刻都會經驗到「失去自己的海豹皮」，被剝奪天真或靈性，自我認定逐漸弱化，此時似乎總是很糟糕或至少是艱困的時光，不過之後你會聽到人們說，這是發生在她們身上最好的事，因為澄清了她們是誰，以及生命對她們的意義。這樣的經驗讓我們接觸到更深刻的事情。

這則故事揭櫫了二元對立，家庭和工作的「水上世界」相對於私人思想、情緒和欲望的「海洋世界」。靈魂家園不能長久不去造訪，否則就像海豹女人，我們的人格會乾涸，身體的能量會一點一滴流失。許多女性因為付出太多而失去她們的「皮—靈魂」，或是過度完美主義、野心太大，因為總是不滿意，或者缺乏意志去做任何事來改變。

每個人都想要從現代女人身上獲得一點什麼，但是她必須在某個點上說「不」，取回她的「皮—靈魂」。這可能包括任何事，從遁入森林的一次週末、跟朋友共度一個晚上，到一天設定一個小時自己的時間，沒有人可以要求她任何事。雖然別人可能不了解，不過這終究會讓彼此都受益，而你的身體也可以注滿了能量，容光煥發的回來。

骷髏女人

曾經有位孤獨的極地漁夫，有一天，以為釣到了一隻大魚可以讓他有段時間不必去獵食，當漁網傳來沉重的拉力時他好興奮，等到看見自己拉上來的東西時卻嚇到了：一具女性骷髏。

這名女性是被父親從懸崖上拋下，沉入海底。驚駭於自己「捕獲的東西」，漁夫試圖把它丟回海裡，但是骷髏某種程度活了過來，跟著他回到了冰屋。

他可憐她，把她洗乾淨，讓她休息，然後自己睡著了。夜晚的時候，她看見一滴淚從他的眼睛溢出，她不斷啜飲那些淚水，她是如此口渴。在夜裡她取走他的心臟，利用這顆心讓自己復活，有了血肉，再度成為人，她爬上他的床共眠。

此後，這對夫妻不虞食物匱乏，多虧了女人在海底時認識的海洋生物。

埃思戴絲了解這則故事是關於「關係」。單身時你尋找值得愛或夠有錢的人，因此像漁夫一樣，「有段時間不必去獵食」，你只是追求在你的人生中多個人，那是會帶來樂趣和享受的事。

然而，一旦你好好看清楚拉上來的東西（或許在最初游移的階段過後），如同漁夫你想要把「他或她扔回去」。你發覺自己得到的超出你準備好接受的，現在事情變得嚴肅了，另一個人對你不再意味著好時光，她們成了骷髏女人，代表著安定下來的恐怖、必然的死亡、長期的承諾、人生的起伏、年齡和當下生活的結束。不過如果你幸運，「骷髏」不會接受你，而是尾隨你回家（你的限制和不安全感），遲早你會明白，這個存有可以提供的很多，即使令人害怕也是迷人的，為了某個原因你想要為這個人做些事。

這個存有給你大量的東西做為回報，來自你不知道它們存在的來源。

骷髏女人的故事是關於埃思戴絲所謂「生命—死亡—生命」的循環。在現代文化裡，我們害怕任何一種死亡，然而在比較古老的文化裡，每個人都清楚新生命會伴隨死亡而來。當我們迴避認真的關係時，從來就不是我們無法直面對方，而是不願意進入經過時間考驗屹立的循環。我們不會在這樣的關係中成長，而是去尋求另一段關係，因此我們只會經驗到「生命」中不斷的高潮。這會讓靈魂萎縮，每一段關係中都有許多的結束和開始，讓我們害怕彷彿是終局的事更可能是必要的轉變，關係因此可以獲得新生命。

女人，事實上男人也一樣，如果她們想要接觸到自己的狂野本性，就必須覺察且同時願意擁抱「生命—死亡—生命」的循環。關於骷髏女人埃思戴絲如是說：

「她浮出表面，無論喜歡或不喜歡，因為沒有她就不可能真正認識生命，沒有這樣的認識，就不可能有真正的忠誠、真正的愛或奉獻。」

總評

大多數人不是以尋常的方式來閱讀這本書。你會發現自己會一次研讀一章，然後闔上書去沉思這一章的內容，這本書就應該這麼讀。一開始你可能認為這本書太大部頭了，很難攻克（超過五百頁），但是把它當成一家人在發表意見，一個一個傾聽，讓它慢慢沉入你心裡，你會開始了解為什麼這本書激勵了這麼多人，不只是女人。

最後幾句話可能會讓你這麼想：「如果我擁抱自身的狂野本性，我會把自己的世界和家庭搞得天翻地覆！」不會的，埃思戴絲表示：這麼做會為自己的個人生活和存在帶來比較多的整合，因為你不會試圖戴著偽裝遊走，你不會害怕成為創造者、愛人者、追求正義的人和信任直覺的人，你不會害怕成為真正覺察到自己力量而且順應本性的女人。這些一直都是你天生的權利，沒有什麼好怕的。

克萊麗莎・平蔻拉・埃思戴絲

埃思戴絲生於一九四五年，由一對匈牙利移民夫婦收養，住在密西根的大湖區附近。她在大自然中長大，聽著來自口耳相傳的故事。她的根是墨西哥—西班牙。

她擁有民族—臨床心理學的博士學位，研究部落和族群，也是榮格派精神分析師，是同時享有盛名的詩人。埃思戴絲以創傷專家的身分工作了許多年，目前是「中庸聲音」（The Moderate Voice）主編。「中庸聲音」是關於政治和文化的網站。

《與狼同奔的女人》於一九七一年開始書寫，收集的故事遍及北美。其他著作包括《故事是禮物》（*The Gift of Story*）、以自身童年經驗為基礎寫成的《忠實的園丁》（*The Faithful Gardener*），以及《創造的火焰：創造力循環的神話與故事》（*The Creative Fire: Myths and Stories on the Cycles of Creativity*）。

1959

活出意義來

Man's Search for Meaning

「有時候，必須飛快做出生死一瞬間的決定。在囚犯必須決定要不要嘗試逃跑時，逃避承諾這樣的現象最為明顯，囚犯寧願讓命運幫他選擇。在他必須決定心意的那幾分鐘——而且永遠是分秒必爭的問題——他承受了身在地獄的折磨。」

「我們感激最微小的慈悲行為。上床前有時間除蝨我們就很高興了，儘管除蝨本身並不愉快，因為這意味著要在沒有暖氣的棚屋裡光溜溜的站著，天花板上吊掛著冰柱。」

「從奧斯威辛轉到巴伐利亞一處集中營的旅途中，當我們透過囚犯車廂，那有欄杆阻擋的小小窗戶注視薩爾茲堡的山峰沐浴在夕陽的餘暉時，如果有人看見我們的臉龐，他絕對不會相信那是放棄了所有生命和自由的希望之人的臉龐。儘管棄絕了希望，或者就是因為這個因素，我們沉浸於自然之美，因為我們已經錯失太久了。」

總結一句

生命的意義是你決定賦予它的意義。

同場加映

波伊修斯《哲學的慰藉》(6章)

26

維克多・法蘭可

Viktor Frankl

維克多・法蘭可的妻子、父親、母親和哥哥死於納粹德國的集中營。只有他和妹妹活下來了，忍受著極端的飢餓、寒冷和殘暴，從奧斯威辛（Auschwitz）轉到達豪（Dachau），法蘭可本人時時處於要走進毒氣室的威脅下。在集中營的第一天，他失去了所有身外之物，被迫交出他認為是自己一生心血的科學手稿。

這是一則（如果可以這麼說）能夠寬宥一個人，相信人生無意義而自殺是合理選項的故事。然而被降低到人性最底層的坑洞裡，法蘭可則成為樂觀主義者浮現出來。他的推理是：即使在最惡劣的處境裡，人們依舊擁有自由去選擇如何看待自己的處境，並且從中創造出意義。如同葛登・奧爾波特（Gordon Allport）在第三版序言中指出的，這是古代斯多噶學派所說的「最後的自由」，酷刑的邪惡不那麼關乎肉體的折磨，而是積極想要消滅人的自由。

重新界定人的成就

法蘭可喜愛的一句引言來自尼采：「知道為什麼而活的人能夠忍受幾乎所有的為何如此。」這本經典最傷痛的片段是法蘭可回憶哪些想法給了他活下去的意志。在集中營的黑暗日子中，腦海裡妻子的影像提供了唯一的光亮，有一幅美麗的景象是，他如此強烈思念妻子，這時有隻鳥跳上他面前的土堆，彷彿是她的化身。他也想像自己解放後站在演講廳，告訴人們絕對不可以再發生的事。結果證明他預示了未來。最後，他渴望能記下那份失去的手稿中，他所記得的內容。

對比之下，有些人放棄了，法蘭可看得出來，因為他們把最後的香煙抽掉了，這些煙本來可以換取少許食物，但放棄的人已經感覺生命無可眷戀，然而這種思考在法蘭可看來是大錯特錯。我們活在世上不是根據對生命有什麼期待，以及生命帶給我們什麼來評判生命；相反的，他領悟到我們必須找到勇氣且日復一日去詢問生命對我們有什麼期待。我們的任務不只是生存下來，而是要找到針對我們和我們的境況，指引我們的真理，有時候這只能在最痛苦的磨難中揭露出來。事實上，法蘭可表示，「受苦並不是精神官能症的症狀，很可能是人類的成就。」

這本書的衝擊

《活出意義來》賣出超過九百萬本，翻譯成二十四種語言，是國會圖書館投票選出美國最具影響力的十本書之一。不過最初想要這本書出版時，封面上只有他的囚犯號碼的法蘭可表示，他不會把這部作品看成是偉大成就。書的成功「表達了我們這個時代的不幸」，透露出我們極度渴求有意義的存在。

除了暢銷書的地位，《活出意義來》大大影響了探究自我成長的重要作家。例如，我們在柯維的《與成功有約》中找到對責任感的強調，就是直接受到法蘭可的啟發，而且我這本書評述的一些著作都引用了《活出意義來》。

目前的版本有三部分：自傳部分的「集中營經驗」、「概述意義治療」的論文，以及標題為「悲劇性樂觀主義」的文章，在這樣的結構下，讓人不忍釋卷的個人故事引導讀者深入其中的知性意涵。

追求意義的意志和意義治療

在法蘭可的經驗中驚人的是，促使他活出自己的是在二次大戰爆發前，他身為醫師而發展成理論的一些觀念。這套理論和實踐成為維也納心理治療的第三派別，意義治療（logotherapy，源自希臘文「logos」，字意為「意義」），緊跟在佛洛伊德的精神分析和阿德勒的個人心理學之後。精神分析需要內省和以自我為中心來揭露一個人精神官能症的根源，而意義治療試圖把當事人帶離自我，從比較寬廣的視野來觀照他們的人生。精神分析聚焦於「追求愉悅的意志」，而意義治療看出人身上首要的推動力量是「追求意義的意志」。

法蘭可記得有位美國外交官來到他維也納的辦公室，至此之前已經進行了五年的精神分析，因為一直不滿意自己的工作，執行美國的外交政策也不舒坦，這位先生的分析師歸咎於他和父親的關係：美國政府代表父親的形象，因此是他表面上焦慮的對象，然而真正議題是他對親生父親的感受。不過法蘭可只是診斷他的工作缺乏目的，建議他轉換生涯，這位外交官接受他的意見後，便不再回顧往事。

這樁軼事的重點是：在意義治療中存在的苦惱並不是精神官能症或心理疾病，而是我們變得比較人性、渴望意義的徵兆。對比於佛洛伊德和阿德勒，法蘭可選擇不把人生看成只是驅力或本能的滿足，或者甚至是逐漸「良好的適應」社會，取代的是，他（以及概括的人本心理學，例如馬斯洛和羅哲斯）相信，人類突出的特徵就是他們的自由意志。

意義的來源

意義治療的主張是：當我們學會如何拉近「我們是什麼」和「我們可以成為什麼」之間的差距，心理就健康了。但是如果我們還未確認自己可以成為什麼呢？法蘭可指出，現代人總是有太多的自由要應對，我們不再透過本能而活，傳統也不再是指引。這是存在的空虛，追求意義的意志受挫，就用對金錢、性愛、娛樂，甚至暴力的迫切需求來補償，我們並沒有開放自己去接收意義的各種來源。根據法蘭可，這些來源有：

一、創造一個作品，或者從事一項行為。
二、去體驗某件事情，或者與某人相遇（愛）。
三、對於無法迴避的苦難勇於承受的態度。

第一項是傳統來源，在自我成長的著作中定義為「人生目的」。我們的文化期待快樂，然而法蘭可表示，快樂不是我們應該直接追求的事物。他界定快樂是發揮在我們所有想像和才華的工作中渾然忘我的副產品。

第二項很重要，讓體驗（內在和外在的）在這個環繞成就而建立的社會中，成為成就的正當替代。第三項是賦予受苦意義，然而你問這有什麼意義？法蘭可承認或許我們永遠不會知道，或者至少要等到往後的人生才明白，只因為我們不理解受苦其中的意義，但不代表沒有意義。

對於那些因為人生短暫說人生無意義的人，法蘭可的回應是，「只有潛能沒有實現才是無意義，不是人生本身無意義」。我們的文化崇拜青春，然而應該仰慕的是年紀，因為年紀大的人愛過、痛過，實現了那麼多。實現你自己的潛能，無論是多麼卑微，都會在世界的歷史上留下永久印記，而決定留下那個印記界定了責任。自由只是問題的一半，另外一半是去實踐的責任。

總評

如果有一條線貫穿個人成長的書寫，那就是相信個人是可以改變的，相反的，決定論認為我們永遠無法超脫自己的童年或基因組成。佛洛伊德相信，如果一群人全部被剝奪了食物，他們的個別差異就會減少，被單一的集體衝動所取代。然而法蘭可的集中營經驗向他揭示的往往正好相反，飢餓、折磨和污穢的確會讓囚犯麻木，儘管像動物那樣被圈養，許多人還是避免了成為暴民的精神狀態。我們永遠無法預測個人行為，也無法一概而論身為人是什麼意義：

「我們的世代是趨向現實主義的，因為我們已經知道人真實的樣貌。畢竟，人是發明出奥斯威辛毒氣室的存有，不過，人也是口中唸著主禱文或猶太教的祈禱文，挺直進入那些毒氣室的存有。」

人類與其他物種不同的是我們可以為理想和價值而活。除此之外，如法蘭可指出的，你如何能夠抬著頭走進毒氣室？因為我們清楚大多數人從來不曾接近如此可怕的命運，他以此做為參照點，象徵著引導我們在日常生活中做出決定的個人責任。他的書說，無論是什麼樣的境遇，我們可以是自由的。

維克多・法蘭可

一九〇五年生於維也納。第二次世界之前從維也納大學拿到醫學和哲學兩個博士學位。戰爭期間他輾轉於特雷辛（Theresienstadt）、奧斯威辛和達豪的集中營待了三年。《活出意義來》是解放後法蘭可回到維也納的路途上書寫的，花九天時間口述完成。

接下來幾年他擔任維也納門診醫院（Policlinic Hospital）神經部門的主管，在一九六〇年代移居美國。他在哈佛以及其他美國大學擔任客座教授，巡迴美國進行了五百多場演講。終其一生熱愛爬山。

法蘭可的著作超過三十本，包括《心理治療與存在主義》（*Psychotherapy and Existentialism*）、《無意識的上帝》（*The Unconscious God*）和《追尋意義的無聲吶喊》（*The Unheard Cry for Meaning*）。在他去世那年還出版了一本自傳《維克多・法蘭可：回憶》（*Viktor Frankl: Recollections*）。關於法蘭可和意義治療至少有一百四十五本著作，以及超過一千四百篇的期刊論文。法蘭可本人獲頒二十九個榮譽博士學位。

法蘭可卒於一九九七年，和德瑞莎修女及黛安娜王妃逝世於同一星期。

1790

富蘭克林

Autobiography

「我不會因為工作量看起來龐大而氣餒，因為我總是想著，擁有忍受才能的人才可以造成重大改變，而且是在人群中完成偉大的事功，如果他首先制定了一項好計劃，然後砍掉所有的娛樂，或者其他會分散他注意力的享受，讓執行這項計劃成為他唯一的學習和事業。」

「當別人斷言我想的某件事錯誤時，我不會讓自己享受猛然反駁他的樂趣，或是立即指出他主張的荒謬之處。回話一開始我會評述在特定的案例或情況中，他的意見會是正確的，但是就眼前這個案例，在我看來顯然有些不同，等等。我很快發現自己在禮貌上這樣的改變其中的好處，我跟別人的談話會比較愉快的進行下去。」

總結一句

不斷自我精進同時熱愛學習，構成你通向非凡成功的車票。

同場加映

史蒂芬・柯維《與成功有約》（18章）

塞繆爾・史邁爾斯《自己拯救自己》（47章）

27

班傑明・富蘭克林

Benjamin Franklin

班傑明・富蘭克林是赫赫有名的歷史人物，因為他在美國革命中的角色，以及研究電的實驗。不過誠如研究富蘭克林的學者歐蒙・西維（Ormond Seavey）在《富蘭克林》的導讀中指出的，他對十八世紀西方世界的商業、政治和科學事務有強大影響是建立在他的寫作技巧上。在史書上他的身影龐大，是「獨立宣言」和美國憲法的共同起草人，《富蘭克林》則獲得傳記作家李察・阿瑪赫（Richard Amacher）讚譽為「在美國寫成的第一本偉大書籍」。《富蘭克林》創造了自傳的現代文學形式，兩百年來始終暢銷，儘管事實上這本書並沒有完成，也沒有經過適當編輯，對於撰寫著作，富蘭克林本人的態度可以用他自己的格言來總結：

「如果你不會一死就腐爛的遭人遺忘，要嘛書寫些值得閱讀的東西，或者做些值得書寫的事情。」

這本書

《富蘭克林》不是富蘭克林耀眼才華的大事記，作者的想法是要闡釋一個人的人生和品格如何透過不斷的自我評估而變得高貴。身為科學家，富蘭克林把這本書寫得幾乎像是生活中各種實驗的失敗與成功報告。

他沒有在人生任何時刻聲稱自己特別精通如何過生活，不過他致力找出能夠確保一個人達到某種程度成功的公式。這項動機讓《富蘭克林》成為自我成長書籍最早的經典之一。

富蘭克林從來沒有試圖表現高人一等，他直接跟讀者說話，以高明的幽默點綴這本書，賦予它爐邊閒話的親密感受。第一部除了敘述各地旅遊以及嘗試開創新事業，還詳細描寫了他跟家人、朋友、老闆、同事相處的經驗，所有內容都會引起今日讀者的共鳴。

創造最佳可能的自我

富蘭克林相信美德有其自身價值，無論是否彰顯上帝的榮耀。他的背景是清教徒，在文化上也始終保持清教徒本色，時時自我檢視和自我改進。韋伯在他著名的《新教倫理與資本主義精神》中，點名富蘭克林是這套倫理的關鍵倡導者。富蘭克林從事印刷業，他相信品格是「勘誤」的結果，那些錯誤會阻止我們達到完美，人生不是我們必須痛苦熬過的，無止盡的修修補補會讓我們成熟。

這就是為什麼富蘭克林是「自我成長」文類的鼻祖，他無視任何主張我們天生是好人或壞人的宗教概念，反而把人看成是「白板」，專為成功而設計出來的。西維指出：「富蘭克林總是自然而然的去嘗試新的身分，彷彿他是在穿新衣服。」他看透個體根本就不是固定命題，而是不斷自我創造，在這點上他的確很現代。

富蘭克林不斷自我精進的法則

富蘭克林老年時撰寫《富蘭克林》，當時已是公認的偉大人物。他從波士頓來到費城，帶著幾先令和三條麵包捲，其中兩條麵包捲給了一名需要的婦人，這是他的典型作風。他本能知道對文字的駕馭能力是他擺脫平庸的憑藉，於是說服了在書商那裡工作的朋友「借」書給他，利用白天工作結束後和開始另一天工作之間的時間拚命閱讀。富蘭克林想必會同意「領導人都是讀書人」這句話，一年至少讀十幾本非小說，你的人生會因此無可限量的豐富和精進。

即使如此，年輕的富蘭克林從來沒有夢想過成為獨立運動領袖或是美國駐法國大使。閱讀他生平的讀者不應該老想著他實際的成就，這些成就的重要性比不上他所描述為了達到自我控制付出的種種努力。富蘭克林的訊息歷久彌新：偉大不是少數人獨享，而是我們所有人的義務。我們抗議自己沒有那麼獨特，認為自己沒有才華或驅力，不過富蘭克林知道，不斷精進自己的倫理是讓個人奮起的酵母。

富蘭克林和自助倫理

富蘭克林自助倫理的最佳範例就是後來為人所知的《美德的藝術》（*The Art of Virtue*），他在書中列出自己致力要擁有的十二種特質。

藉由一套有系統的圖表和自我評估，富蘭克林聲稱（基本上）獲得了想要培養的美德，在「條理」方面（或者我們現在可能稱之為時間管理）有點困難，不過領悟到自己過分驕傲於實踐自己的標準，他立下第十三項美德，謙遜！

一、節制：不要吃到呆滯。不要喝到亢奮。
二、沉默：會讓別人或自己受益才開口，避免瑣碎的交談。
三、條理：讓你的每樣東西都有屬於自己的地方。讓你要做的每件事都有屬於自己的時間。
四、決心：堅決實踐你的想法，實踐每一樁你決心要做的事。
五、節儉：對別人或自己有好處才花費；也就是，不要浪費任何東西。
六、勤勉：不要虛度光陰，時時刻刻做著有用的事，去除所有不必要的行動。

七、真誠：不使用傷害人的詐術，思想要純真和公正，說話要心口如一。
八、公正：不要錯待任何人，不要做出傷害的行為，或是不善待別人（帶給別人好處是你的義務）。
九、中庸：避免極端。儘管你認為對方活該也要克制自己，不要做出怨恨人的傷害行為。
十、清潔：不要寬容身體、衣服或住處的不清潔。
十一、平靜：不要為小事、常見或者無法避免的意外煩憂。
十二、禁慾：除非為了健康或子嗣少行房事；絕對不要淪於沉悶、軟弱，或是傷害自己或他人的平靜或名譽。
十三、謙遜：效法耶穌和蘇格拉底。

富蘭克林也倡導使用晨間一問句：「我今天應該做什麼好事？」和晚間一問句：「我今天做了什麼好事？」

《富蘭克林》對於自我成長書籍的書寫有重大影響。安東尼．羅賓斯熱賣的《喚醒心中的巨人》藉由上述問題做為每日成功儀式的一部分。富蘭克林有著略微古怪的念頭，早早就寫好自己的墓誌銘，以掌控你這輩子要做的事是確立自我精進的技巧。史蒂芬．柯維（《與成功有約》的作者）不隱瞞受惠於富蘭克林，他描述富蘭克林的一生是「一個人英勇的努力讓原則成為生存基礎的故事」，關注品格而不是人格技巧是柯維七大習慣的根基。

影響力的秘密

最後，富蘭克林贏得友誼和影響別人的內建技巧沒有躲過戴爾·卡內基的注意。年輕時，富蘭克林相信自己在辯論方面有高超技巧，不過最後得出結論，這項「技巧」事實上會阻礙事情完成。他發展出習慣，表達自己時總是保持「適度的不自信」，從來不說「毫無疑問」之類的話，也不試圖糾正別人。取代的是，他使用審慎的措辭，例如：「在我看來……」或者「如果我沒搞錯的話……」結果就是即使他不是能言善道的講者，人們仍會聚焦於他的想法，而且他能迅速讓別人相信他的話。

總評

富蘭克林的《富蘭克林》是靠自己出人頭地的故事，代表了創造和富足的自由，這是美國道德觀的精髓。不過有鑒於作者出色的幽默感、變色龍的特質和自我行銷的技巧，把《美德的藝術》和《富蘭克林》當成個人福音書就有點天真了。「崇敬」不是富蘭克林的本色。

他的處方並不是沒有批評之聲。與時間賽跑去累積財富卻從不停下腳步享受自然或當下，梭羅認為這些原則導致沉悶的生活方式。研究富蘭克林的學者羅素·B·奈（Russel B. Nye）

稱他的研究對象是「節儉的第一使徒和儲蓄的守護聖徒」。這項評語大概比較針對的是富蘭克林關於金錢和節約的格言集《致富之道》（*The Way to Wealth*）。無論如何，富蘭克林的一生並不符合錙銖必較的清教徒形象，因為他活得氣派十足，富蘭克林體悟到，自助的倫理不是關於拼死拼活的生存奮鬥，而是興奮於富裕生活的前景。

班傑明・富蘭克林

富蘭克林於一七〇六年生於波士頓，雜貨商之子，是十七名子女中的么兒。他的正式教育只持續到十歲。定居費城之前，在十二歲到十七歲的年紀，他是跟著哥哥（創辦了其中一份美國最早的報紙）學習的印刷學徒。最終他開設了自己的印刷廠，三十歲之前出版了大大成功的《窮查理年鑑》（*Poor Richard's Almanacks*），融合了實用的資訊和格言，許多到今天仍然在使用。到了四十二歲時，他已經足夠富裕可以退休，卻仍然致力於市政計劃，並且進行電的實驗，發明了避雷針。

富蘭克林在賓州議會是黨派領袖，參與了英國和美州殖民地之間的談判，並且加入起草「獨立宣言」的委員會。六十九歲時受命為美國駐法使節，任職十年期間他協商法國幫助美國，同時斡旋和英國的和平協定，獲選為一七八七年制憲會議的代表。

一七九〇年去世時，富蘭克林可以說是全世界最著名的美國人。《富蘭克林》在他死後出版，不過只涵蓋他的人生到一七五八年的這段時間。書是在他住在法國時，一七七一年至一七九〇年間斷斷續續寫成的。

富蘭克林被稱為美國第一位企業家。除了其他方面的成功，他也繪製了墨西哥灣洋流的海圖，設計出家用加熱器，創建公立圖書館，催生城市消防隊，還加入法國一個探索催眠術的委員會。

1978

每一天，都是全新的時刻

Creative Visualization

「就『魔法』這個詞最真切、最高深的意義上來說，創造性觀想就是魔法。創造性觀想涉及了解並且讓自己與主宰宇宙運作的自然原則保持一致，同時學會以最清醒和最有創意的方式運用這些原則。」

「如果你之前從未見過輝煌落日下一朵豔麗的花，而有人向你描述，你可能認為那是神奇的事（的確如此！）。一旦你親眼目睹過幾次，並且開始懂得牽涉其中的一些自然法則，你會開始了解它們是如何形成的，於是在你看來就會是自然的，就不再特別神祕了。創造性觀想的過程也是如此。一旦我們懂得潛藏其中的概念同時加以練習，對於我們理性的心智非常受限的教育形式來說，或許起初看來是驚奇或者不可能的事物，但隨著練習之後將變得完全可以理解。」

總結一句

你對於人生有什麼樣的想法或意象，無論好壞，只要觀想就會活出那樣的人生。為什麼不以你想要的方式來想像你的未來？

同場加映

偉恩．戴爾《真實的魔法》（23章）
露易絲．賀《創造生命的奇蹟：影響五千萬人的自我療癒經典》（31章）
約瑟夫．墨菲《潛意識的力量》（41章）

28

夏克蒂・高文

Shakti Gawain

關於創造性觀想沒有什麼好怪異的，這也不是什麼新時代的玩意。我們的人生有那麼多時間是活在自己的想像裡，我們創造出靜態的圖像或動態的影像，關於我們希望發生的事，或者我們恐懼會發生的事。我們時時刻刻在觀想，這是不知不覺的。透過創造性觀想，你有意識的決定你想要具現什麼為你生活中的現實，並且承擔起責任。

練習創造性觀想就是去體悟想像與現實的連接，以及支配世界看不見的法則和具體實相之間的連接。那麼有沒有可能無法實現你人生的想望，會不會只是沒有認知或體悟到宇宙的運作方式？如果你是「順其自然」的人，但是領悟到你需要對自己的未來有比較多的掌控，這本書特別有用。這是夏克蒂・高文坐下來寫這本書時體悟到的弔詭，因此你不是獨自一人。

技巧

想想你人生中想望的事：新工作或是創業、美好的關係、和平或寧靜，精進的心智技巧、運動能力。

運用創造性觀想時的成功關鍵是讓你的心靜下來，因此你的腦波會是在「α」波的頻率。你常常會在正要入睡之前、起床的第一時間、靜坐時，或者例如坐在河邊、走在森林裡的時候進入這個狀態。儘管你最初的本能或許是夢想你希望的美好「事物」，但真正的目的是剝除你平常一層一層只是單純做反應的自我，讓思想流動，表達比較高層的你。在這樣的狀態下，你會去思索什麼是真正對你好的，以及什麼會讓你真正快樂。

舉例來說，如果你在工作上跟人有麻煩，不要陷於怨恨和厭惡的感受裡，想像自己以放鬆而開放的方式跟對方溝通的畫面，無論之前你們彼此說過什麼話，放掉恩怨，在心裡祝福他，下一次你們接觸時，平常會有的隔閡似乎就蒸發了，你可能會吃驚，事情是如何快速朝好的方向改變。

高文指出，創造性觀想的目的不是用你的心智去「控制」人——如果用在負面或操控的目的不會有效——而是「化解我們內在的阻礙，達到與自然的和諧」。

創造性觀想的科學

為何創造性觀想能夠成功？

- 物質宇宙是能量。所有的物質，當你把它們分解得越來越小，皆是由能量粒子構成的，這些能量粒子以特殊方式聚在一起創造出「穩固」的幻覺。
- 不同型態的物質擁有不同等級的粒子振動。岩石、花朵或人都是在不同振動下運行的能量。特定性質或振動的能量會吸引類似的振動能量。思想是光的一種形式，是可以移動的能量，會找到實體的表達。
- 當我們創造性觀想或斷言正面結果和狀態時，我們的思想能量會放射到宇宙裡，宇宙以物質或事件的形式回應。創造性觀想實際上就是「播種」我們想要的生活。

更進一步的論點包括下述：

- 肯定句。你不必要真的「看見」影像，才能進行創造性觀想。有些人不善於此，光是想著他們渴望的，或是把渴望變成一肯定句（例如，「我值得最好的，而且最好的現在就會降臨」）反而會比較有效。高文表示，肯定句是「堅定你所想像的」，肯定句必須是現在式，而且應該包括動詞。如果你召喚上帝、無限智能或宇宙，同時也會添加力量。
- 接受自己的美好。你可能會覺得自己不值得獲得人生想望的一切。在你觀想之前，確定你願意接受降臨你身上的事物，首先要愛自己。

❖ 信念。你不需要信仰任何靈性或形而上的理念，才能讓創造性觀想生效。要讓觀想成功你需要的所有力量已經在你身上。

❖ 健康和富足。透過觀想完美的健康，你可以療癒自己；透過想像不斷創造出來的一切，你開始意識到宇宙真正的富饒。

總評

《每一天，都是全新的時刻》相當薄，第一次翻閱時你或許會失望，不過書中的原則和眾多經驗已經改變了許多人的人生。想想看這本書賣出超過三百萬本，翻譯成二十五種語言，而且「創造性觀想」這個語詞也進入大眾語彙，獨立成為一個主題。

雖然對自己說一句肯定句，例如「神聖之光在我內心，並且在我的生活中創造奇蹟」，一開始可能有點奇怪，但你會發現這樣或那樣的肯定句會帶來平靜感和信心。一旦一幅意象或一句肯定句成為你的一部分，就可能真的發生神奇的事。這本書有許多肯定句引導你，如果只是為了這些金句也值得購買此書。

高文表示，隨著你越來越深入，創造性觀想就越來越不是技巧，變得比較像是意識狀態，在這樣的意識狀態中，你領悟到你就是自己世界裡那個不斷創造的造物者。你可以撇開憂慮、計劃或操控的需求，因為你恍然大悟，憂慮、計劃或操控這些事具備的改變力量實際上遠遠比不上你放鬆的觀想結果，而這些結果能夠反映你更高的目的。

夏克蒂・高文

高文在里德學院（Reed College）和加州大學學習心理學和舞蹈，畢業後在歐洲和亞洲旅行兩年，學習東方哲學、靜坐和瑜伽。回到美國之後她投入人類潛能運動且大量閱讀，和各種流派的老師一起工作。

其他著作包括：一九八六年《光的心靈療癒》（*Living in the Light: A Guide to Personal and Planetary Transformation*）、一九八九年《回到花園》（*Return to the Garden*）、一九九三年高文的個人故事《過靈性而富裕的生活》（*The Path of Transformation*）、一九九七年《創造真正的富足》（*Creating True Prosperity*），以及一九九五年《每一天，都是全新的時刻練習簿》（*The Creative Visualization Workbook*）

1995

EQ：決定一生幸福與成就的永恆力量

Emotional Intelligence: Why It Can Matter More than IQ

「情緒生活這個領域，就像數學或閱讀那樣，應付起來肯定是有技巧高低之別，而且需要一組獨特的才能。一個人有多麼擅長這些能力是關鍵因素，能夠讓我們了解為什麼有人的人生似錦，而另一人有相同智力卻走進死胡同。情緒資質是元能力，決定了我們可以把其他不管是什麼能力發揮得多麼好，包括原始智力。」

「我必須等到現在，等到科學成果足夠充分才能動筆寫這本書。關於心靈最不理性的狀態，目前科學終於能夠權威的回答這些迫切而令人困惑的問題，某種程度精準的描繪出人心。」

總結一句

真正成功的人時時刻刻能夠自我掌控情緒。

同場加映

大衛・柏恩斯《好心情：新情緒療法》(11章)
艾倫・南格《用心，讓你看見問題核心》(36章)
馬汀・塞利格曼《學習樂觀，樂觀學習》(46章)

29

丹尼爾・高曼

Daniel Goleman

這本書將近三百頁，文字密密麻麻，有無數個案研究和註解，不過《EQ：決定一生幸福與成就的永恆力量》的要旨可以總結為三個重點：

- ❖把智能應用在情緒上，我們可以改善自己的生活，效果無限。
- ❖情緒是習慣，而且就像任何習慣，可能會損害我們最好的意圖。
- ❖藉由改掉某些情緒和培養其他情緒，我們可以控制自己的生活。

如果全部內容只是這樣，就不會是非常有趣的書了，然而《EQ：決定一生幸福與成就的永恆力量》是過去十年最成功的自我成長重量級著作之一，讀者群遠遠超出一般自我成長書籍的傳統受眾。研究人員一直在擴展我們對於智能的看法，而且已經有一段時間了，不過要等到高曼的書才將情緒智能（EQ，情商）的概念打入主流。

這本書的成功必定跟一般人是多麼痛恨智力測驗有點關係。無論智力測驗是不是好的評量方式，測驗的結果限制了千千萬萬人的選擇，傷害了他們的自尊。用ＩＱ（智商）來預測成就不是特別好的指標，智商只是許多「智能」之一，情緒技巧在統計上對於人生的成功更為重要，《ＥＱ：決定一生幸福與成就的永恆力量》也因此大受歡迎。

以下是這本書的解析以及一些關鍵論點。

教化大腦

檢視大腦迴路的設定方式，這本書第一部分釐清了關於情感的一些謎團，尤其是強迫性情感。我們大腦的生理結構是古代的遺留，當時生存就是一切，大腦結構的設計是讓你「行動先於思考」，如果你走在長矛飛來的路徑上，或是遇見憤怒的長毛象，這點很有用。我們仍然帶著穴居人的腦袋遊走於二十一世紀，而高曼告訴我們什麼是「情緒劫持」（大腦似乎被無法控制的強烈情緒淹沒了），那可以觸發一時衝動的謀殺，甚至受害人是長期的配偶。

運用情緒智能

第二和第三部分深入探討情緒智能的元素，以及如何應用在真實生活裡。高曼指出問題不是情緒本身，而是要懂得適切運用在特定情境裡。他引用亞里斯多德：

「任何人都可能生氣，這很容易。不過生氣的對象要正確、強度要正確、時機要正確、目的要正確，還有方式要正確，這就不容易了。」

在科技先進的世界裡，亞里斯多德提出的挑戰更加重要，因為「文明」的意義不再是科技，而是逆反人的天性，追求自我控制。

第三部分是將學習到的情緒智能應用到親密關係、工作和健康上。光是談論「關係」的那一章就比許多整本都在談論這個主題的書籍有價值，錯綜複雜的描述了兩性——火星人世界和金星人世界背後的神經科學。

情緒和道德

高曼將情緒生活和倫理連結起來，他指出如果人不能控制自己的衝動，就會傷害最深層的自我意識。控制衝動是「意志和品格的基礎」，他說。同情是品格的另一項基準，而有能力體悟別人的感受和思想才能啟動同情心，控制衝動和同情是情緒智能的根本元素，因此有道德的人必定具備的基本屬性。

情緒智能造就贏家

情緒智能的其他主要特質是毅力和激勵自己行動的能力。這兩項本身不是情緒，但是需要自我控制，以及把負面情緒和經驗放入脈絡中觀照的能力。

高曼確認了「正面思考能力」經過科學證明是達到成功的路徑，而且他表示，樂觀的展望是用來預測實際表現的關鍵臨床指標，這是借用馬汀．塞利格曼的研究（參見《學習樂觀，樂觀學習》）。

執迷於智商是二十世紀機械論成就模型的產物，情商因為焦點放在同理（感同身受）的人際技巧和關係，在比較偏向流動和創意的二十一世紀經濟體系中，成為基本的成功元素。

工作的世界

高曼的書對於職場和商業界有重大影響。雖然他只貢獻了一章討論管理學，但顯然情緒智能的概念碰觸到因老闆情緒能力低下而憤怒或受傷的勞工的痛處。同樣的，也啟發了許多不曉得可以做什麼來改善令人惱火且表現差勁的老闆和團隊領導人，因為你突然看清楚組織有一半人情商愚蠢，你的標準必定會提高。

「當聰明是愚蠢時」是極為有趣的一章，把智商跟其他形態的智能相提並論。任何人在辦公室的環境工作過都會知道，你可能在那裡製造最令人興奮的產品，但是那裡仍然是悲慘的工作場所，那裡也是各種自我彼此衝突的競技場。商業的成功是對某項願景或產品抱持熱情的結果，儘管巨大的自我往往跟這樣的成功連結在一起，比較好的公司突出的是，他們有能力透過聚焦於產品或願景來創造和諧和興奮，而不是組織。這些觀念在衍生的《ＥＱⅡ：工作ＥＱ》中有更深入的闡述。

教導ＥＱ

《ＥＱ：決定一生幸福與成就的永恆力量》這本書是植根在「情緒素養」這個概念上，在書的最後一部分高曼詳細說明了，為什麼需要讓ＥＱ技巧成為學校課程的一部分。拿出事實和數據，他毫不費力就說服我們，不教導孩子如何以建設性的方式處理自己的情緒和解決衝突，就得付出高昂代價，甚至造成金錢損失，影響社會幸福。

總評

高曼撰寫《EQ：決定一生幸福與成就的永恆力量》的部分動機是，他想到許多讀者信賴「缺乏科學根據」的自我成長書籍。的確，這本著作出自無懈可擊的學術和研究背景。高曼認識這個領域的所有關鍵人物，特別值得注意的是哈佛大學智能研究學者霍華德・嘉納（Howard Gardner）、紐約大學的約瑟夫・雷道克斯（Joseph LeDoux）和耶魯大學的彼得・沙洛維（Peter Salovey）。沙洛維最先提供了情緒智能的概念。

不過這本著作依舊是套在傳統模子裡的自我成長書籍，點出大腦迴路異乎尋常的可塑性，以及我們有能力形塑自己的情緒經驗，高曼精彩的論點之一是：「氣質不是命定的。」我們不會受制於自己的心性和情緒的習慣，即便這似乎是我們不可改變的一部分。

《EQ：決定一生幸福與成就的永恆力量》最吸引人的意涵是：如果有大批人有更好的覺察和控制自己的情緒，那將意味著物種的進化。我們相信仇恨、憤怒、嫉妒等等「不過是人性」，但是當我們檢視二十世紀最優秀的人物，甘地、馬丁・路德・金恩、德瑞莎修女，我們會發現他們身上驚人的不存在這些負面情緒。這些人能夠根據亞里斯多德的格言來表達憤怒，他們可以運用自己的情緒，而不是讓自己的情緒利用他們。由此可見，關於文明或人道難道還有比他們更好的定義嗎？

丹尼爾・高曼

高曼在加州的史塔克頓（Stockton）長大。他在哈佛大學取得心理學博士學位，指導教授是大衛・麥克利蘭（David McClelland）。麥克利蘭寫了一篇開宗立基的論文，主張用於職業僱傭或大學入學的傳統測驗（學術成績和ＩＱ），並不是一個人未來實際表現好不好的精準預測指標，取代的是，候選人應該接受以情緒和社交技巧（高曼的情緒智能）為核心的能力測驗。

以行為和大腦科學為主題，高曼為《紐約時報》寫了十二年的專欄。他也是《今日心理學》（*Psychology Today*）的資深編輯。其他著作包括《冥想的心靈》（*The Meditative Mind*）、《心智重塑》（*Vital Lies, Simple Truths*）、《創造精神》（*The Creative Spirit*，共同作者）《ＳＱ：Ｉ－Ｙｏｕ共融的社會智能》（*Social Intelligence*），以及《專注的力量》（*Focus: The Hidden Driver of Excellence*）。他也編輯了《情緒療

癒：與達賴喇嘛關於正念、情緒和健康的對話》（*Healing Emotions: Conversations with the Dalai Lama on Mindfulness, Emotions, and Health*）。《EQ：決定一生幸福與成就的永恆力量》已經翻譯成三十三種語言，《EQ II：工作EQ》（*Working with Emotional Intelligence*）則是翻譯成二十六種語言。

高曼目前是「組織中的情緒智能研究聯盟」（Consortium for Research on Emotional Intelligence in Organizations）的共同主持人。

1992

男人來自火星，女人來自金星

Men Are from Mars, Women Are from Venus

「為了讓自己心情比較好，女性會談論過去的問題、未來的問題、潛在的問題，甚至沒有解答的問題。談論得越多，探索得越深入，她們的感覺越好。這是女性的運作方式。如果有不一樣的期待就是否認女性的自我意識。」

「就像一杯水可以看成是半滿或半空，當女人順遂向上時她感覺到生命的圓滿。失意走下坡時她看見了空虛。上坡時她視而不見的空虛會在她下坡進入谷底時更加顯著成為焦點。」

「在查克心裡，他工作上賺越多錢，在家裡他就越不需要做什麼去滿足他的妻子。他認為自己每個月底的薪資支票讓他至少拿到三十分。當他開張了自己的診所而且收入加倍時，他認定自己現在一個月得六十分。他不知道對潘蜜來說，他的薪資支票每個月只賺得了一分，不管金額有多大。」

總結一句

在我們可以對待彼此是獨立個體之前，我們必須考慮兩性之間的行為差異。

30

約翰・葛瑞
John Gray

在出版《男人來自火星，女人來自金星》之前，約翰・葛瑞寫了《親愛的，為什麼我不懂你》（*Men, Women, and Relationships*），他用一則故事為那本書開頭。

他的父親讓旅人搭便車，對方竟然搶劫他，然後把他關進後車廂。警方回應了兩通發現被丟棄車子的報案，但是糟糕的指引讓他們找不到車子。在第三通電話之後才找到，但為時已晚，葛瑞父親在自己的後車廂裡熱窒息而死。

回家參加喪禮時，葛瑞請人把他關進車廂裡，他想了解那會是什麼樣的感覺，黑暗中，他的手指滑過父親拳頭鎚出來的凹痕，把手穿過後車燈已經被敲掉讓空氣進來的空間。他的兄弟建議他把手伸得更遠一點，試試看能不能碰到車廂按鈕，他盡力把手伸出去——按下按鈕把門打開了。

葛瑞把父親死亡的方式當成徵兆，說明他的研究是怎麼回事：藉由告訴人們釋放情緒的按鈕是他們伸手可及的，讓人們獲得解放。

顯微鏡下的葛瑞

這是一則好故事，然而約翰・葛瑞的書真的帶來解放嗎？女性主義者要批評他的著作很容易，一大堆標題類似「來自金星的反駁」（Susan Hamson）的網站冒出來，論辯《男人來自火星，女人來自金星》制度化了性別歧視。

性別角色理論（葛瑞是箇中翹楚）說的是，男性和女性天生就非常不同，而性別構成了個人身分認定的核心。他的批評者認為葛瑞特別狡猾，因為他從來沒有把自己的觀點呈現為一套理論，只是說「事實就是如此」（生物事實）。他的眾多讀者陷入行銷引發的熱潮，盲目於另一項立論與事實：性別角色實際上是文化制約的。葛瑞的終極目標是（意識或無意識）讓女性對於自己在男性霸權文化中從屬的地位感覺比較良好。

《男人來自火星，女人來自金星》概要

在選邊站之前，我們首先必須描述這本書。葛瑞的主要論點是什麼？

❖ 要維繫比較好的關係，最重要的關鍵是接納差異。在我們父母的年代，人人都接納男人和女人

是不同的，但是文化已經改變到主張沒有差異的另一極端。

❖女人的目標是改進男人，可是男人只想獲得接納。女人不請自來的勸告永遠不受歡迎，被男人詮釋為負面批評。不要向男人提出問題，對男人那就意味著他是問題。與男人交涉的方式應該是彷彿他就是解答的化身。男人聚焦於自己的才能，如果他們不能解決問題，他們就會覺得是在浪費自己的時間。另一方面，女人是真心喜歡討論問題，即使看不見解答，因為討論帶給她們無比重要的機會來表達自己的情感。

❖女人像波浪，上升到高峰，降落到谷底，然後再度上揚。男人必須知道谷底的時刻是女人最需要男人的時候。如果他是支持的，而且不企圖立刻把女人拖出谷底，她會感覺獲得認可。要激勵男人，男人必須感覺被需要；要激勵女人，女人必須感覺被珍惜。

❖男人在親密的需求和距離的需求之間反覆不定。男人進入自己的「洞穴」不是刻意的決定，而是本能。不知道洞穴的需求而尋求持續親密的女人，會發現關係間的動盪不安。就像橡皮筋，男人需要伸展，但是通常會彈回來。

❖爭執會迅速落入受傷的感受，那是因為論點提出來的方式，而不是論點的內容，是提出論點的冷漠聲音讓人生氣難過。男人不明白他們的評論有多麼傷人和挑釁，因為他們專注於「論點」。大多數的爭執是因為女人表達對某事的憂慮而男人告訴她這不值得憂慮。男人這麼說便否定了女人，於是男人惹惱了女人，然後男人大怒因為女人似乎無緣無故對他發脾氣，他不會為了自己沒有做的事道歉，因此一開始的爭執進入「定速控制行進」的狀態，持續幾小時或幾天。

❖ 男人會吵架，是因為他們感覺自己沒有獲得信任、仰慕或鼓勵，而且不是用信任和接納的語氣跟他說話。女人會吵架，因為她們沒有獲得傾聽，而且在男人的優先順序中位置不高。

比較廣泛的訊息

葛瑞主張，我們在歷史上的這個時代，盼望自己的愛情生活獲得最大滿足是正確的。不過，我們的身體和大腦經過幾千年不斷演化，為了成功生存下來的機會更大就需要改善性別差異。如丹尼爾・高曼在《ＥＱ：決定一生幸福與成就的永恆力量》中論辯的，我們是帶著古代祖先的大腦行走的現代人，而這樣的大腦是為生活在平原上和森林中構建的。懷著完美關係的歡快期待，卻沒有配備相關知識，不懂男性與女性思考模式的基本差異，就是在天真和不知不覺的狀況下邀請破壞者上到愛之船。葛瑞沒有聚焦於先天或後天的辯論，他只是說明這就是男人和女人傾向的行為模式，如果我們試圖了解就能減少關係中的問題。

為葛瑞辯護

如同我們一開頭指出的，這本書經常招致的批評是加大了兩性之間的區別。畢竟我們身在二十一世紀，難道不能只是把對方看成是人，而不是透過性別、對方的膚色、國籍或其他種種去看待嗎？而且為什麼葛瑞從來沒有寫過同志關係？他確實承認自己是概括性推論，但是他寫起來彷彿自己說的是事實。

上述都是站得住腳的論點，但是卻沒有看清楚葛瑞的基本意圖。他的寫作對象是不會去讀遺傳學和社會學教科書的人，而他們現在希望擁有比較好的關係。《男人來自火星，女人來自金星》並沒有提出前衛的理論，但是也沒有表示男人和女人是束縛在他們性別的兩極上。我們有某些行為傾向，如果我們辨識得出來，這些困擾便就不會再主宰我們了。藉由突出性別差異，葛瑞或許在鞏固父權制的判決上有罪，不過他的書寫並沒有任何地方推論到那麼遠，指稱性別決定一個人。如果他這麼說了，公眾必然不會碰這本書。但弔詭的是，如果聚焦性別差異的目標是超越性別差異，那麼葛瑞就是解放者。

總評

有許多的書在探討關係。讓《男人來自火星，女人來自金星》脫穎而出的是什麼？

葛瑞曾經表示，他刻意把《男人來自火星，女人來自金星》寫得讓人們「不必要思考」。這本書似乎是為午間電視節目打造的，而且在許多人眼裡，「庸俗」大概總結了這本書。對於兩性溝通這整個領域有興趣的讀者，想要讀燒腦一點的東西，可能會喜歡語言學專家黛博拉．泰南（Deborah Tannen）的著作，例如：《男女親密對話》（*You Just Don't Understand*）。一頁的泰南可能比十頁的葛瑞有趣，但是葛瑞成功的關鍵是他的陳述和類比深入人心，許多論點涉及相當精微的區別。

葛瑞在關係領域的影響力，非常類似班傑明．史波克醫生（Dr. Benjamin Spock）在養小孩方面的權威。兩位作者的書都成為相關主題的家庭常備標準教科書。人們怪罪史波克的觀念養出一代沒有骨氣的和平主義者，但是仍然有許多父母對他深信不疑。《男人來自火星，女人來自金星》最後會得到什麼樣的判決？沒有人知道，不過顯然這本書在他的時代是正確的，而且或許我們需要先被提醒彼此的差異才有可能超越差異。如同愛默生指出的，最完善的人是雌雄同體。我們不應該陷在差異裡面（性別或其他方面），讓差異帶偏我們的思考，而是應該關注人本身。

閱讀葛瑞的健康態度會是接受他某些說法，其他則無視。毫不質疑的擁抱和全然的拒斥都顯示你封閉的心靈。要摒棄這本書很容易，但是在你跟伴侶大吵一架之後心情惡劣時閱讀，這本書對你來說可能就鮮活起來了。不同性別生活在一起必定有高低起伏的波折，以這本書做為簡單的指南的確閃現了光彩。

約翰・葛瑞

葛瑞一九五一年生於德州的休士頓，高中畢業後進入聖湯瑪斯大學（St. Thomas University）和德州大學。他有九年時間是印度教僧侶，在瑞士的「超覺靜坐」（TM）組織工作，擔任領導人瑪赫西大師（Maharishi Mahesh Yogi）的私人助理，並且取得東方哲學的碩士學位。回到美國，葛瑞成為博士生，在加州聖拉斐爾（San Rafael）的哥倫比亞太平洋大學拿到他的「心理學和人類性行為」博士學位。他是經過認證的家庭治療師。

《男人來自火星，女人來自金星》是一九九〇年代美國的暢銷書，按照出版商的說法賣出了一千五百萬本。其他著作包括《當火星男與金星女相愛》（*Mars and Venus in Love*）、《當火星男與金星女共枕》（*Mars and Venus in the Bedroom*）、《忠於自我，人生更美好》（*How to Get What You Want, and Want What You Have: A Practical and Spiritual Guide to Personal Success*），以及二〇一七年《超越火星與金星：今日複雜世界的關係技巧》（*Beyond Mars and Venus: Relationship Skills for Today's Complex World*），此書根據最新研究更新了他的想法。

葛瑞與妻子邦妮（Bonnie）以及三名女兒住在北加州。他與個人成長顧問芭芭拉・安吉麗斯（Barbara De Angelis）曾經有一段婚姻。

1984

創造生命的奇蹟：
影響五千萬人的自我療癒經典

You Can Heal Your Life

「如果你想要比較了解你的父母，讓他們說說自己的童年，如果你帶著同情傾聽，你會明白他們的恐懼和僵硬模式來自哪裡。」

「她們往往會告訴我，她們無法愛自己因為自己是那麼胖，就如一位女孩說的，『邊邊都太圓了。』我跟她們解釋，她們胖是因為她們不愛自己。當我們開始喜愛和認可自己，令人驚異的是，重量就這麼從我們身體消失了。」

「感恩你確實擁有的，然後你會發現擁有的會增加。我喜歡用愛祝福我目前生活中的一切：我的家、暖氣、自來水、電話、家具、水管、電器、衣服、交通、工作，還有我擁有的錢，朋友；觀看、感覺、品嚐、觸摸和走路的能力，以及享受這個不可思議的星球的能力。」

總結一句

只有當你學會如何正確愛自己，你才會開始改變自己的人生。

同場加映

詹姆士．艾倫《我的人生思考1：意念的力量》（1章）

佛羅倫絲．斯科維爾．辛《失落的幸福經典：影響千萬人的生命法則》（45章）

31

露易絲・賀

Louise Hay

封面是近乎孩子氣的母題，一顆彩虹顏色的心，《創造生命的奇蹟：影響五千萬人的自我療癒經典》藉此提供了「沒有批判的愛和支持」這則世界各地的人們都珍愛的訊息。這本書賣出數百萬本，使得露易絲・賀現成為自我成長、新時代和全人療癒運動的教母。她把這本書的成功歸於不過是因為她有能力「協助人們改變，且不把罪疚加在自己身上」，同時這本書有著沉靜的氣質，是一個人經歷過了最惡劣的境遇終究活下來的沉靜。要等到我們讀過了露易絲・賀平鋪直敘個人生平的最後一章，我們才真正懂得書名的意義。

賀的故事

賀的母親在她很小的時候就送她去寄養，五歲時被鄰居強暴，她持續遭到性虐待直到十五歲，此時她離開家和學校，成為小吃店的服務生。一年後她生下一名女孩，不過這個小孩送人領養，從此沒有再見過面。她前往芝加哥，有幾年時間做粗工，直到在紐約生根，成為服裝模特兒。此時她遇見一名「受過教育的英國紳士」，嫁給他且過著優雅而安穩的生活，十四年後，先生遇見別的女人而跟她離婚。有一次偶然出席「宗教科學教會」(Church of Religious Science）的聚會改變了她的人生，她成為認證的教會諮商師，而後進入愛荷華的瑪赫西國際大學（Maharishi's International University）修習超覺靜坐。

在成為教會人員而且發展出自己的諮商服務之後，賀寫了一本書《療癒你的身體》(*Heal Your Body*)，詳細敘述了身體疾病的形而上原因。就在此時她被告知罹患癌症，但透過根本改變飲食結合心智技巧，她痊癒了。在美國東岸度過大半生後，她搬回洛杉磯，在母親過世之前跟她團聚。現在她九十幾歲了，躋身全世界最好的勵志演說家和作家，她常常和狄帕克・喬普拉、偉恩・戴爾和詹姆士・雷德非等人一起巡迴演講。

書的內容

《創造生命的奇蹟：影響五千萬人的自我療癒經典》是從受害者身分爬出來的人傳達的訊息，這個面向讓這本書具有強大吸引力，尤其是對於有類似傷痛史的女性來說。露易絲・賀的教導，其精粹是愛自己和消除罪疚，她相信這個過程可以讓我們的心智自由，身體健康，如心理－免疫學的研究證實的。

所有熟悉的自我成長訊息書中都帶上一筆，包括掙脫受限的思想、用信仰取代恐懼、寬恕、認知到思想真的會創造出經驗。一些主要的論點如下：

- 疾病（Disease，或者如露易絲·賀所稱呼的「dis-ease」（不舒適））是心態的產物。她相信沒有能力寬恕是所有疾病的根源。
- 療癒需要放掉導致我們目前病症的思考模式。「身體的毛病」從來不是真正議題。關於我們不喜歡的那些表面事物遮掩了更深的信念，我們深信自己「不夠好」。真心喜愛自我（不是自戀的方式）是所有自我療癒的基礎。此書的第十五章列出幾乎所有疾病和可能相應的心理「阻塞」。懷疑論者可能會發現這張表格異常精準，如果他們願意將心胸開放一點。
- 「肯定句」是要你記住真正的自我，並且善用斷言的力量，因此，信任肯定句的力量能讓你的想望具體實現。肯定句必須永遠是正面的，而且是現在式。例如：「我完全健康。」或者「好棒的工作機會落到我頭上。」這本書包含了許多肯定句供你選擇。
- 「無論我們專注於什麼都會使其增加，因此不要專注於你的帳單」，這樣你只會創造出更多帳單。感恩你的確擁有的會讓你擁有的更豐盈。要意識到宇宙無窮的供給——觀察自然！你的收入只是富足的管道，不是來源。
- 「你的安全保障不是你的工作，也不是你的銀行帳戶、你的投資、你的配偶或父母。你的安全保障是你跟創造萬物的宇宙力量相連結的能力。」如果你有能力讓心安靜下來，藉由領悟到自己不是孤單一人所召喚出平靜感受，你就永遠不可能再度感受到不安全

❖ 對於來找她尋求療癒的人，她最先說的幾句話之一是：「停止批評自己！」我們可能一輩子都在做這件事，然而當我們決定讓自己喘口氣，那是真正愛自己的開端，而愛自己是療癒你的人生主要的配方。

總評

《創造生命的奇蹟：影響五千萬人的自我療癒經典》不會適合每一個人。這本書相當「新時代」，符合「邁向完整的旅程」這個目前非常普遍的書寫模式，不過露易絲．賀是先鋒。對於那些讀了不少自我發展書籍的讀者來說，這本書可能有點簡化，而且了無新意。的確這本書讀起來不太費腦筋，另一方面，這本書擁有一種直白和熱情，讓它可以停留在讀者心裡，直觀上覺得合情合理。

就自我成長的真正精神來說，這本書並不滿足於修正問題，而是剝除這些問題具有的宰制力量。這樣的觀點乍看似乎很天真，事實上有嚴謹的哲學基礎：老是想著你的問題，問題

就會變得無法克服；思索你的可能性，就會帶來希望和動力。無數人有著跟露易絲・賀類似的艱難人生，但是不是每一個人都擁有意志把問題拋在腦後，甚至不知道他們可以這麼做。剝奪形成了錯覺，讓我們以為「一切就是這樣了」。露易絲・賀跟自己喊話，堅持痛苦和挫折不會界定她，所以她才能引領自己走出各種心理黑洞。她的書是成功脫逃者的可靠證言。

露易絲・賀

透過「賀與你同行支持團體」（Hayride Support Group），露易絲・賀花大量時間協助後天免疫缺乏症候群（愛滋病）患者。一九八八年她寫了《愛滋書：建立正向的途徑》（*The AIDS Book: Creating a Positive Approach*）。她的第一本書是《療癒你的身體》，之後的作品包括《感恩：生命之道》（*Gratitude: A Way of Life*），以及《鏡子練習：21天創造生命的奇蹟》（*Mirror Work: 21 Days to Heal Your Life*）。她創辦了「賀書屋」（Hay House），專門出版個人發展書籍的成功出版社。

賀目前住在加州的聖地牙哥[1]。

1 此原文書初版日期為二〇〇三年，露易絲・賀已於二〇一七年八月三十日過世。

1996

靈魂密碼：
活出個人天賦，實現生命藍圖

The Soul's Code: In Search of Character and Calling

「一開始我們需要闡明，今日了解人一生的主要範型（遺傳與環境的交互作用）遺漏了核心要素：你之所以為你的獨特性。接受我是遺傳和社會力精微角力的結果這種概念，我把自己降級為一個結果。」

「既然民主的平等性只能在個人天命的獨特性中找到邏輯基礎，自由是建立在天命的完整獨立性上。當『獨立宣言』的起草人聲明所有人生而平等，他們明白這個主張必然伴隨著另一句：所有人生而自由。是人人都有天命的事實讓我們平等，而為了實現天命我們必須是自由的。」

總結一句

不只名流和修女有「天命」。我們每個人心裡都有個圖像，那是我們可以成為的人和可以過上的生活。

同場加映

大衛．布魯克斯《品格：履歷表與追悼文的抉擇》（9章）
喬瑟夫．坎伯（比爾．莫耶斯合著）《神話的力量》（12章）
克萊麗莎．平蔻拉．埃思戴絲《與狼同奔的女人》（25章）
湯瑪斯．摩爾《傾聽靈魂的聲音》（40章）

32

詹姆斯・希爾曼

James Hillman

我們的靈魂有密碼嗎？宿命的DNA？這個問題迫使希爾曼爬梳女演員茱蒂・嘉蘭、科學家查爾斯・達爾文、實業家亨利・福特、音樂家科特・寇本（Kurt Cobain）和蒂娜・透娜（Tina Turner），以及許多人的生平，追索是「什麼」驅動他們過著這樣的人生。他的假設是：就像高大宏偉的橡樹蘊藏在橡實裡面，人也是如此，內心帶有活躍的真實核心，或者一幅圖像，等待活出來成為現實。這個想法並不新鮮，希臘人用「daimon」（元神）這個詞來描述我們生活中看不見的引導力量，也就是羅馬人的「genius」（天賦）。

我們是一則故事，不是結果

「靈魂圖像」的概念在大多數文化中有長遠歷史，不過當代心理學和精神醫學則完全忽視這塊。希爾曼承認，圖像、品格、命運、天才、天命、元神、靈魂、宿命，這些都是宏大的語詞，讓我們變得不敢使用，然而這樣並不能降低它們的真實性。心理學似乎只能把個人這個謎團分解成人格特質、類型和情結。作者提到傑克森・波拉克（Jackson Pollock）的心理傳記，書中陳述他的畫作裡那些律動的直線和弧線，是哥哥們在懷俄明自家農地的塵土上比賽「創意排尿」卻把他排除在外的結果！

這樣的詮釋扼殺了靈性，認為驅動人們的不是內在的願景，而是外在境遇。希爾曼說，我們看待自己人生的方式讓人生變得黯淡。我們喜歡羅曼史和小說，但是沒有把足夠的浪漫理想或故事應用在自己身上。我們停止了創造，一切變得比較像是結果，人生降級為遺傳和環境的相互作用。

我們局限自己的存在也顯現於我們如何看待時間，或者說因果。也就是：「發生了這件事，因此我……」或者「我是……的產物。」這本書檢視的是我們身上不受時間影響的事物，無論我們是剛剛誕生，已然中年或是步入老年。

我們的父母是誰？

希爾曼精彩剖析了他所稱呼的「如父如子的謬誤」，相信因為我們的父母是什麼樣子，我們就是什麼樣子。《靈魂密碼》論辯，理解童年的最佳角度是：我們生下來就帶有的圖像接觸到我們所處的環境，而我們是在環境中找到自己。小孩子發脾氣以及奇怪的執念應該放在這樣的脈絡下看待，而不是試圖透過治療「矯正」他們。

耶胡迪・曼紐因（Yehudi Menuhin）四歲生日時拿到玩具小提琴，他立刻猛摔到地上，即使在那個年紀，對於這位指日可待的偉大小提琴家，這份禮物也是侮辱。我們對待小孩彷彿他們是白板，沒有自己的真實性，因此否認了孩子或許擁有人生議程的可能性，那些由他們的才華引領的人生議程。

從我們的「元神」這個角度來說，父母的結合是出於我們的需要。元神選擇了卵和精子，也選擇了載體，稱為「父母」。這當然是顛覆的觀點，不過希爾曼主張這解釋了不可能的婚姻、迅速的懷孕和突然的遺棄，我們有太多父母正在上演這種故事。

他更進一步指出，我們對於「父親與母親」的貧乏觀點。確實，自然可以是我們的母親，則書本是父親，無論是什麼，只要可以將我們與世界連結起來，並且教導我們，就可以是我們的「父親與母親」。引用懷海德（Alfred North Whitehead）的說法，「宗教是對世界的忠誠」，希爾曼表示我們必須相信世界有能力供應我們，而且慈愛的向我們揭露它的奧祕。

「我必須擁有你」

《靈魂密碼》闡釋，「元神」是如何在愛之中伸張自己，導致執念和浪漫之痛的折磨，違抗了演化生物學的邏輯。一出生就分開的同卵雙胞胎，往往會發現塗抹相同的鬚後乳液，或是抽相同品牌的香煙，然而在選配偶這種最重要的選擇上則可能差異很大。

當米開朗基羅雕刻神祇或同時代人的肖像時，他試圖看到所謂的「心的圖像」，雕塑的目標就是要揭露雕刻對象的內在靈魂。希爾曼表示，每個人的內在有相同的心的圖像，當我們戀愛時，我們覺得自己重要無比，因為我們能夠揭露自己的真實本色，照見我們靈魂的天賦。愛人的相遇是圖像的相遇，是交換想像，你戀愛了因為你的想像火花四射，釋放了想像，即使同卵雙胞胎也不必一模一樣。

壞種子

《靈魂密碼》探討到愛的反面「壞種子」時讓人入迷。希爾曼幾乎用一整章來剖析希特勒現象，根據可靠線人的報告，希特勒的習慣提供了證據說明他被「壞」元神盤據。跟這本書探討的其他人物主要差異在於橡實跟人格的結合，不只希特勒的橡實是顆壞種子，而且包裹在外面的人格既不會質疑也不會抗拒這顆橡實。從一顆種子我們可以見識到這個人身上迷人的魅力，他如何迷醉眾人進入集體的瘋魔狀態，我們可以把相同概念應用在現代的精神變態者身上，例如傑佛瑞・達馬（Jeffery Dahmer），以了解他們為什麼能夠蠱惑受害者。

這絕對不是主張源自壞種子的恐怖行為是正當的，不過從元神／橡實的角度來體認犯罪心理，我們能比較容易的了解邪惡，勝過傳統的見解（也就是，惡是必須根除的東西，或者「以愛化解」）。讓種子變得瘋魔的是單軌的執念，不過它最終的目標是榮耀。就整個社會來說，我們應該去辨識這種驅力，並且找出方法，將它疏導到比較沒有破壞性的日的上。

我們活在天真的文化裡，鄙視黑暗，特別是美國的流行文化，有著迪士尼樂園和芝麻街，不能接受沒有糖衣的種子。不過，天真實際上會招來邪惡，希爾曼表示，「《閃靈殺手》是《阿甘正傳》的祕密夥伴」。

靈魂的奧祕

用了整本書檢視名人的生平之後，希爾曼提出「平庸」的問題：可能存在平庸的元神嗎？他的答案是，沒有平庸的靈魂，這是反映在我們話語中的真理。我們會說某人擁有美麗的靈魂、奇妙的靈魂、深沉的靈魂或孩子般的靈魂，我們不會說人們擁有「中等」、「一般」、或「尋常」的靈魂。

靈魂來自非物質的領域，它們渴望體驗這個物質的世界。希爾曼舉出《欲望之翼》這部電影，影片敘述一名天使愛上人間的生活——一般人的正常生活和他們的困境。對天使和神祇來說，我們的生活沒有「日常」或普通這回事。

總評

畢卡索說：「我不發展；我是。」人生不是關於變成什麼，而是讓已經存在的圖像成真。我們執迷於個人成長，努力要抵達想像的天國，然而與其試圖超越人的存在，比較合理的是「向下成長」，進入人世，安於我們在世間的位置。希爾曼不驚訝我們稱為「明星」的人物往往發現人生如此艱難和痛苦，公眾賦予他們的自我形象是假象，註定會導致悲劇性的墮落到地球上。

你人生的曲曲折折或許不會像名人的一生那樣極端，不過那些波折或許會帶來更大的正面效果。就品格來說，希爾曼表示，我們現在把品格看成差不多是「當作戰計劃攤開在將軍的營帳時，在戰鬥前夕兵士寫回家的書信」。個人的天命是保持誠實的天命，而不是追求成功的天命，是關懷與愛的天命，不是獲取成就的天命，在這樣的定義下，生命本身就是偉大的作品。

詹姆斯・希爾曼

一九二六年，希爾曼誕生於紐澤西洲大西洋城的飯店房間裡。一九四四～四六年他在美國海軍的「醫院軍團」（Hospital Corps）服役，為在德國的美軍電台撰寫新聞。戰後他就讀巴黎的索爾邦大學和都柏林的三一學院，並且以精神分析師的身分開始私人執業。一九五九年，他獲得蘇黎世大學的博士學位，接下來十年在蘇黎世的榮格學院工作，發展出「心理生態學」（psychic ecology，後來的「原型心理學」）的概念，把個人放入神話、藝術和觀念的較大脈絡中探討。

希爾曼曾經在耶魯、哈佛、雪城（Syracuse）、芝加哥、普林斯頓和達拉斯等大學講學和擔任教職。著作包括《自殺與靈魂》（*Suicide and the Soul*）、《重新展望心理學》（*Re-visioning Psychology*）、《夢與幽冥世界》（*The Dream and the Underworld*）、《透過虛構而來的療癒》（*Healing Fiction*），還有與文杜拉（M. Ventura）合寫的《我們有了一百年的心理治療，而世界越來越糟》（*We've Had a Hundred Years of Psychotherapy and the World's Getting Worse*），以及與索努・山達薩尼（Sonu Shamdasani）合著的《哀悼死者：榮格紅書之後的心理學》（*Lament of the Dead: Psychology after Jung's Red Book*）。希爾曼卒於二〇一一年。

1987

恐懼Out：想法改變，人生就會跟著變

Feel the Fear and Do It Anyway

「我記得人生中有段時間，幾乎每一件事都讓我驚恐。我害怕我想實現夢想的所有嘗試都會失敗，因此我就只是待在家裡，成為自己不安全感的受害者。我很樂意敘述是位古代禪師讓我頓悟，恢復清醒。然而不是。實際上是採用了『進入這個世界』這句口號的東方航空公司廣告，讓我突然領悟，我已經停止參與世界。」

「你是『受害者』？或者你會為自己的人生負責？有太多人以為我們在為自己的人生負責，其實根本沒有。『受害者』心理是微妙的，同時有許多形式。」

總結一句

恐懼的出現是指標，表示你在成長，並且接受人生挑戰。

同場加映

諾曼．文生．皮爾《向上思考的祕密》（42章）
安東尼．羅賓斯《喚醒心中的巨人》（44章）
馬汀．塞利格曼《學習樂觀，樂觀學習》（46章）

33

蘇珊・傑佛斯

Susan Jeffers

關於什麼是可能的，自助的概念拓展了我們的想法，讓我們相信自己的夢想，而且立大志。「我要做這件事！」我們說，「我要成為那樣子！」我們不再小看自己。不過第二天醒來，「現實」的重量讓那些夢想突然比較像是小說，而不是傳記。只要兩分鐘我們就合理化了目前的生活，短暫去渡假後恐懼又回來了。

我們如何到達讓追求夢想成為日常規範？在今日的經驗和願景之間橫亙著懷疑和恐懼的大峽谷，突然擋住了我們的路，相較之下，似乎掉頭回到安全保障和例常生活容易多了。然而蘇珊・傑佛斯表示，人們以完全錯誤的方式看待恐懼，恐懼不是你已經達到極限的指標，而是繼續前行的綠燈。如果你沒有感受到任何恐懼，你或許不會成長。不要否認任何驚恐不安，還是要邁開步伐，船艦不是設計來停靠港口的！

接下來是傑佛斯無懼哲學中的關鍵論點。

處理恐懼

恐懼有不同類型，只有一種具有致命殺傷力：那單純而強大無比的信念，相信自己處理不了某件事。如果我們的父母離開我們，我們處理不了；如果我們沒有特定的收入，我們處理不了，等等。該做的基本工作是讓自己到達那個境界，你知道自己可以處理遭遇的任何事，不論好壞。這聽起來像是空洞的陳腔濫調，不過傑佛斯的論點是：恐懼不是心理問題，而是教育問題，你必須重新教育自己，接納恐懼是成長的必要部分，然後前行。

肯定自己的宇宙

令人耳目一新的是，傑佛斯並沒有說你可以完全控制自己的世界，事情的發生有它們自己的理由。不想要陷入恐懼的泥沼，關鍵是確認實相，這不只適用於像是丟了皮夾這樣的小事，也適用於像疼痛這樣比較重大的事情。正面思考或許不會讓疼痛消失，不過如果你把疼痛納為自己宇宙的一部分，不否認疼痛存在的權利，疼痛就不再那麼恐怖。傑佛斯提到維克多．法蘭可關於集中營經驗的經典《活出意義來》，書裡描述了一些人們必須忍受的最醜惡境況，然而在鐵絲網構成的圍籬內，作者仍然能夠找到接納這一切的人，他們選擇肩負責任而不是放棄。

終其一生我們都會聽到別人告訴我們要負起責任。我們將這句訓誡詮釋為要去上大學、找到工作、拿到貸款和結婚。傑佛斯對此的了解比較接近愛默生關於自立的理想，也就是，要負責任的是如何詮釋你的人生經驗。痛恨你的工作？那麼要不刻意留下，做出一番成就（堅決的接納），或者乾脆離職。

為什麼正面思考有效？

正面思考很好，但是沒有反映現實，太「波麗安娜」[1]了。這是普遍的指控，傑佛斯提問：如果我們的憂慮百分之九十從來沒有發生（研究實證），怎麼會負面比正面「現實」？事實是，什麼是現實取決於我們，根據我們如何形塑自己的想法。

正面的心態不會讓你免於壞消息，但是你的反應會不一樣。用「這是學習的經驗」來取代「糟透了」但如果是嚴重的事情呢？例如得癌症？傑佛斯表示，在她自己的罹癌經驗中，正面心態讓一切大不相同。如果這條準則適用於如此極端的情境，那麼就沒有藉口在日常經驗上過度反應。我們熱愛說三道四，大呼小叫，然而傑佛斯說，請檢視一下這麼做會如何弱化自己。

正面思考的關鍵是你必須隨時隨地練習，這是最基礎也是最容易忽略的層面。即使是蘇珊．傑佛斯，這位著名的勵志專家，也承擔不了一整天下來不在心裡喊喊正面的話，給自己加油。她說，我們不會不吃早餐，或者早上不慢跑、不抱抱孩子，那麼為什麼我們認為每天給自己補充正面能量的程序可做可不做？她建議：收集勵志的書籍和錄音帶，建立自己的資料庫，每天閱讀或放送，效果可能比你想得要大得多，對你自己和你居住的世界都好。寫下你最喜歡的勵志引言，放在電腦旁、汽車裡或床邊。你創造的正面思考會開始似乎越來越接近事情應該的樣子（現實），而不是你習慣的方式，這會讓你先前的生活開始看起來像是活在灰霧裡。

設定潛意識

你可以確定的是，無論你潛意識裡面有什麼都會找到途徑在現實生活中表現出來，因此至關重要的是，在每一個層面都要控制你的思想輸入，要造成改變和克服恐懼的一項重要方法是說肯定句，這不需要什麼努力或勇氣。傑佛斯定義「肯定句」是斷言某件事已經在發生的正面陳述，「我不會再貶低自己」之類的陳述是無效的，肯定句必須既是正面陳述，又是現在式，例如，「我在每個場合都是自信的人。」你甚至不必相信肯定句，它們也能生效，只要它們成為你的真言咒語，心靈會回應餵養

1 Pollyanna，這個概念是由一九七八年美國小說家艾蓮娜・H・波特的《少女波麗安娜》筆下的女主角作為原型，後泛指形容一個人積極樂觀。

它的東西，無論真假。我們可以傾聽自己的「喋喋不休」，或是選擇傾聽我們更高層的自性。

其他論點

這本書還有許多其他美好的訊息，包括：

❖ 永遠有很多時間。「你一路前行求取成功，最大的陷阱是沒有耐心。」沒耐心只不過是在懲罰自己，製造壓力、不滿意和恐懼。我們必須信任自己做的事，無論是什麼，都會完美發展，而且發生在正確的時間。

❖ 如何做出「不會輸」的決定：停止相信只會有一條「正確」或「錯誤」的路可以走。我們必須到達適當的位置，不再受制於單一結果，認識到這個世界有無限機會讓我們獲得自己想要的。

❖ 永遠不要害怕錯誤。記得即使是最優秀的棒球打擊手，打擊率也只是四成；最優秀的球員十次錯過六次。放輕鬆，而且開心你擁有了經驗，即使這次沒有成功，但因為你嘗試了，你就是成功者。

❖ 關於害怕在關係中承諾：我們必須明白我們承諾的是要忠於對方，致力於他們的進步和福祉，不一定要承諾永遠忠於僵化的結合。

總評

書一開頭，傑佛斯就拋出一些「關於恐懼的真相」。最深刻的是第五項：

「與其活在潛藏的恐懼下，奮力衝破恐懼比較不那麼駭人。潛藏的恐懼來自無助感。」

換句話說，那些從來不冒任何風險的人反諷的活在害怕事情出錯的恐懼中。他們追求安全超過一切之上，可是結果是長期的不安全感。嘗試新事物實際上是比較容易的，而且帶來無限多的人生滿足感，決定把比較多的挑戰納入你的生活之中會帶來安全感，因為你知道自己能夠對付任何事。

這類直白的洞察是《恐懼Out：想法改變，人生就會跟著變》的典型觀點。書中呈現的同理心讓你感覺自己不孤單，這點非常關鍵，因為恐懼會造成孤立的感覺，而且行文中的輕鬆筆觸會讓你在進入這本書時感覺活力滿滿。

買自我成長書籍會不好意思嗎？感覺那恐懼，筆直走向收銀台……。

蘇珊・傑佛斯

傑佛斯決定去上大學時已是兩個孩子的年輕媽媽，最終她在哥倫比亞大學拿到心理學博士學位。畢業時她成為紐約市「浮動醫院」（Floating Hospital，船上的醫院）的執行長，在這個職位待了將近十年。

《恐懼Out：想法改變，人生就會跟著變》脫胎自紐約「社會研究新學院」（New School for Social Research）的一堂課。這份手稿接收到許多封拒絕信，最惡劣的一封如此陳述：「如果黛安娜王妃裸體騎腳踏車在街上發送這本書，還是沒有人會閱讀。」（傑佛斯網站上提及的）。最終出版商宣稱賣出兩百萬本。

其他著作包括：《感覺恐懼……然後超越》（*Feel the Fear . . . and Beyond*）、《結束掙扎，與生命共舞》（*End the Struggle and Dance with Life*）、《勇敢連結，向男人敞開心扉》（*Dare to Connect, Opening Our Hearts to Men*），以及《失而復得的旅程》（*The Journey from Lost to Found*）。傑佛斯住在洛杉磯，是《歐普拉》談話節目的常客。

傑佛斯於二〇一二年過世。

1998

80／20法則：商場獲利與生活如意的成功法則

The 80／20 Principle: The Secret of Achieving More with Less

「80／20法則幫忙形塑了現代世界，然而這依舊是我們這個時代最大的祕密之一，即使是知道如何運用80／20法則的那批雀屏中選行家，也只開發了其中很小部分的力量。」

「傳統智慧是不要把你所有的蛋放在一個籃子裡。80／20智慧是要你慎重選擇籃子，把所有的蛋都放在裡面，然後像老鷹一樣看顧著。」

「80／20法則就像真理那樣，可以讓你自由。你可以工作少一點。同時你可以賺多一點，享樂多一點。」

總結一句

確認你擅長的是什麼，然後多多發揮，成功就會輕易到來。

同場加映

米哈里．奇克森特米海伊《心流：高手都在研究的最優體驗心理學》(19章)

34

李察・柯克
Richard Koch

這本迷人的書會革新你的人生。柯克書寫了有大量文獻記載卻違反直覺的原則：百分之八十的成果或結果只來自百分之二十的努力。大多數的銷售只來自百分之二十的生產線；大部分的磨損局限在地毯百分之二十的部位。而應用在個人生活上，百分之八十的快樂來自你不到百分之二十的時間。

儘管比率會改變，這項原則是意圖闡釋這個世界的運作方式基本上是不平衡的。這是第一本完全探討80／20法則的書，而且最先應用在個人生活上。最早由義大利經濟學家帕雷托（Pareto）提出（因此也以帕雷托法則聞名），這項法則已經成為策略管理顧問的支柱，也是成功公司的祕密。對於不知道這項法則的人，因為牴觸傳統的經濟原理，所以它造成的結果可能看起來像是魔法。但這並不令人意外，這項法則也稱為「最少力氣法則」。

不過這項法則不是理論，只不過是對現實的觀察。柯克表示，跟許多自我長書籍提出的靈性或哲學法則不一樣，不管你相不相信，80／20法則都生效。

50：50的信念vs. 80：20法則

在知性的層面，關於放進多少力氣得到多少成果，50：50的比例是合理的。如果你付出「好的」努力，你就會得到「好的」成果。如果你「努力工作」，你可以期待一定程度的回報。這是代代相傳推動社會的心態，從維繫社會的凝聚來說，這種心態有一定的功績。努力－回報這樣清楚的等式，創造出穩定的社會，在這個社會裡，平庸獲得接納，順服得到回報。不幸的是，正如柯克闡釋的，我們生活的世界已經不再如此。

新世界說，只是「跟上不落後」不再足夠，只是勝任某件事可能不再獲得成功的回報。你必須從事輕而易舉而且你熱愛的事，你因此佔有極大的優勢輕鬆凌駕別人，還可以在自己的領域攀上巔峰。只有這一類型的努力（與別人相比，或許看起來不像是真正在「工作」）才會帶來巨大回報。跟舊世界不一樣，在80／20的世界裡，應用這套邏輯的人可以期待相比於付出成倍數的回報。不過，付出必須是一枝獨秀的高標準，而且反映付出者的獨特性。

根據80／20法則，麥可．喬丹賺的錢比半打籃球隊加在一起還多，這完全合理，因為他展現了至高無上的球技，而且提供相應的娛樂。與過去相比，現在的明星賺的錢多很多（看看頂級演員），不過這不是重點，柯克提到他們只是要闡明他的法則適用於我們每個人，「只有實現自我才能創造出非凡價值」。

成為時間的改革者

大多數我們認為有價值的事物只來自我們運用的一小部分時間，為了大大提高我們的效率，或我們的快樂，或者我們贏得的任何東西，我們必須擴大那百分之十或二十的部分來佔據我們更多時間。柯克說我們的社會對時間的體悟是貧乏的，他說：「我們不需要時間管理，我們需要時間革命。」

傳統的時間管理是關於如何提高做事效率，變得比較善於安排優先順位。柯克相信，所有類型的時間管理之所以失敗，是因為假定我們一開始就知道怎樣是好好利用自己的時間，怎樣不是。第二項錯誤是假定時間是短暫的，而我們有許多重要的事要做，因此不斷處於壓力之下。

無論如何，在運用時間方面要有顯著改善，80／20法則要求我們回歸自己的「優先順位」，看看它們是否整體上真正反映了我們對於自己人生的最佳運用。科克對此直言不諱：「大多數人在錯誤的事情上太過努力。」既然這項法則反映了事物的實際運作上大多是不平衡的，那就沒有必要基於理性來思考時間。尋求改善我們百分之十五到二十五的時間運用（如時間管理專家所承諾的）只是在「枝節節上瞎努力」。出乎意料和不講理的現實是，一旦我們開始把時間花在要緊的百分之二十上，就會擁有大量時間。作者指出，我們並不是總是時間不夠，危險的事實是我們實際上滿滿都是時間，然而被我們「恣意揮霍濫用掉了」。

懶惰無妨，如果你懂得如何懶惰

你是否不停的努力，實際上卻沒有完成什麼事？科克為我們介紹了馮・曼施坦因（Von Manstein）版型。馮・曼施坦因是德國將軍，他總結最好的軍官是：犯最少的錯誤、最有遠見、天生聰明，而且天性懶惰。科克把這個版型套用在今日的經濟體系，宣稱成為明星的關鍵是：「模仿、製造，以及發揮懶惰的智力。」不要去選擇困難的，或是我們認為會為自己帶來尊敬的通用目標，我們應該聚焦於輕鬆上手的事物。

令人驚奇的是，資本主義允許只要做自己就能成功和富裕，實現自己最高層次的表達，就自動創造了非常小但價值非常高的利基。這完全符合越來越要求專業化的資訊經濟體，因為沒有人做我們做的事，像我們做的那樣。這點甚至適用於顯然有無盡供應和需求不大的市場，例如表演藝術和運動競賽。有數百名職業網球選手，但是只有一位阿格西，他的獨特造型和態度讓在他同一級別的球員中脫穎而出贏得多次代言。在所有領域，領導力的關鍵是熱情、根深蒂固的好奇心，以及不斷學習，然而這些事情不是工作。

80／20思考是結合了野心和放鬆且自信的態度，包括了反思（允許洞見出現，而不是立即去行動）、非傳統方式運用時間，以及享樂主義哲學。柯克相信，在我們「努力等同成功」的文化裡，享樂主義被污名化了。享樂主義不是自私自利，我們越熱愛做某件事，我們就會越擅長，提高了讓別人獲益的可能性。

總評

《80／20法則：商場獲利與生活如意的成功法則》是本「食譜」，教我們掙脫你死我活的競爭，實現個人潛能。這本書讓讀者看見生活中如何塞滿了瑣碎小事，抗議「忙碌」往往缺乏目的。這些都是自我成長書籍中熟悉的主題，不過由於柯克應用了宇宙「指數律」中的一條，賦予這些洞見特別的分量。誰會忽視奠基在「與宇宙粒子合作而不是違抗」的行動邏輯？

這本書特別好的是，幫助讀者了解在今日的經濟世界裡如何成功的鍊金術，做到了既是商業書，又是激勵人心的人生指南。科克引用約瑟夫．福特（Joseph Ford）的陳述：不只上帝可能會擲骰子，骰子還是灌了鉛的。透過為我們闡釋宇宙是如何「可預測的不平衡」，80／20法則讓我們懂得操縱，讓機率自然的偏向我們。關鍵點是表現和精進我們獨特的才華，而不是在某樣我們不熱愛的事上追求「優秀」。優秀從來得不到巨大回報，必須要傑出。

李察・柯克

柯克是成功的企業家和暢銷書作家，他的背景是管理顧問（貝恩策略顧問〔Bain & Co.〕、波士頓諮詢公司以及艾意凱諮詢公司〔LEK Partnership〕共同創辦人），為歐洲和美國許多家知名企業提供意見。商業興趣包括飯店、頂級琴酒、餐館、個人管理工具，以及最近的線上賭博平台「必發」（Betfair）。《80／20法則：商場獲利與生活如意的成功法則》曾經是美國、亞洲和歐洲的暢銷書，翻譯成十八種語言。其他著作包括：《業競天擇》（*The Power Laws: The Science of Success*）、《其實工作不必這麼累》（*The 80/20 Manager*）、《80／20生活經》（*Living the 80/20 Way*），以及《簡化：世界上最優秀的企業是如何成功的》（*Simplify: How the Best Businesses in the World Succeed*）。

柯克一年分別居住在西班牙、葡萄牙和開普敦三地的住家。

2014

怦然心動的人生整理魔法

The Life-Changing Magic of Tidying Up

「我從來沒有整理我的房間。為什麼？因為已經整整齊齊了。我只會一年整理一次，有時候兩次，每一次大約一小時。現在似乎很難相信，我曾經花許多天整理卻看不見永久成效的日子。對比之下，我感覺快樂和滿足。我有時間在我安靜的空間體驗至福，甚至連空氣都覺得是新鮮和乾淨的；我有時間坐下來啜飲花草茶，同時反省這一天。我環顧四周，我的目光落在我特別喜愛的一幅畫，從海外購買的。我看到角落有花瓶插著鮮花。儘管不大，只有直指我心的那些事物才能為我的生活空間增色。我的生活方式帶給我喜悅。」

「藉由處置每一件蘊含感情的物品，決定要丟棄什麼，你處理了自己的過去。如果你只是把這些東西儲存在抽屜裡，或是紙箱內，在你恍然大悟之前，你的過去會成為拖住你不讓你向前的重量，並且讓你無法活在當下。把你的東西安置得井井有條，意味著你也把過去整理得井井有條。就像重新安排你的生活，同時結清了帳戶，因此你可以邁出新步向前。」

總結一句

我們處理東西和空間的取向能說明自己的許多特質。藉由改變你的環境，你可以改變自己的生活。

同場加映

夏克蒂・高文《每一天，都是全新的時刻》（28章）
湯瑪斯・摩爾《傾聽靈魂的聲音》（40章）

35

近藤麻理惠

Marie Kondo

小時候，近藤麻理惠的熱情是閱讀關於生活風格的女性雜誌，並且調查最新的收納方案和打掃祕訣。她在學校樂於重新安排書架，在家裡勤於收納或丟棄東西惹得手足和父母生氣。直到初中時接觸了辰巳渚（Nagisa Tatsumi）的著作《丟棄的藝術》（*The Art of Discarding*）之後，她才開始發展一套收拾整理哲學。

隨著近藤成為日本首屈一指的「整理顧問」，人們驚訝的發現她靠著「收拾整理」成就一番事業，因為每個人都認定收拾整理是不需要教的。在日本，家政課教導學生烹飪或縫紉，但是不提收拾整理，大家假定那是透過經驗能學會的，因此不需要訓練。然而收拾整理確實有一套技巧和邏輯但不是那麼顯而易見的。

事實上「近藤麻理惠的收納法」（「KonMari」，作者的暱稱）產生了巨大影響，因為那比較是一套哲學，不只是技巧。閱讀《怦然心動的人生整理魔法》時，令人驚奇的是這本書的心理和靈性面向，不過她提及這個面向是有道理的，畢竟，她寫著，「當你把家整理得井井有條，你也把自己的事務和你的過去整理得井井有條。」

關於收拾整理，你知道的每件事都是錯的

每一次近藤閱讀女性雜誌上關於收拾整理的建議，永遠近似於：「每天做一點點，控制住局面。」如果你一天扔掉一件不需要的東西，一年就有三百六十五件可以扔。

不過近藤總是在買東西，所以扔掉的東西迅速被更多的東西取代。她很快發現收拾整理應該要一鼓作氣，一次整理好會在心裡留下深刻印象：你不想再回到過去凌亂的狀態了。當近藤說收拾整理不是每一天要做的事，人們感到震驚。收拾整理不是沒完沒了的例行工作，必須把它看成是特殊事件。當然，每一天你都會想要把東西歸位，不過改頭換面的大掃除或重新整理是一次性工作。

我們認為收拾整理是體力活，然而事實上主要是心理活動，涉及到要不要保留某樣東西的決定。近藤有些顧客以為她會教他們「什麼東西該放哪裡」，並且提供一些很棒的收納點子。不過「收納方案」是處理潛藏議題的表面方法，真正的議題是你跟個人物品的心理關係，所謂的「收納專家」其實是幫助你囤積的人。真正的解決方案是仔細思考什麼東西值得留下來，這也會讓我們比較審慎思考將來要把什麼新東西帶進屋子裡。

凌亂的房間有其心理目的：把你的心神帶離根本議題，也就是內在亂糟糟的心理空間。相反的，近藤評述：「當你的房間乾淨不凌亂時，你沒有選擇，只能檢視自己的內在狀態。你可以看見自己一直在迴避的每個議題，被迫去應對。」因為這樣的理由，當你開始收整齊時，連帶的就會開始整理好

自己的內心，重新設定你的生活。近藤有許多顧客清除了他們五分之四的物品，而且不懷念他們丟棄的任何東西。是的，有些人後來發現他們把需要的東西扔了，但所有人都為此開心，因為他們體驗到的心理解放比失去的個人物品重要多了。

握在手中的喜悅

要理清什麼該丟掉，近藤試過許多別人提供的法則，例如：「扔掉你一年內沒用過的東西。」她很勤勉的丟東西，甚至是神經質，但是從來沒有讓她的生活空間真正整潔。有一天在挫折中她崩潰倒在床上，恍然大悟自己的焦點完全錯了。她不應該去思考什麼該丟，而是思考什麼要留下來。什麼是她真正喜愛的物品？什麼會引爆喜悅？她發現採取這個方法的關鍵是：不要只看著櫥櫃裡有什麼然後決定，而是把每樣東西拿起來握著。把這樣東西握在手裡是什麼感覺？舉個例子，拿起任何一件衣服，你的身體會產生反應。哪件衣服讓你感覺快樂？哪件不快樂？

近藤評述，如果我們手裡握著的東西不會帶給我們喜悅，然而我們發現很難放手，這可能意味著要嘛我們無法放棄過去，不然就是害怕擁抱未來，只有一項會成立。如果你誠實，你會看清你的許多個人物品都涉及對事物的堅持不放，因而阻止你去接受當下你真正需要的。是的，這麼做可能會痛苦，但我們必須面對自己做過的選擇，因為我們已經不再這樣看待自己了。一個塞滿東西的家等同於庫存裡都是先前的選擇，要靠我們來決定，一件一件的，什麼東西能夠表達自己是誰，今天的自己。

面對不能引發喜悅的物品，一張紙或者相片，理性的頭腦會舉出理由為什麼你應該留著，例如或許未來你會需要，或者扔掉是種浪費。對於你幾乎不穿的衣服，那些「太過高級」捨不得丟的或者不合身的，避開這個問題的方法是，感謝你購買它們時獲得的喜悅，你也可以感恩這件物品教會你什麼不適合自己。當一樣東西不再引發喜悅，送走之前先感謝它的服務，這份感激之情會保證它的能量以其他形式回到你身邊，可能是你喜愛的新物品，或者生活中出現新的人或新的連結。記住：嶄新、珍貴、肯定生命的事物，比較可能在你拋開對舊物的依戀之後才來到你身邊，而舊物會感謝你將它們從櫥櫃裡的黑暗中釋放出來，物質和能量一樣都需要有人使用。

近藤表示，有個「我不想要生活在凌亂之中」的目標是不夠的。你必須想像出你想要的生活方式。觀想當你環視自己已然改變的家會有什麼感覺，每一天它的秩序和美麗會如何激勵你。近藤有位女性顧客，她住在七張榻榻米（十乘以十三英呎）大的房間裡，房間凌亂到她每天晚上必須把東西移開床才能睡覺，等到她早上離家時又需要把東西放回床上。她夢想「比較女性的生活風格」，房間會像旅館套房那樣優雅，有著粉紅的床罩和古董燈，一天結束時她會用芳香精油泡澡，聽著古典音樂，「在舒緩寬敞的空間中入睡」。每個人的願景會不一樣，然而重要的是要有願景。

下一步是問為什麼你想要這樣的生活，向下挖掘不要停留在明顯可見的理由，例如「我想要能夠放鬆休息的環境，因為我可以補充能量應付明天的工作」，你會發現你想要改變的理由很簡單：你想要快樂，而美好的生活空間是達到這個目標的手段。

細節

近藤指出，為什麼這麼多人無法收拾好屋子的理由是，不曉得自己實際擁有多少東西。舉個例子，表面上看我們擁有的書比實際上的少，其實是因為書籍分布在屋子的不同房間裡。如果我們一次只整理一個房間，「我們可能永遠掌握不了全部的數量，因此永遠無法完成」。近藤終於明白分類整理比較有道理。

無情的丟掉衣服或許會導致你擔憂最後沒有能穿的衣服，不過近藤堅持你會剩下你需要的。丟衣服的最大障礙是「它們仍然完全可以派上用場」的想法。近藤有些顧客問她，她們是否可以留下「只在家裡穿」的衣服，如果她同意，衣櫥就會塞滿這些從來不會穿的「家居服」。如果你想要或需要家居服，購買設計上就是為了讓你感覺放鬆的精緻衣服，人們覺得在家裡穿著邋遢老舊的田徑服無所謂，但是這無助於個人的自我形象。要有一批工作服、休閒服或運動服，也要有一批在家放輕鬆時穿的衣服，但是不要穿著老舊、可怕，像是屬於垃圾桶的「舒服」東西到處晃。

不要只是把衣服扔進衣櫃，或是塞進抽屜裡。花點時間把它們折好，折的時候感謝它們保護了你的身體，日本人以熱愛且尊重折衣服這件事聞名不是沒有道理的。但是我們時常認為折衣服是浪費時間，近藤說，實際上當人們學會如何正確折疊，他們會樂在其中。每一件衣服都想要被好好折疊，而不是像垃圾那樣被對待。在中學時，近藤對待她的個人物品就好像它們有生命一樣，這改變了她跟物品的關係。給你的個人物品一個精緻的空間，在它們歸屬的家裡，表達對它們的尊重和喜愛，感謝它們每一天為你服務。

近藤有許多愛書的顧客，她告訴他們的第一件事：把他們所有的書，不管有多少，放到地板上。他們疑惑，當這些書還在書架上時，不是比較容易挑選哪些是他們想要保留的嗎？或許是這樣，但她說重點是：如果書在書架上，你不曉得這本書是否會引發喜悅？你必須把它拿起來，握在手上，想一想（不是讀它）。你和書本之間必須有一些交流，如果沒有，那就放手吧。相反的，想像一下，如果你的藏書每一本都是你喜愛的，那會是什麼情況？那不就是驚人的收藏嗎！對於讀過和沒讀過的都要同樣無情。如果你到現在還沒讀過，幾乎可以確定你永遠不會去讀它，因此就可以丟掉了，跟讀了一半的書一起丟。如果丟了某本書之後你覺得犯了錯，你永遠可以再買一本回來，重要的是你會學習到什麼是最要緊的。

談論了有些人用來分類和歸檔文件的詳盡系統後，近藤震驚的陳述：「我整理文件的基本原則就是把它們通通扔掉。」減去你的配偶寫給你的情書以及學位證書，絕大部分的文件不會帶來喜悅，因此一段時間過後就不需要保留了。「屋子裡有好幾個地方，文件很容易堆積如雪堆。」近藤寫道。把所有必須盡快處理的文件，例如學校表格或需要回覆的信件，放在屋內一個地方，而且是同一個地方。

其他無聊但是重要的文件，例如租約、保單或保證書，可以保存在透明的文件夾裡，眼不見為淨。

近藤提供了更多建議，關於如何保存信用卡帳單、擔保契約、賀卡、用過的支票本、手機盒、電線、化妝品樣品、免費的新奇商品、「小物」（雜七雜八的飾品，從鈕扣到綁頭髮的橡皮筋到鑰匙環），以及禮物。當別人用了心思送你東西，你不能就是把它們丟掉，你能嗎？嗯，實際上送禮的目的是傳達某種情感，因此把禮物丟掉你不必有罪惡感。同樣的，不要保存孩子以前送你的禮物，也不要保留古早學生時代的情書。禮物的意義在於收到它們時你的感受和情緒，緊抓著舊東西不放意味著我們永遠錯過了當下發生的偉大時刻和機會。不要把相片留在盒子裡等到老年時檢閱，握住每一張照片看看它是否有什麼意義，太多渡假照片只是風景照，或者同一個地點拍了好幾張，這些都可以丟掉。你留下來的照片應該放在寶貝的相本裡，而不是盒子裡。

總評

近藤坦承，她對自己從來沒有十足的自信，但是靠著充分理解環繞身邊的物品和空間蘊含的力量來彌補。當這些空間變得美麗時，就會提供充沛的自信和樂觀。近藤承認她受日本「風水學」的影響，這套理論教導人們每一件事物都有自己的能量，因此物品和物品存在的空間都值得大大尊重。在這套哲學裡，很自然你身邊只有能引發喜悅的物品。

有囤積癖和潔癖的人顯示出我們的個人物品和生活空間如何強烈反映了我們的心態。我們很容易就自覺比這些人優越，或是為他們感到難過，事實上我們自己的家就反映了我們的恐懼、妄想、依戀和防衛。如果你的人生順遂，你的家就會反映出來。這本書弔詭的是，近藤強調收拾整理不是每一天都應該做的事，或執迷的去做，人生中有比收拾整理更重要的事。不過，有一個美麗、井井有條的家，為我們每個人都追求的明晰和快樂提供了必要基礎。

近藤麻理惠

生於一九八五年，近藤麻理惠成長於東京，是排行中間的小孩。從小就執迷於把家裡打掃乾淨，也會插手關於學校整潔秩序的一切雜事。在東京女子基督教大學主修社會學時，她開始從事「清理顧問」的工作。她也在神社擔任接待人員好幾年。

《怦然心動的人生整理魔法》於二〇一〇年在日本出版，成為暢銷書。儘管在日本是名人（有部電影以她為本），英譯本（譯者Cathy Hirano）在二〇一四年出版時，西方世界並不認得她。《紐約時報》的記者潘妮洛普・葛林（Penelope Green）寫了一篇文章，敘述她試用了一些「近藤方法」，炒熱了這本書。之後銷售超過了四百萬本。其他著作包括《麻理惠的整理方法：108項技巧全圖解》（*Spark Joy: An Illustrated Master class on the Art of Organizing and Tidying Up*）。近藤麻理惠與先生和女兒目前住在東京。

1989

用心，讓你看見問題核心

Mindfulness: Choice and Control in Everyday Life

「不像我們讀過的許多異國風『超常意識狀態』，用心和不用心是如此平凡無奇，因此我們很少人體悟到其中的重要性，或者善用這股力量來改變我們的生活。這本書是關於我們因為不用心付出的代價——心理和身體的代價。更重要的是，這本書是關於用心的好處。這些好處是更能掌控自己的人生，有比較寬廣的選擇，而且可以讓不可能的成為可能。」

「當我們行事不用心時，就是仰賴過去已有的範疇，發展的終點似乎固定了，於是我們彷彿像拋射物沿著預定的軌道行進。當我們用心時，我們看見各式各樣的選擇，產生新的端點。」

總結一句

心理習慣讓我們的生活乏味。重新掌控你的思考，你可以體驗新生活。

同場加映

達賴喇嘛、霍華德・卡特勒《快樂：達賴喇嘛的人生智慧》（20章）
《法句經》（21章）
丹尼爾・高曼《EQ：決定一生幸福與成就的永恆力量》（29章）
馬汀・塞利格曼《學習樂觀，樂觀學習》（46章）

36

艾倫・南格

Ellen J. Langer

你是否曾經對著商店的人體模特兒說「不好意思」，或者在一月簽支票時日期寫成前一年？大多數人的答案大概是肯定的，不過艾倫・南格相信，這些小錯誤只是不用心的冰山一角。身為哈佛心理學教授，他針對心智僵化的研究引導他觀察心智的流動性，或者「用心」。

自我成長書籍有個重大主題是：我們需要擺脫不知不覺接受的習慣和規範。南格的經典闡釋了我們如何能夠確實達成這項目標。這本書展現了西方最好的科學研究傳統，充滿各種迷人研究的成果，會吸引閱讀《EQ：決定一生幸福與成就的永恆力量》和《學習樂觀，樂觀學習》的讀者。

什麼樣的人是用心的人？南格主張他們的特質包括：

- 有能力創造新的範疇。
- 開放接受新資訊。
- 覺察到一個以上的視角。
- 關注過程（做事）而不是後果（成果）。

❖ 信任直覺。

新的範疇

南格表示我們以概念的形式活著和體驗現實。我們不會在每一次看到什麼事物都用新的眼光重新看待，相反的，我們創造出類別，讓事物落入歸屬的範疇，這是應對這個世界比較方便的方式。除了比較小的事物，例如把一只花瓶定義為日本花瓶、一朵花是蘭花，或者某人是老闆，我們還活在比較寬廣的範疇底下，包括宗教、意識形態和政府制度。每一種範疇帶給我們一定程度的心理確定感，讓我們省下力氣，不用時時挑戰自己的信念。例如我們把動物分類為「寵物」和「牲畜」，因此我們可以安心的愛前者而吃掉後者。

不用心的結果是我們不知道自己採用的範疇是範疇，沒有真正思考就納為己用。創造新的範疇，同時重新評估舊範疇，才是用心。或者如威廉·詹姆士所說：

「天才……就只是意味非慣性的感知能力。」

新資訊

南格談論「過早的認知承諾」，那就好像是張照片，只不過凍結的是意義而不是動作。要喚起讀者注意錯誤而凍結的形象有危險，她提醒我們狄更斯《遠大前程》（*Great Expectations*）中的郝薇香小姐（Miss Havisham），她依舊穿著新郎逃婚那天穿的結婚禮服，但是現在像褪色的窗簾垂掛在她老朽的軀體上。

在比較普通的層次上，一名小孩可能認識一位壞脾氣的老人，於是就維持著「老人是壞脾氣的人」這樣的形象直到成年，在往後人生中也沒有費心用不同意象來取代那幅形象，於是就鎖定在錯誤的認知裡。而這項認知很可能會在他們的經驗中反映出來，讓他們自己變成了壞脾氣的老人。

這點當然也適用於人生其他面向。如果我們用心，我們就不願意拿「基因」做為藉口開脫自己的行為或無為，不會因為父母從來沒有爬升到中層管理階層以上，我們就認定自己不可能成為公司總裁。

視角與脈絡

當人們以去脈絡的方式接收資訊，不用心就出現了。南格表示，超越脈絡的能力是用心和創造力的標記。

她指出，很多痛苦取決於脈絡。在足球場上造成的瘀青遠遠比不上在家招致的瘀青讓我們在乎。想像是讓我們感知不同的關鍵。「惡魔島」（美國重刑犯監獄）的鳥人，困在監獄裡超過四十年，透過照顧受傷的小鳥讓自己的人生變得豐富。

書中各種小故事蘊含的個人成長訊息很清晰：只要是在正面的脈絡下我們可以忍受任何事。缺少界定清楚的個人願景，人生可能看起來像是一大團沒完沒了的憂慮和煩惱；有了願景，一切就可以放入大局中正確觀照。如尼采所說，如果你有個「為什麼」，你就能忍受任何的「為何如此」。

過程導向

用心的另一關鍵特質是專注於過程，後果其次，或者說「做，而不是成」。我們檢視科學家的突破說那是「天才」，彷彿他或她的發現是一夜之間發生的。除了罕見的例外，例如愛因斯坦了不起的發現之外，絕大部分的科學成功是多年努力的結果，可以分解如何一步步抵達成功。大學生敬畏的看著教授的著作，心想：「我永遠寫不出這麼好的東西。」因為心中產生假設那必定是因為智力比較高，而不是多年來的研究和努力才產出這麼大部頭的巨作。然而，這些都是錯誤的比較。

過程導向需要我們問的不是「我有能力做嗎？」而是「我要如何做？」南格說，這麼問「不只是磨利我們的判斷，也讓我們對自己感覺比較良好」。

直覺

直覺是通往用心的重要路徑，因為用心需要無視舊習慣和期待，去嘗試可能違反理性的事。然而最好的科學家是直觀的，許多人多年努力就是要用科學方法去證實他們靈光一現的直覺。

關於用心和直覺令人驚奇的是，兩者都不怎麼費力。「要達到這兩種境界，都是藉由逃避大部分日常生活中的沉重而一心一意的努力」。直覺會給我們關於如何生存和成功的寶貴資訊，我們無法解釋直覺從哪裡來，但是我們的忽視會因此付出代價，用心的人會跟隨有用即使不合理的直覺。

總評

本質上，用心是關於如何保留我們的個體性。因為選擇相信資源有限的心態，選擇聚焦結果而不是做事（過程），選擇跟別人進行錯誤的比較，結果我們變得跟機器人沒什麼兩樣。要成為真正的個人，特徵是開放心胸接受新事物，不斷重新分類知識與經驗的意義，而且有能力以更大、刻意選擇的視角來看待自己的日常行動。

南格承認自己的著作中與東方宗教相似之處，例如，佛教徒了解靜坐是享受導向「正行」

的正念狀態。南格希望「用心」擁有相同效果，因此用心對於社會健康具有重要意涵，不只是涉及個人健康。用心之美在於那不是工作，事實上，因為用心會使得我們更能控制自己的思考，以南格的話來說，用心讓人「興高采烈」，讓我們以安靜的方式創造出興奮，為了什麼是可能的而興奮。

書中的觀念可能看起來困難，不過《用心》是為一般大眾而寫，而且篇幅不長。這本書可能比大多數自我成長書籍低調，然而書中的洞見會長留讀者心中。今日用心（正念）練習已經普及，許多工作坊和機構都有教導。南格是首倡者之一，他彰顯了用心的益處。

艾倫．南格

南格在一九七〇年取得紐約大學的心理學學士學位，一九七四年在耶魯拿到博士學位。她在擔任哈佛大學心理系教授時出版了幾部學術著作，發表無數的期刊文章，也在合輯中佔據相當篇幅。

《用心》是五十多項實驗的成果，大多數的實驗對象是老人。這些實驗讓南格相信，養老院的保護導致自主能力和責任感降低，加速了老化。這本書已經翻譯成十三種語言，經過十版印刷。

南格其他受歡迎的作品包括：一九七三年與卡蘿．杜維克（Carol Dweck）合著的《個人政治學》

(*Personal Politics*)、一九八三年《控制的心理學》(*The Psychology of Control*)、一九九七年《學習，就是一種享受》(*The Power of Mindful Learning*)，以及二〇〇九年《逆時針：哈佛教授教你重返最佳狀態》(*Counterclockwise: Mindful Health and the Power of Possibility*)。現在住在麻州。

5TH-3RD CENTURY BC

道德經

Tao Te Ching

「繞過障礙，不要硬碰硬。不要奮力想要成功，等待正確時機。」1

「試著了解就像使勁要看透混濁的水。不動，讓泥巴沉澱。保持不動，直到行動的時刻。」2

「停止攀附自己的人格，把眾生都看成是自己。這樣的人全世界都會信任他。」3

「無論面對敵友、得失、榮辱，智者處之泰然。這使得他們如此不凡。」4

總結一句

與宇宙的自然「流動」和諧一致，會讓你的人生比較輕鬆、比較有效率。

同場加映

狄帕克．喬普拉《福至心靈：成功致勝的七大精神法則》（15章）

---

1 原文為：「上善若水，水善利萬物而不爭。」

2 原文為：「孰能濁以靜之徐清？孰能安以動之徐生？」

3 原文為：「及吾無身，吾有何患？故貴以身為天下，若可寄天下。」

4 原文為：「故不可得而親，不可得而疏；不可得而利，不可得而害；不可得而貴，不可得而賤。故為天下貴。」

37

老子

Lao Tzu

《道德經》是全世界最偉大的哲學與靈性經典之一，受到無數人推崇。既是道教最古老的經書和靜思的內容，也是超越時間的權力哲學。這套哲學的基礎是與自然和諧。《道德經》已經受採用為現代領導統御手冊，而且非常適合當代生活。

書名的意義是「道（方法）與德（德行）的經典」，道決定了德，或者說合於道的人就展現出德。能夠界定的都不是道，道是貫穿所有生命無始終的精神，創造出宇宙本質的「一」，道甚至不是「神」，神是源自道的存有。

《道德經》描繪了完全合於道因此天人合一的人是什麼形象。馬丁・帕瑪（Martin Palmer）在為提摩西・福瑞克（Timothy Freke）傑出譯本寫的導言中表示，《道德經》展現了「一個我們必須與它合作的井然有序世界，不是我們得自力更生的世界。」在這個世界裡我們不再奮鬥，因為我們發現是和諧帶來自己所需，而不是沒頭沒腦的努力。

「道」的概念是，一旦你合於道，你的行動看起來就像是「無為」。奇克森特米海伊記錄這種感受是「心流」，而物理學家波姆

（Bohm）說這是「開展」的一部分。相對的，平常的行動需要靠意志來努力完成，通常牽涉到操縱甚至剝削，但合於道的行動帶來完整，不合於道則淪為片斷。

領導統御之「道」

老子看到兩種類型的領導人：傳統的領導人是戰士，運用武力達到目標，以「陽」或男性面向來象徵；療癒型領導人則以女性的「陰」來象徵。後者是「公僕領導人」的概念，領導人融入背景中，因此他的人民可以發光發熱。

有些商界人士表示，老闆擁有越大的權力，就應該越少使用。今日經營最好的公司以團隊合作、協同運作和扁平階層證實了這點，這些公司的目標是透過分享權力提高效率，這些組織有比較好的機會創造出真正改善生活的點子或產品。

等到二〇二〇年，或許很難看出誰是理想的領導人了，地位和財富不再是關於衝擊力或影響力的好指引。以老子的話來說：

「智者突出眾人之上，因為他們把自己看成是整體的一部分。他們發光，因為他們不想要留下印象。他們完成偉大的事，因為他們不追求認可。他們的智慧包含在他們的身教裡而不是意見裡。他們拒絕爭辯，因此沒有人和他們爭辯。[5]」

傾聽、退讓、合作、開放、追求可能的最好成果，這些屬於「陰」的面向必須去平衡進取的「陽」的力量。是陽的力量帶來我們所知的文明。整合這兩者是新型領導人的標記，人們信賴他們不在於他們說了什麼，甚至不是因為到目前為止他們所成就的，是「他們的智慧包含在他們的身教裡[6]」。

成功之「道」

就本質上是探討如何擁有成功人生的著作來說，《道德經》提供了看起來非常奇怪的意見。想想看：「放棄，你會成功。[7]」

我們如何把上述主張和自我成長著作中，那麼多我們必須採取主動步驟才能成功的訊息調和起來？以現代自我成長書的原型，羅賓斯的《喚醒心中的巨人》為例，副標是「如何控制你的心智、情緒、身體，以及財運！」概括了全部自我創造的倫理，表達的基礎信念是我們知道自己要什麼，什麼會讓我們快樂，以及我們有無限的潛能。

另一方面，《道德經》是關於如何過著非常簡單的生活，不追求權力、名聲或財富，活在當下享受安靜的狂喜，不試圖強迫任何事發生，也不要求別人按照我們的方式做事。這本書是關於伺機而動的力量：

「不動，讓泥巴沉澱。保持不動，直到行動的時刻。」[8]

哪一種方式比較好？發揮專注和絕不放棄的激情去成就一件事，或是順流「讓」事情自己具體顯現出來？最終這歸結於個人的信任擺在哪裡：要嘛信任自己（很合理），或者信賴主宰宇宙的智能（道）。在老子心中，創造萬事萬物的道能夠帶給我們和平、喜悅和個人力量。想要努力的強烈衝動肯定是來自我們必須掌控這個世界（或者一小部分）才能感覺完整的認知。因此，儘管努力是自然的方式，經由努力我們透過創造某樣事物來表達自己的認同，然而努力實際上不是邁向成功的最佳路徑。取代的是，我們應該準備好承認自己努力的目標只是象徵了《道德經》主張的較大的統一，老子描述這個統一即為「天之道」。

5 原文為：「是以聖人處無為之事，行不言之教，萬物作焉而不辭。生而不有，為而不恃，功成而弗居。夫唯弗居，是以不去。」
6 原文為：「行不言之教」
7 原文為：「無為而成」
8 原文為：「孰能濁以靜之徐清？孰能安以動之徐生？」

總評

乍看《道德經》提供的似乎都是奇怪的意見，但是它會對你造成改變而且八成會擴大你目前對人生和成功的想法。你可能發現需要把自己的世界觀融入其中，而不是反過來。

不要從頭開始讀到尾。書裡沒有敘事，只有靜思，分解成簡短的篇章，每篇幾行，彼此似乎沒有關聯。書的催眠力量總結於它自己的章節中：

「旅人會為美好的食物和優美的音樂停步，然而對道的描述卻感到枯燥無味。看起來沒有什麼特別，聽起來沒有什麼特別，但是依於道而生活，你永遠不會厭倦道。[9]」

---

9 原文為：「樂與餌，過客止。道之出言，淡兮其無味。視之不足見，聽之不足聞，用之不足既。」

1960

改造生命的自我形象整容術

Psycho-Cybernetics

「人天生就是為目標奮鬥的存在。而且因為人是『那樣建造出來的』，除非他的運作符合自己被創造出來的目的，成為獻身目標奮鬥的人，否則他不會快樂。因此真正的成功和真正的快樂不只是共存的，還會互相增強。」

「只就功能來說，大腦和神經系統構成了神奇和複雜的『為目標奮鬥的機制』，那是某種內建的自動導航系統，有效運作時是『成功機制』，不利於你時是『失敗機制』，全取決於『你』身為操作者是如何操作，以及你為這套機制設定的目標。」

總結一句

我們的身體／大腦是傑出的自足系統，功能就是要達標。使用它。

同場加映

安東尼．羅賓斯《喚醒心中的巨人》（44章）

38

麥斯威爾·馬爾茲

Maxwell Maltz

從一九六〇年以來，《改造生命的自我形象整容術》在全世界的銷售量達到數百萬冊，包括美國五家出版社的版本和許多外國譯本。光是這麼龐大的閱讀量就讓這本書值得探究，但是當你體悟到馬爾茲醫生從來沒有變得像戴爾·卡內基或諾曼·皮爾那樣有名，這就成了難解的謎。到底是什麼吸引人們來閱讀這本外表不起眼的平裝書？

什麼是模控學？

這個詞彙來自希臘文，原意是指「舵手」，現代意義通常是指涉機器和動物身上的控制和溝通系統。例如，電腦或老鼠如何組織自己去完成工作？馬爾茲把這門科學應用到人身上形成了「心理－模控學」。不過，儘管是因為複雜機器的發展啟發了馬爾茲，他的著作仍駁斥人可以簡化為機器的概念。心理－模控學彌平了我們以機器模型解釋大腦的運作（「你的大腦是奇妙的機器」之類的陳腔濫調）以及我們認為自己遠遠不只是機器的認知差距。

馬爾茲表示，人類有「本體」或者也能說是生命力，這是無法簡化為只是大腦和身體的。榮格稱此為「力比多」(libido，性力或原欲)，伯格森則稱之為「生命衝動」(elan vital)。人不能由他們的身體或大腦來界定，正如電力不能由它行進通過的電線來界定。確切的說，我們是不斷變動的系統。

有些讀者對於心和腦的區分會不自在，不過就馬爾茲的關鍵聲明來說，這樣的區分是有道理的。馬爾茲陳述：「人不是機器，但是我們擁有且使用得像一具機器。」要了解這本書較大的主題——設定和達成目標，這個區分至關重要。

導彈科技應用在人身上

模控學的創始人是美國數學家諾伯特・維納（Norbert Wiener），他在二次世界大戰期間改進導彈科技。強調機器、動物、人腦和社會之間的相似性，維納走在他的時代之前，預測了沒有任何事情可以防止機器像人類那樣「思考」。他把電腦和人腦看成是同樣的系統，這套系統吸收低耗能的數據創造出新連結，運用於跟外在世界的互動上，外在環境的回饋也會用來提升後續跟環境的溝通。

這種控制、溝通和回饋的良性循環是「伺服機制」的關鍵特色，而伺服機制的功能是要達到預設目標。一旦知道要往哪裡去，一顆導彈就會透過不斷的回饋以及跟自己溝通去命中它的目標。

馬爾茲心想：為什麼這項科技不能應用在人達成目標上？他領悟到良性循環的關鍵點是：當目標

或目的非常清晰的設定好了，就會自動自發的運轉。在最初學習開車時，你得擔憂馬路上每一輛車子，應對在你眼前的每一個標誌，結果是你行進得很慢，而且很可能迷路，不過，遲早開車會變得容易，因為當你坐在駕駛座上你知道自己的目的地，身和心會自動做必要的事讓你抵達目的地。

在馬爾茲看來，模控學是大大的突破，因為它蘊涵著成就是選擇的問題。關於成就的動力最重要的是「什麼」（目標），而不是「如何」（路徑）。額葉（或大腦中刻意思考的部位）可以制定目標，或是創造出你想要成為的那個人的形象，於是潛意識會去實現，導彈「設定然後遺忘」的機制也會為我們最深層的欲望服務。

自我形象的重要性

馬爾茲是整型醫生，儘管在他的領域十分傑出，但他不知怎麼解釋為什麼有少數顧客動完手術之後，即使已經消除了毀容的疤痕或是其他畸形，但他們並沒有比以前快樂。他發現自己受到新興自我形象心理學的吸引，這派學說主張，通常我們會順應深層的自我形象來行動和思考，如果不改變這個內在形象，患者依舊會覺得自己醜陋，無論美容得多麼出色。

他最終相信自我形象是過上更好生活的「金鑰」，不了解這一點，我們或許會永遠在「自我的周邊」瞎忙，而沒有直搗核心。舉例來說，如果只是關於特定的外在情境，正向思考可能沒有任何用處，如果做這份工作與你內心深處對自己的看法不一致，說「我會得到這項工作」就不會有任何作用。

如何成功運作

透過對自己的信念我們獲得自我形象，這是從過去成功與失敗的經驗以及別人如何看待我們發展出來的，馬爾茲主張這兩者都不值得擁有殊榮來決定我們基本的心理模板。關於自我形象的關鍵而且迷人的一點是：它的價值是中立的。也就是說，它不在乎被賦予力量或是具有破壞性，只會根據被餵養了什麼心理食物而形成。我們可以創造出能夠涵蓋富足、和平偉大的自我形象，或者我們也可以固著於有缺陷的形象，這樣的形象甚至讓我們早上起不了床。重點是，可以看到你實現夢想的正面自我形象不是偶然產生的，必須去思考、去製造出來。

然而，要如何實際去改變自我形象？只有失敗經驗的人怎麼辦？這是令馬爾茲困擾的問題，因為證據顯示自我形象是靠經驗改變的，不是靠動腦筋。然而，現實中不是這樣，因為實驗和臨床心理學家已經毫無疑問確認了，大腦不善於區分真實經驗和想像出完整細節又栩栩如生的經驗之間的差別，這是本書最有深意的論點之一（威廉·詹姆士在多年以前就了解這樣的結果）。這意味著贏家的自我形象可以取代負面形象，否認過去事件有任何權威性。自我形象的美好在於儘管那是決定成功或失敗的最大因素，自我形象也有極大的可塑性。

活出形象

大腦會從形象的角度來思考，如果你能夠刻意創造出你想要的自我形象，大腦和神經系統會自動提供連續的回饋，確保「達成」預定的形象。在一項知名的臨床實驗中，一群籃球員實際接受更多的投籃訓練，而另一組籃球員接受的教導只是想像球投進籃框，儘管沒有任何實質的身體練習，驗收成果時第二組籃球員的得分遠遠壓倒第一組。

大腦、神經系統和肌肉是你腦海中圖像的忠實僕人。不過你的身體和大腦具體呈現你想要的自我形象的能力，取決於這個形象是不是不可磨滅。它必須刺青在你的大腦裡，當有這麼強烈的自我形象，就很難不活出那個形象，具體顯現與形象連結的一切。我們不只是「擁有目標」，而是成為目標。

總評

許多自我成長著作都是關於目標，但是設定完目標是如何發揮效力的？為什麼會有效？馬爾茲是第一位探討實際運作的機制，因而成為這個領域的關鍵人物，影響一整個世代的成功學作家。強調正面的自我形象為成千上百本著作鋪好了道路，這些著作接續探討肯定句和觀想技巧的力量。《改造生命的自我形象整容術》賣出數百萬本，因為他為夢想的實現提供了基本的科學原理。

雖然有著《讀者文摘》的寫作風格，但事實上這是一本教科書，雖然引用的科學和電腦方面的資訊現在已經過時，不過模控學的原理影響力只見增長。複雜理論、人工智能和認知科學全部都是源自模控學對於「機器裡的幽靈」（非物質的引導）為什麼重要的認識。這使得《改造生命的自我形象整容術》成為科技文化下完美的自我成長書籍。

這本書令人欽佩，因為它的寫作年代是行為主義和「時間－動作」研究最為盛行的時候，這兩種學說都傾向於把人類化約為機械。馬爾茲天才的地方是他說儘管我們是「機器」，目標設定和自我形象的動力學或許用機械學的術語來描述最清楚，但我們的欲望和創造出新世界的能力是如此驚人而奇妙的多元，那是人獨有的特質，永遠無法化約類比於機器的是想像力、野心和意志。

麥斯威爾・馬爾茲

在歐洲出生、受教育，馬爾茲成年後大多數時間待在紐約，他在那裡執業，幫顧客進行重建整容手術。他的《新面容、新未來》（*New Faces, New Futures*）是一本人生因為臉部手術而蛻變的個案史合輯。馬爾茲後續研究人生沒有因此改善的少數個案，促使他閱讀心理學家普瑞斯卡特・萊基（Prescott Lecky）探討「自我一致」的著作。一直到六十幾歲時他才出版《改造生命的自我形象整容術》。

由於這本書的成功，整個一九六〇年代和一九七〇年代初期，馬爾茲成為大受歡迎的勵志演說家。這本書的廣大讀者包括畫家達利，他畫了一幅「心理－模控學」作品送給作者。馬爾茲於一九七一年過世，享年七十六歲。

儘管對比其他作家馬爾茲顯得有些黯然失色，但馬爾茲其他作品還包括：《自我形象的神奇力量》（*The Magic Powers of the Self-Image*）、《透過心理－模控學自由自在的生活》（*Live and Be Free through Psycho-Cybernetics*），以及三本小說和自傳《畢馬龍醫生》（*Dr. Pygmalion*）。《心理－模控學2000》由巴比・桑墨（Bobbe Summer）和安娜・馬爾茲（Anna Maltz）編輯，是更新後的版本。

1954

動機與人格

Motivation and Personality

「身為人——就誕生為人類的意義來說——也必須從成為人的角度來定義，就這意義來說，嬰兒只是有潛力成為人，也必須成長為人。」

「我當然接受而且仰賴可以取得的實驗心理學和心理分析的數據。我也接受實驗心理學崇尚經驗和實驗的精神，以及心理分析拆穿表面和深入探查的態度，然而還是拒絕這兩派創造出來的人的形象。也就是說，關於人性，這本書提出不同的哲學，標舉出嶄新的人的形象。」

總結一句

完全的心理健康並不是沒有精神官能症，而是實現我們的潛能。

同場加映

德日進《人的現象》（48章）

39

亞伯拉罕・馬斯洛

Abraham Maslow

一九六二年的夏天，亞伯拉罕・馬斯洛在加州兇險的大蘇爾（Big Sur）海岸公路上開車通過濃霧，他注意到一塊有趣的招牌，決定停車，他巧遇的地方原來是全世界第一家個人成長中心——依莎蘭。機緣湊巧，那裡的工作人員正在開箱取出他最近的著作，《邁向存在的心理學》（*Towards a Psychology of Being*）。

有了這樣的開端，馬斯洛會成為一九六〇年代人類潛能運動的頭號人物是必然的事。透過「自我實現的人」這個核心觀念，他的《動機與人格》呈現了人性的新形象，激勵了一整個世代。跟羅洛・梅和卡爾・羅哲斯一道，馬斯洛創建了心理學的「第三勢力」——人本心理學，以及延伸的超個人心理學。超個人心理學超越了人們平常的需求和興趣，探究人們的靈性和宇宙關懷。

不過馬斯洛不是明顯可見的革命者，身為學院派心理學家，他的著作本質上是反對行為主義和佛洛伊德的精神分析。行為主義把人分解成機械零件，而精神分析想像我們受到潛意識衝動的控制。這些依舊在科學方法的範圍內進行研究，《動機與人格》想要追求的是形成對人的整體觀點，這個觀點與藝術家和詩人一直以來對我們的想像沒有不同。人不只是需求和衝動的總和，馬斯洛把我們看成是全人，擁有無限的成長空間，相信人的可能性，相信我們可以建造出組織和文化，是這種清晰的信念讓他的著作影響力如此之大。

關鍵概念：需求層次和自我實現

馬斯洛的「需求層次」是心理學上著名的概念，他把人的需求組織成三大層面：生理的——空氣、食物和水；心理的——安全感、愛和自尊；以及最終的自我實現。他的洞見是：比較高的需求跟比較低的需求一樣，都是我們天性的一部分，事實上也是屬於本能和生物層面的需求。絕大多數文明錯誤的把高階與低階的需求對立起來，看待動物性的基本驅力與我們渴望的比較精緻事物，例如真理、愛和美，是互相衝突的。相反的，馬斯洛把需求看成是連續的光譜，低階需求的滿足先於高階的心理和道德發展，滿足了基本的身體需求，達到我們感覺自己被愛、獲得尊重、享有歸屬感（包括哲學或宗教的認同）的狀態之後，我們追求自我實現。

自我實現的人「充分發揮和開發了才華、能力和潛能等等」，除了明顯可見的外在成功，這些人身而為人也是成功的，絕非完美，但是看起來沒有重大缺點。自從丹尼爾．高曼寫了關於情緒智能的暢銷書之後，人們「發現」情緒智能是成功關鍵，然而對自我實現的人來說，這類型智能是渾然天成的。

馬斯洛的探索包括研究七名當代名人和九位歷史人物：美國總統林肯和傑佛遜、科學家愛因斯坦、第一夫人暨慈善家愛琳諾・羅斯福、開先鋒的社會工作者珍・亞當斯（Jane Addams）、心理學家威廉・詹姆士、醫生與人道主義者史懷哲、作家阿道斯・赫胥黎（Aldous Huxley），以及哲學家史賓諾莎。他指認了自我實現的人有十九種特質，包括：

- ❖對現實有清楚認知（包括增強了辨識虛假的能力，善於判斷品格）。
- ❖接納（自己以及事情的真相）。
- ❖自發性（豐富、不流俗的內在生活，擁有跟孩子一樣的能力總是以新眼光看世界，能夠在平凡事物中看出美來）。
- ❖以解決問題為核心（聚焦於自身以外的問題或挑戰——這是一種使命感或目的感——因此不會小心眼，陷溺於自我和內省）。
- ❖尋求獨處（純粹享受孤獨。獨處也帶來寧靜，能夠與不幸和危機保持距離，並且獨立思考和下決定）。
- ❖自主（不依賴他人的好評，比較在意內心的滿足勝過地位和獎賞）。
- ❖高峰或神祕經驗（時間似乎靜止的經驗）。
- ❖四海之內皆兄弟姊妹（真心愛所有人，渴望幫助所有人）。

❖謙遜及尊重（相信我們可以從任何人身上學到東西，即使是最壞的人也有可取之處）。

❖道德規範（有可能不墨守成規，但是有清晰的是非觀念）。

❖幽默感（不覺得傷人和暗暗貶抑人的玩笑好笑，幽默是彰顯人類普遍的愚蠢）。

❖創造力（不是莫札特那種天生的才華，而是表現在所有做過的事、說過的話或是行為舉止）。

❖抗拒濡化（有能力超越文化和時代的限制去看事情）。

❖不完美（一般人會經驗的罪惡感、焦慮、自責、嫉妒等等，一切都有，但是並不是源於精神官能症）。

❖價值（建立在正向的世界觀上；不把宇宙看成是叢林，而是本質富饒的地方，提供了我們要有所貢獻需要的一切）。

一項更精微的差異讓這些人與眾不同，我們大多數人把人生看成是努力去爭取這個或那個，無論是物質的東西，或者建立家庭或事業成功，心理學家稱此為「匱乏性動機」。相反的，自我實現的人比較著重的是發展，而不是努力爭取。他們的野心只在於能夠充分和完美的表達自己，開心的從事自己有能力做的事。

另外一項普遍特點是，他們的心靈極為自由。無論他們可能處於什麼樣的境況，與周遭要求順服的壓力如何對立，自我實現的人是自由意志（人最精粹的品質）的典範。他們充分理解史蒂芬・柯維所說的刺激和回應之間的間隔，這個概念主張任何回應都不應該是自動的，相反的，只是「適應良好」（也就是沒有精神官能症）的人或許不是真的知道自己是誰，也沒有定義清楚的人生目的。如西奧多·羅斯札克（Theodore Rozsak）在《人／星球》（*Person*／*Planet*）中的看法：

「當馬斯洛提出自我實現是治療的正確目標時，他問了關鍵問題：為什麼我們小心翼翼把自己心智健全的標準設得如此之低？我們想像不出比盡責的消費者或適應良好的謀生者更好的榜樣嗎？為什麼不是聖人、智者、藝術家？為什麼不是我們這個物種中最高貴和最美好的人？」

馬斯洛耐人尋味的觀察是，他舉出的自我實現者有上述共通特質，因此可以歸為一類人，他們比描述過的任何對照群組都要具有個人特色，完整的完成了個體化過程。這就是自我實現者的悖論：一個人擁有越多上述特質，他就越有可能真正的獨一無二。

總評

馬斯洛的偉大在於重新想像了人可以是什麼樣子，讓我們放掉心理健康只是「沒有精神官能症」的觀點，他堅持心理健康需要呈現自我實現的特質，從根本的重塑了心理學，涵蓋人類行為的所有領域。

在撰寫《動機與人格》時，馬斯洛相信只有少少百分比的人口是自我實現的人，不過這些少數人能夠改變整個文化。這個概念對一九六〇年代反文化人士有著巨大影響，使得整個世代改變了這個世界的形象，你必須承認馬斯洛是對的。

當然，他的需求層次對於了解職場動機有開拓性的深遠影響，員工的自我實現成為公司嚴重關切的事。他預見了個人成長和興奮取代金錢成為個人工作生涯最高動力的潮流。

這項原則顯然為個人和社會制定了比較高的標準，而對於馬斯洛的主要批評一直是他主張的是烏托邦，創造了並不存在的理想人性。他在能夠處理有些人說他忽略的問題之前就去世了，那個問題就是邪惡，渴望自我實現可能是個因素，協助民主的傳布，讓越來越多人認可人權，但是關於恐怖惡行，例如在盧安達和科索沃發生的種族大屠殺，渴望自我實現能夠提供什麼樣的解釋？

如果自我實現是人性的一面，那麼少了這一面造成的空白就會由壓抑、貧窮和國族主義來填補，讓世界成為邪惡的溫床。從這方面來看，自我的圓滿絕對不應該想成是奢侈的事，物種的演化仰賴於此。

亞伯拉罕・馬斯洛

一九〇八年生於紐約布魯克林區俄裔猶太人的移民家庭，馬斯洛是七名孩子中的長子。據說他害羞、神經質，而且憂鬱，不過由於熱切的好奇心和不可思議的天生智力（智商一九五），他的學校成績優異。

大學時，馬斯洛最初受到哈利・哈洛（Harry Harlow，傑出的靈長類研究者），以及行為主義者愛德華・宋戴克（Edward Thorndike）影響。在哥倫比亞大學時，馬斯洛研究女大學生的性生活引發了爭議。在布魯克林學院擔任教授的十四年期間，引導他的人包括阿德勒（Alfred Adler）、凱倫・荷妮（Karen Horney）、佛洛姆（Eric Fromm）和瑪格麗特・米德（Margaret Mead）。人類學家露絲・潘乃德（Ruth Benedict）和成為朋友的完形治療創始人馬克思・魏泰默（Max Wertheimer）是他「自我實現的人」這個概念的典範。一九五一年，馬斯洛轉往布蘭戴斯大學（Brandeis University），他在那裡待到去世前一年，也是在那裡寫下《動機與人格》。

一九六二年，他在加州一家高科技公司擔任客座研究員，成果是讓自我實現的概念適用於企業環境，這段經歷敘述在一九六五年出版的《優心態管理：一份紀錄》（*Eupsychian Management: A Journal*）書中。《邁向存在的心理學》於一九六二年出版，而經典《人性能達到的境界》是在他一九七〇去世後一年才出版。

1992

傾聽靈魂的聲音

Care of the Soul: A Guide for Cultivating Depth and Sacredness in Everyday Life

「關照靈魂是以根本不同的方式來照看日常生活和追求快樂……關照靈魂是持續不斷的過程，關心的比較不是『修正』核心缺陷，而是如同關注重大決定和改變一樣，關注每天生活中的小細節。」

「在快節奏的生活裡，靈魂無法茁壯，因為接受影響、吸納事物和加以咀嚼都需要時間。」

總結一句

活出自己的靈魂來填補你的空虛，接納自己的特異性和黑暗面，讓自己的個體性展現出來。

同場加映

羅勃．布萊《鐵約翰》（5章）
喬瑟夫．坎伯（比爾．莫耶斯合著）《神話的力量》（12章）
克萊麗莎．平蔻拉．埃思戴絲《與狼同奔的女人》（25章）
詹姆斯．希爾曼《靈魂密碼》（32章）
亨利．大衛．梭羅《湖濱散記》（49章）

40

湯瑪斯・摩爾

Thomas Moore

《傾聽靈魂的聲音》曾經位列《紐約時報》暢銷書排行榜第一名，而且幾乎一整年都在榜單上。自我成長書籍同時能獲得好評是很罕見的。這是一本受歡迎的自我成長書，但是不像任何一本你可能讀過的同類型書。沉浸在神聖與深刻的意識裡，摩爾的主要論點是現代生活缺乏神祕，而這本書的成功似乎顯示我們大多數人都同意他的觀點。

你應該也會發現閱讀這本書是平靜的經驗，像是寬大為懷的朋友寫來的信，儘管知道你的一切，他們不為所動相信你的神性。這種效果可能源於摩爾結合了他心理治療師的經驗、當修士的歲月和廣博的學識。受到神話、歷史和藝術的啟發，這本書流露出人類經驗的豐富華美。摩爾受到的主要影響是佛洛伊德（深入探究心靈的地下世界）、榮格（相信心理學與宗教無法區分）、詹姆士・希爾曼（參見《靈魂密碼》），以及文藝復興時的費奇諾（Ficino）和帕拉塞爾蘇斯（Paracelsus）。

關照靈魂是什麼意思？

關照靈魂是「把詩學應用到每天的生活之中」，將想像力帶回我們生活中缺乏想像的那些領域，並且重新想像我們認為自己已經了解的事物。獲得回報的關係、讓人滿足的工作、個人力量，以及心靈的平靜都是靈魂的賜予。但上述一切很難達到，因為靈魂的概念不存在我們大多數人心裡，靈魂是透過身體的症狀和抱怨、苦悶、空虛或整體的不安為人所知。

靈魂工作有可能看似簡單，只是接納和比較深入去探究你顯然痛恨的事物，例如工作、婚姻或某個地方，往往你就會感覺比較好。這本書有一句來自詩人華萊士・史蒂文斯（Wallace Stevens）的引言：「或許真相依靠的是湖濱漫步。」不要試圖從我們心裡割除任何不好的感受或經驗，比較人性和誠實的作法是正視那個「壞東西」，看看它對我們說的是什麼。如果把它移出視線之外，我們就接收不到靈魂的訊息，無論是來自受苦者和助人者，有可能讓人看不清實際上發生了什麼事，以及想要療癒的意圖。

傳統的自我成長和心理治療是為了解決問題。關於靈魂的著述，以摩爾為例，是「關注問題和探究問題」。靈魂跟命運的轉折有關，而命運的轉折往往違背了期待，牴觸了自我和意志的渴望。這是令人害怕的概念，然而要讓靈魂變得不那麼駭人唯一的辦法是：我們開始騰出空間讓靈魂活動，並且尊重靈魂的力量。如雨果在《悲慘世界》所說：

「有一種景色比海洋壯闊，那就是天空；有一種景色比天空壯闊，那就是靈魂的內在。」

享受我們的深度與複雜

摩爾邀請我們重新檢視納西瑟斯（水仙）的神話，那位愛上池塘裡自己倒影的美少年，他沒有靈魂、沒有愛的自我耽溺導致了悲劇，但是自我耽溺的激情最終把他推進了倒影中的新人生，愛更深沉的自性，愛身邊的自然。摩爾表示，「像納西瑟斯那樣自戀的人，根本不知道自己的本質有多麼深刻和有趣。」納西瑟斯就像象牙：美麗、冰冷和堅硬。他能夠成為一朵花，有根，同時是整個美麗世界的一部分。無論如何，殺死我們身上的納西瑟斯不是正確的道路，與其轉向到另一個極端，變成虛偽的謙卑，最好的方式是保持我們高遠的理想和夢想，找到比較有效的方式表達出來。

分析了一些像這樣的神話，摩爾建議我們應該避免過分單純的一心一意，那是有些自我成長著作所鼓吹的。自我有許多面向，透過包容互相競爭的要求（例如獨處vs.社交生活）可以把生活擴展得比較完滿。我們有時候可以放縱自我，有時候則成為超然的智者。兩者都是正當的，而且我們不必總是要確認人生是合乎道理的。

沒有人的靈魂會跟我們一樣

摩爾指出，「一個人的獨特性是由瘋狂和扭曲的部分構成的，也是由理性和正常的部分構成的，不相上下。」幾乎你佩服的每一個人的傳記都證實了這點，即使是林肯總統也有修正主義者在掀底。為什麼你應該有任何不同呢？《傾聽靈魂的聲音》警告我們要特別小心，我們燙平凸起的努力或許只是從眾的驅力，卻悲哀的喪失了自我。

目前大多數的治療師聚焦於能夠在短時間內處理特定問題，可以讓你恢復到「正常」。透過藥物、認知治療、和「神經－語言程式學」（ＮＬＰ）之類的科學，再也不需要內省。不過關照靈魂永遠沒有止境，因為靈魂本身是超越時間的。只有神話、自然、藝術和夢想這一類能違抗時間的東西，能夠帶給我們適切的洞見，解開我們的神祕。

這本書分成四部，有十三章，涵蓋了人類的全部境況。下述主題是來自前半部。

愛

我們應該試著不要從「讓關係成功」的角度來看待愛。確切的說，愛是「靈魂的事件」，而跟你在一起的是誰或許令人意外的並沒有什麼關係。愛讓我們從平庸中解脫出來，淨化了現代生活的本質，是通往神祕的門戶，這就是為什麼我們用如此大的力量去抓住愛。

嫉妒

摩爾有位年輕的案主因為懷疑女友劈腿，把自己逼入瘋狂狀態。然而這位男士也相信浪漫的依戀不現代，或是不能接受。這種理想的純粹性阻絕了真正依戀的可能性，結果就是嫉妒醜陋外顯出來。不過嫉妒不是全然都是壞的，嫉妒帶來限制與生根，為靈魂服務。雖然與現代「相互依存」的觀念相悖，但摩爾表示在跟他人的關係中找到自己的認同是無妨的。

力量

靈魂的力量和自我（ego）的力量截然不同。擁有自我讓我們計劃，導引、努力朝向目標。而靈魂的力量比較像是水流，儘管我們可能永遠不了解它的來源，我們仍然必須包容它，讓它引導我們的存在。有了靈魂，我們必須放棄有因就有果以及有效運用時間的「消費者邏輯」。

暴力

靈魂熱愛力量，但是當黑暗的想像沒有獲得出口時，暴力就會爆發。當一個社群或整個文化缺少了靈魂，靈魂就附身在物體上獲得崇拜，例如槍。如奧斯卡·王爾德提示的，如果跟邪惡劃清界線，美德就不可能是真誠的。

憂鬱

摩爾表示，任何文化試圖保護自己對抗生命的悲劇面，都會把憂鬱當成敵人，但是在「致力於光明」的社會裡，不管是哪一種型態的社會，為了補償不自然的掩蓋，憂鬱都會不尋常的強大。摩爾把憂鬱描述成禮物。憂鬱揭開了我們純淨的小小價值和目標，給予我們機會去認識靈魂。

總評

在這本書的尾聲，摩爾敘述了他在實驗室工作的那個夏天，當時他離開了與世隔絕十二年的修道院生活，享受重新找到的自由。當一名工作夥伴斬釘截鐵跟他說「你永遠都會做神父的工作」時，他十分震驚。《傾聽靈魂的聲音》的成功是完美例子，說明了自我成長書籍如何取代傳統的「靈魂照護者」，這些我們曾經自動求助的人的儀式和宗教。

摩爾相信當代自我成長書籍的特徵是「救贖幻想」，他試圖讓我們回歸自我認識的追求，能夠包含自身的陰影和複雜以取代「救贖幻想」。他的書效法中世紀和文藝復興時期，野心沒那麼大的自我成長手冊，這些手冊為人生的試煉提供哲學的安慰。《傾聽靈魂的聲音》或許在今日的自我成長著作中獨樹一幟，但事實上是延續了古老和可敬的傳統。

摩爾告訴我們，文藝復興時期的醫生相信每個人的靈魂源自夜空中的一顆星，而現代觀念是：一個人是「他造就自己成為的樣子」。我們必須珍重自我創造的自由，這是我們這個時代擁有的享受，不過摩爾的書將帶給我們完全不同的視野，鼓勵我們去探究自己身上永恆不變的是什麼。

湯瑪斯・摩爾

他在天主教修會當修士的十二年期間，取得了四個學位：雪城大學的宗教研究博士、溫莎大學的神學碩士、密西根大學的音樂學碩士和德保羅大學（DePaul University）的音樂及哲學學士。

既是作家也是心理治療師，他是心埋學原型學派的倡議者，致力將神話的面向重新引入心理學之中。其他著作包括：《內心的星球》（*The Planets Within*）、《想像力的儀式》（*Rituals of the Imagination*）、《陰暗情慾》（*Dark Eros*）、《心靈風情畫》（*Soul Mates*）和《重新愛上日常生活》（*The Re-enchantment of Everyday Life*）。他也編輯了詹姆士・希爾曼的選輯《藍火》（*A Blue Fire*）。比較近期的作品包括二〇〇五年《靈魂的黑夜》（*Dark Nights of the Soul*）和二〇一五年《一個人的宗教》（*A Religion of One's Own*）。

摩爾目前跟妻子和兩名子女住在新罕布夏爾。

1963

潛意識的力量

The Power of Your Subconscious Mind

「祈禱是一個正向肯定的過程，但是其結果如何則要看你是否遵守生命的原則，無論這些原則是什麼。花點時間想想看，沒有錯誤的數學原則；沒有虛偽的真理原則；沒有無知的智慧原則；毫無爭端的和諧原則；沒有疾病的健康原則；沒有貧窮，只有富足的原則。」

「在你的潛意識裡，留下印象的一切都會呈現出來。摩西、以賽亞、耶穌、佛陀、索羅亞斯德（Zoroaster）、老子，以及古今所有的得道者都說過同樣的真理。你主觀認定的真理都會呈現在你的狀況、經驗與事件中。在天堂（你自己的心智）、在地上（你的身體與環境）皆然。這就是生命的偉大定律。」

「你的心智定律就是信念的定律。也就是說，相信你的心智運行的方式，相信信仰本身。」

總結一句

了解潛意識如何運作，你就可以學習如何將夢想變成現實。

同場加映

夏克蒂·高文《每一天，都是全新的時刻》（28章）
佛羅倫絲·斯科維爾·辛《失落的幸福經典：影響千萬人的生命法則》（45章）

41

約瑟夫・墨菲

Joseph Murphy

約瑟夫・墨菲一生中大部分時間都在研究東方宗教，同時也是易經專家。易經是中國古老的占卜書，來源已不可考。他擔任洛杉磯神聖科學教會（Church of Divine Science）的牧師長達二十八年，這是一個新思維教會，提倡務實的心靈成長，沒有一般宗教的教義和教條。

從古老東方到洛杉磯的距離很遠，但是墨菲覺得，他發現的潛意識祕密超越了時間與文化，應該可以擁有更廣大的觀眾。

潛意識如何運作，潛意識能夠完成什麼

墨菲將潛意識視為暗房，我們在其中沖洗出影像，呈現在真實生活中。意識看到一個事件，照了相，記住了。潛意識的運作則相反，是在事件發生之前就先「看到」了，因此直覺如此正確可靠。

潛意識對習慣和慣性思考做出反應。潛意識在道德上是完全中立的，無論習慣是好是壞都很願意將其視為「正常」。我們很樂

意讓生活裡每個時刻的負面思維鑽進潛意識裡，可是當這些負面思維在日常生活的經驗和關係中冒出來的時候，又會讓人感到驚訝。發生在我們身上的事件中，有些並非我們創造出來的，但是這種情形很少見。大部分發生的壞事情，其實早已經存在我們的潛意識裡了，只是在等著機會冒出來而已。

雖然是很難令人接受的現實，但是，理解潛意識會讓我們有所突破：這表示我們可以控制我們餵養潛意識的思維和影像，重新建構自己。墨菲的書充滿指導和肯定，將對潛意識造成極大影響，成為解放我們的工具。「理解潛意識」成為一種攝影術，沒有情緒，無須掙扎就可以改變你的人生。你只需要將新的影像取代既有的內在影像，就可以開始看到改變有多麼容易了。

放鬆的信任帶來結果

潛意識和意識完全不同，我們無法強制潛意識，當我們放鬆地相信潛意識可以很輕鬆地帶來轉變，潛意識的反應就會最好。努力或許可以為意識帶來某種特定的改變，但是對於潛意識來說卻注定失敗。因為「努力」等於是在告訴潛意識，你想要完成的事情有很多阻礙和抗拒。

除了放鬆的信任之外，情緒也可以提升潛意識完成事情的效率。光是想法就可能讓理性的意識興奮，但是潛意識喜歡有情緒的事物，當思緒變成感覺，想像變成欲望的時候，就會快速且強烈的讓潛意識知道了。

墨菲說，與其知道潛意識如何運作，相信潛意識做得到更為重要。威廉・詹姆斯認為，十九世紀最偉大的發現就是潛意識的力量。歷史書上只提到發現新大陸或電力或蒸氣，卻沒有提到「改變心智圖像，就可以改變人生」的發現。但是所有的偉大心智都知道這一點。

信則成真

墨菲說：「你的心智法則就是信念本身。」我們的信念形成我們的人。威廉・詹姆斯觀察到，無論人們相信的事物是否存在，只要大家期待成真的事，往往就會成真。在西方，我們將「真相」視為最高價值，雖然真相很重要，但是比起信念形塑生活的力量仍是相對弱的。無論你塞給潛意識的資訊是真的或假的、好的或壞的，潛意識都會認為是事實。所以要小心，不要用厄運開玩笑，因為潛意識沒有幽默感，會照單全收。

心智遭受困擾的人和健康的人有同樣有力的信念，差異只在於，正常人可以保持信念的客觀性。醫院病患說自己是貓王時，他並非吹牛，他真的覺得自己是貓王。我們必須運用這種力量以達成有建設性的結果，例如「相信」自己是完美的配偶或做生意的天才，而不是「希望」自己是完美的配偶或做生意的天才。重點在於選擇相信某項瘋狂但是有可能實踐的事情，或許一年前還完全不可能，但是只要我們願意，未來就可能實踐。

健康與富足

古老儀式混合了各種奇怪的素材和咒語，運用暗示與潛意識接受的力量產生療癒。即便在今天，醫生還是發現只要病患毫無懷疑地真心相信「這個確實有效」，安慰劑的力量就可以造成奇蹟般的療癒效果。墨菲說，療癒的奇蹟只是身體服從潛意識對「完美健康」的知識，讓正常意識提出質疑的本質消聲匿跡了。

此外，心靈療癒有個前提，就是愛默生主張的：個人心智是集體人類心智的一部分，而人類心智又和宇宙「無限智慧」有連結。墨菲說，這就是為什麼有些人相信可以遠距治療。只要觀想全宇宙的健康、能量、愛都灌注到遠方的病患身上，通過身體裡的每一個細胞，清除疾病，重新注入活力。

宇宙有健康與和諧的原則，也有豐足的原則。墨菲認為：「大部分人的問題是缺乏無形的支持。」了解宇宙豐足原則的人，當他的銀行存款用光或是生意失敗時，不會緊張地情緒崩潰，他們會瞭解，這是宇宙在告訴他們，要做一些調整，重新認識豐足的宇宙。

墨菲說，「感覺豐足」將創造現實中的富足，潛意識理解並遵從複利的觀念。也就是說，長期且規律地將小小的豐足思緒存到潛意識裡，將創造出大量的心智豐足感。他教導讀者如何正確的將訊息送給潛意識，讓豐足的影像在真實世界中出現。

為何祈禱往往無用

墨菲寫道，我們的宇宙充滿原則和秩序，因此，祈禱與獲得答案其實一點也不「神祕」，這個過程不比建築高樓來得更神祕。了解潛意識如何運作的人就知道如何「科學地」祈禱。

這是什麼意思呢？傳統祈禱就是虔誠地對上帝說話，接著「希望一切如意」。但是，邏輯上來說，這些祈禱都沒有什麼分量或力量，因為祈禱者心存懷疑。傳統祈禱（乞求、許願、期望）的矛盾就是缺乏信念。真正的信念很簡單：知道好事情將要發生，知道一切都已經得到允諾。如果祈禱是為了感謝上蒼的協助（即便尚未發生），就不再是我們希望上帝注意到我們的神祕儀式了，而是成為與上帝共同合作、一定會有好結果的過程。

總評

《潛意識的力量》寫得很簡單，並且適合所有宗教與文化。內容有一點重複，但是正好反映了書中的主張，以重複的訊息來影響潛意識。書的上半部最好看，解釋潛意識如何運作，下半部談論潛意識的角色、科學發現、睡眠、恐懼、原諒和「永恆的青春」。作者建議大家至少整本書讀兩次，才會得到完整的效果。

對某些人而言，本書會有一點偏鋒，但是也有很多人說，讀過本書之後，人生再也不同了。潛意識很有力，你會從墨菲這裡得到：明白不去了解非理性的潛意識，你的理性欲望和計劃就會受到破壞。

約瑟夫・墨菲

墨菲在一八九八年生於愛爾蘭。他進入耶穌會神學院，並且受命為神職人員，不過後來離職移居美國。在發現厄尼思特・霍姆斯（Ernest Holmes）的「宗教科學」之前，他從事藥劑師的工作。他一直拒絕簡介和撰寫傳記的請求，表示他的一生就在他的書裡面。他的著作超過三十本，包括《宇宙心靈的驚奇法則》（*The Amazing Laws of Cosmic Mind*）、《易經的祕密》（*Secrets of the I-Ching*）、《心靈動力的奇蹟》（*The Miracle of Mind Dynamics*）、《你有無限的力量成為有錢人》（*Your Infinite Power to be Rich*），以及《你內在的宇宙力量》（*The Cosmic Power Within You*）。《潛意識力量》有一個新版本，是由伊恩・麥克馬漢（Ian McMahan）修訂的。

墨菲在印度待了許多年，是印度安德拉研究大學（Andhra Research University）的研究員。在轉向寫作之前，他在南加大攻讀心理學博士學位。

墨菲卒於一九八六年。

1952

向上思考的祕密

The Power of Positive Thinking

「恐懼無法忍受信念的力量。每一天，如果你心中充滿信念，就不會有恐懼。大家都不應該忘記這個偉大的事實。掌握了信念，你就自動掌握了恐懼。」

「曾經，我傻傻的以為信念和豐足之間沒有關係；當一個人談到宗教的時候，他永遠不應該談到成就，宗教只處理倫理、道德和社會價值。現在我明白了，這種觀點限制了上帝的力量，也限制了個人的發展。宗教教導我們，宇宙有巨大能量，而且存在於我們每個人的內在，我們可以發揮這個力量，在任何狀況下都可以打擊失敗，救贖自己。」

總結一句

若有信念，凡事必成。

同場加映

佛羅倫絲·斯科維爾·辛《失落的幸福經典：影響千萬人的生命法則》（45章）

42

諾曼・文生・皮爾

Norman Vincent Peale

若不是皮爾的妻子堅持下來，這本書可能不會出版。出版之後，本書成為暢銷的自我成長書籍，讓皮爾成為人類潛力風潮的創始者。他五十幾歲時寫了這本書，一開始被許多出版商拒絕，喪氣之下，他把稿子扔進垃圾桶，並且禁止妻子把書稿從垃圾桶裡拿出來。一開始她很聽話，到了第二天，她拿了裝著書稿的垃圾桶，去見一位出版商，並且洽談成功。

這本書已經賣了兩千萬本，翻譯成四十二種語言。和卡內基的《卡內基教你跟誰都能做朋友》並列為二十世紀自我成長書籍的經典。

領悟

如果要以電視角色比喻的話，皮爾的書就像辛普森家庭（Simpsons）裡的老好人奈德・法蘭德斯（Ned Flanders）。奈德是基督徒，對他的鄰居荷姆・辛普森總有一句鼓勵人的好話：經由荷姆，我們看到世界「真實」的樣貌；經由奈德，我們則看到好人的視角。本書就像有名的少年小說主角波麗安娜一樣，成為正向態度的代表，看不到也聽不到邪惡的事情，並且相信快樂的微笑可以融化一切障礙。法國心理學家伊邁爾・庫伊（Emile Coue）有名的正向思考格言就是「每一天，每一方面，我都越來越好。」大部分的人認為這句話太表面了，甚至愚蠢。《與成功有約》作者史蒂芬・柯維批評正向思考，認為人們在採取正向思考之前，必須先接受事情並不如理想的事實，然後負起責任來。否則我們只是在蒙混現實。

但是在皮爾的書裡，我們看到：

「因為我深深關懷人類的痛苦、困難和掙扎，才寫了這本書。」

然後他說：

「我不是為了成名、發財或取得權力而教導正向思考，我是將我的信念付諸實踐，克服打擊，完成生命中有價值的創造。」

這些想法不是來自不切實際的人。皮爾是紐約市的牧師，見證過許多人類的痛苦，但是他不願意只是每週講道，他想要看到每個人的生活真正有了改變。許多年裡，他創造了「簡單，但是科學的系統，用實際技巧有效獲得成功的生活」。這個系統經過幾千位教友和其他人實踐、檢驗和修改。就像《卡內基教你跟誰都能做朋友》一樣，皮爾在寫書之前，已經將內容製作成了一系列的成人課程。

正向思考的來源

對皮爾來說，最大的個人力量或引導來自聖經。聖經金句是這本書的主要參考——再加上愛默生、威廉．詹姆士和馬可．奧里略的文字。正因為書中充滿古老的智慧，皮爾的經典著作擁有驚人的力量。書中引述了以下幾句話，讓我們很難挑戰皮爾的信念：

「如果上帝支持我們，誰能夠與我們為敵？」（羅馬福音 8:31）

「如果你相信，一切都有可能。」（馬可福音 9:23）

「照著你們所信的，給你們成全吧。」（馬太福音 9:29）

皮爾的重點就是我們不需要靠自己，只要我們相信，就開展了無限的力量。是我們自己讓生活變得困難的。只要能夠體會宇宙的力量，便可以得到療癒，可以無缺，看到生命如此流暢豐厚。生活看似困難，是因為我們只相信自己。他寫出了自助的最大祕密：為了得到個人的力量與和平，我們必須願意超越個人，相信比我們更偉大的力量。

本書引用了許多個案與故事，有些非常感人，書中充滿了人性的掙扎，目的就是讓讀者看到，失敗並非永遠。某些章節內容簡述如下：

如何擁有源源不絕的能量

皮爾揭發了他所知的每一位偉人擁有無窮精力的祕密：和無限保持一致。知道自己在做的事情得到支持，知道這是神聖的任務，便能夠擁有源源不絕的能量。如果一個人工作，只是為了自己，就會疲乏。

嘗試一下祈禱的力量

祈禱可能和你想的不一樣。祈禱時，你可以用任何語言，說任何你想說的話。不要乞求什麼，而是感恩你希望即將獲得的事物，然後交給上帝，觀想好的結果。皮爾的方法是「祈禱，觀想，發生」，結果會令你吃驚。

期待最好的結果並獲得最好的結果

我們是充滿恐懼的生物，總是預期著發生最糟糕的事情。但是，期待最好的事物才能夠讓一切對你有利。你不可能有所保留，潛意識會調節你的行動，反應出你的信念。如果你相信某種結果，你的行為自然地會朝向那個方向，皮爾說：「懷疑將會關閉了能量的流動，信念則會打開它。」

新思維可以重新建構新的你

試試看，二十四小時裡，只用正向和希望的語言，第二天再恢復到「現實」觀點。重複做這個練習一週，你會發現一個星期以前，你認為合乎現實的看法，現在看起來格外悲觀，你會發現「難關只是一種心態」。你對現實的新認知將會提升到更高、更正向的層次。

總評

為了真正理解《向上思考的祕密》，你必須知道它的背景。皮爾來自單純的美國中西部，他認為自己是為了「世界上的簡單人們」寫書。大部分讀者會覺得這本書頗為有趣，因為他的文字讓人想到二十世紀五〇年代上教堂的單純人們。確實有些老派，但是只有憤世嫉俗的人才會覺得這本書太囉唆。書中的原則可以超越時代和地域，運用在你現在的生活中，這就是經典的特質。書中沒有唬人的技巧，十分清新，你可以找到一堆經過試煉的工具，趕走你的憤世嫉俗和無望。

雖然本書包含「推銷員的祈禱」之類的內容，但是絕對不限於基督徒和資本主義者的道德觀。和其他自我成長經典一樣，他的最高道德就是實踐潛力，「放棄」等於是否定了你應得的，所有的心靈和物質收獲。

如果你覺得喪氣，皮爾的書擁有無懈可擊的邏輯，可以一再強力地重新灌注活力，清除你心中所有的懷疑。

諾曼・文生・皮爾

皮爾在一八九八年生於俄亥俄州的鮑爾斯維爾（Bowersville）。從俄亥俄衛斯理大學畢業，在底特律日報工作後，他選擇前往波士頓大學攻讀神學。授予神職之後，他成為廣受愛戴的傳道人，讓會眾人數增加了十倍。他在雪城、紐約的大學衛理公會服務期間，遇見妻子露絲・史塔福德（Ruth Stafford），她是他的終生伴侶和合作者。

三十四歲時，皮爾轉移到美國歸正會在紐約市的大理石教堂（Marble Collegiate Church），在那裡待到一九八〇年代初期，經歷了大蕭條和第二次世界大戰。他的布道變得知名，甚至吸引了觀光客。

一九三〇年代他也開始主持廣播節目「生活的藝術」，每週播送，持續了五十四年。此外，他攜手精神科醫師史邁利．布蘭頓（Smiley Blanton）開設了基督教心理治療診所。一九四五年，創辦了至今依然受歡迎的勵志雜誌《路標》（Guideposts）。政治上他是保守派，曾經在尼克森總統的請求下前往越南，而且獲得雷根頒贈的「總統自由勳章」。

皮爾是多產的演說家，他在九十幾歲時仍然每年跟一百個左右的團體演講。他在一九九三年的耶誕夜過世，享年九十五歲，不過紐約州的皮爾中心承繼了他的工作。皮爾的一生記載於卡洛．喬治（Carol V. R. George）撰寫的《上帝的推銷員：諾曼．文生．皮爾以及正向思考的力量》（*God's Salesman: Norman Vincent Peale and the Power of Positive Thinking*）。

1978

心靈地圖：追求愛和成長之路

The Road Less Traveled

「大部分的人無法看到生命本就困難，他們會一直大聲小聲地呻吟，抱怨自己的問題、負擔和困難，好像生命都很容易，生命應該容易似的。」

「班傑明．富蘭克林說過：『所有讓我們痛苦的事情都讓我們學習。』因此，有智慧的人學會了不要害怕問題，而是歡迎問題，歡迎問題帶來的痛苦。」

「我稱之為紀律的這些工具、痛苦的技巧、有建設性地體驗問題的痛苦是什麼呢？工具有四個：延遲滿足、接受責任、堅持真相、平衡……這些是簡單的工具，幾乎所有的孩子到了十歲就都擅長運用這些工具了。但是總統和國王常常忘記運用，最終導至滅亡。」

總結一句

你一旦承認「生命很困難」，現實的後果就不再那麼嚴重了。你一旦接受責任，就可以有更好的選擇。

同場加映

艾倫．狄波頓《擁抱似水年華：普魯斯特如何改變你的人生》（7章）
湯瑪斯．摩爾《傾聽靈魂的聲音》（40章）
瑪莉安．威廉森《愛的奇蹟課程》（50章）

43

史考特．派克

M. Scott Peck

本書不像一般個人成長書籍去做出吸引人的承諾，例如無限的喜悅和快樂。但是這本書一直非常暢銷，讓平常不讀自我成長書籍的人願意讀這本自我成長書。一開始，作者就寫「生活很困難」。書中內容包括愛情的迷思、邪惡、精神疾病、作者自己的心理和心靈危機等等不愉快的主題。

或許正是因為缺乏玫瑰色彩，我們很容易信任這本書。作者認為，一旦知道了最糟的狀況，我們就可以看到超越低谷的風景。《心靈地圖：追求愛和成長之路》很有啟發性，雖然風格老派，認為幸福人生的最高價值是自律，但如果你相信修行或心智健康的道路沒有捷徑，投入和責任是成長的種子，那麼你就是派克的同路人了。

派克接受過傳統心理治療訓練，同時受到「心理學是心靈成長的階段」的思維影響，認為我們的時代特質就是在科學世界觀和心靈世界觀之間取得和解。《心靈地圖：追求愛和成長之路》就是他試圖拉近這兩個世界的努力，結果非常成功。任何在科學心理和心靈之間拉扯的人都會很喜歡這本書。

紀律

自我控制是派克式自助的本質。他說：

「沒有紀律，我們無法解決任何事情。只有一些紀律，就只能解決一些問題。完全的紀律可以真正的解決問題。」

能夠延遲滿足的人掌握了心理成熟的鑰匙。衝動是一種心智習慣，拒絕體驗痛苦，結果造成神經衰弱。我們大部分的問題都來自早先不肯面對的小問題，我們沒有面對真相，大部分的人所犯的最大錯誤就是相信問題自己會消失。

缺乏責任感會以其他方式傷害我們。我們的文化非常尊崇自由，但是佛洛姆在《逃避自由》（*Escape from Freedom*）書中顯示，人們天性願意擁抱政治霸權，放棄個人力量。遇到的時候，我們往往躲避真正的自由和選擇，就像我們會躲避負面事物一樣。紀律不只是接受現實的「成長」而已，也是欣賞我們面對的大量選擇。

道路與獎賞

這本書的偉大洞見之一就是很少人選擇心靈的道路。派克觀察到，就像很多具有資格的士兵不願意升軍官一樣，許多心理治療師不想要真正的心理健康所帶來的力量。大家寧可讓生命採用自動導航，也不願意面對重大挑戰。

《心靈地圖：追求愛和成長之路》有很多真人真事的故事。有些故事顯示生命的轉化，有些故事裡的人則拒絕改變，或是最後選擇放棄。聽起來很熟悉嗎？當我們默默拒絕嘗試不那麼極端的狀況，就遠離了更大膽、更豐富的生命。派克說，大部分的人不是面對恐怖的精神疾病，而是痛苦的面對錯失的機會。

為什麼報酬這麼大，我們還是會逃避呢？比較無人選擇的道路可能是心靈的道路，卻也是比較崎嶇難行、黑暗的道路，而不是其他人快樂行走的快速公路。派克說，當人們提出「為什麼要找這個麻煩？」的問題，就表示他不知道喜悅為何物。心靈生活的報償非常的大：你將得到心靈的寧靜與自由，無需擔心。負擔總是會得到解脫，這是大部分的人無法想像的，因為這些負擔不再是你一個人的責任了。

然而，越來越深刻的心靈同時也帶來責任，這是我們從心靈幼兒進展到心靈成人時無可避免的。派克記得羅馬主教聖奧古斯丁（St. Augustine）說過：「如果你有愛心，又勤奮，你就能做到任何你想做的事。」我們之前的心靈羞澀與懶惰造成的後果（我們現在可以看到），讓我們擁有非常有限的存在。同樣的，紀律開展了無限生命經驗的門。修行高深的人會覺得有趣，因為別人會認為他一定過著無聊和有限的生活，從外面看起來簡陋的牆，其實正能遮住內在狂喜的光芒以保護我們。

「愛」是一個決定

人跡稀少的道路上，靠什麼燃料前進呢？當然是愛。派克努力解釋這個無法清楚定義的概念。我們常常認為愛是無須努力的，我們會自動「愛上對方」。雖然愛很神祕，但是愛也需要努力。愛是一個決定：「『愛的欲望』不是愛。愛就是愛。」

愛中的極樂狂喜就像是退回到嬰兒時期，覺得母親和我們是一體的。我們和世界融合，一切都顯得有可能性。但是正如嬰兒最後會明白，他是獨立的個人，愛人最終也會回到自我。派克說，這時，「真正」的愛才將開始。任何人都可以陷入熱戀，但不是每個人都會決定繼續去愛。我們可能永遠無法控制愛人，但是我們能夠用紀律來控制我們的反應。一旦我們經常運用這些愛的「肌肉」，它就會越來越強壯，提升我們且可以用最有養分、最合適的方式表達愛。

總評

敏銳的讀者會注意到，派克的信念和認知心理學之間的對比。派克認為心理改變一定是緩慢且逐步的，認知心理學則認為只要我們知道如何做（請參考馬汀．塞利格曼、大衛．柏恩斯和安東尼．羅賓斯），就可以毫無困難地消除限制。這是自我成長書籍的兩種基本教義：一種認為人要努力奮發、提升人格建構、發掘靈魂；另一種相信精神技巧，認為問題其實沒有埋得那麼深，可以用務實的心理技巧與方法應付。前者需要紀律和自覺，後者認為我們只需要好工具，就可以創造出我們要的樣子。

贊同後者的讀者應該閱讀派克的書以取得平衡。例如，他討論到「恩典」，現代心理學完全沒有討論到這個經驗。恩典就是突然冒出、未預期的寧靜、感恩和自由。派克認為，恩典是最高的人類經驗，是一生保有紀律和堅持目標之後的開花結果。

派克堅持道德與紀律，欽佩長期的受苦。即便他的書寫看似老派，但是他並不責備心理治療無法將人視為精神存有。本書讚許榮格學派以及新時代概念中的集體潛意識和心理共時性，這讓許多讀者感到驚訝。他將基督教義、新時代概念以及學術心理學有效融合在一起。

有些人會認為派克的經典著作有些過於熱切，其他人則會從中獲得改變人生的洞見。這是自我成長書籍中已經賣出七百萬本以上的巨人，書名也成為大眾文化的一部分。雖然派克認為很多人抗拒心靈成長，但是確實有越來越多的人走上這條人跡稀少的路了。

史考特・派克

出生於一九三六年，史考特・派克享受了在紐約的優越教養，然後進入一般人進不去的預備學校和哈佛就讀。一九六三年，他在凱斯西部保留大學（Case Western Reserve University）拿到醫師學位，之後開始在陸軍醫療團服役九年。接下來的十年私人執業，確立了自己精神科醫師的名聲。

儘管《心靈地圖：追求愛和成長之路》寫於一九七〇年代中期，當時派克三十九歲，一直要到一九八三年，這本書才進入《紐約時報》暢銷書榜。之後停留在榜上的時間之長，甚至還列入《金氏紀錄》。續集是一九九三年出版的《深入人跡稀少的道路》（*Further Along the Road Less Traveled*）

派克的其他著作包括：一九八三年《說謊之徒》（*People of the Lie*），探討如何療癒人性的邪惡；一九八七年《不同的鼓聲》（*The Different Drum*）則是關於社群生活，一九九三年《等待誕生的世界》（*A World Waiting to Be Born*）檢視個人和社會層面的「文明」觀念，而一九九八年《否定靈魂》（*Denial of the Soul*）關心的是安樂死和不治之症。

這位煙不離手又好飲馬丁尼的作者，並不符合「自我成長」導師通常該有的形象，而且偶爾還會寫出他混亂的私人生活。派克卒於二〇〇五年。

1991

喚醒心中的巨人

Awaken the Giant Within

「任何時候，如果你誠心想做出改變，你應該做的第一件事情就是提高標準。當大家問我，八年前，是什麼事情真正的改變了我？我對他們說，最重要的是改變我對自己的要求。我寫下生活中我不肯再接受的一切，我不肯再忍受的一切，以及我想要成為的一切。」

「我們不需要讓過去的經驗控制我們的現在與未來。運用這本書，你可以有系統地整理自己的信念與價值，把自己拉向生命道路的方向，重新發明自己。」

「雖然我們喜歡否認，但事實就是，我們的行為動機是對痛苦與愉悅產生的直覺反應，而不是理性分析的結果。我們的理性可能認為吃巧克力不好，但是我們還是會吃。為什麼？因為我們不是受到理性驅策，而是受到我們神經系統認知的痛苦與樂趣驅策。」

總結一句

是時候了，你要掌握今天，好好活出你想像的生活。這是你的起點。

同場加映

蘇珊．傑佛斯《恐懼Out：想法改變，人生就會跟著變》（33章）

44

安東尼・羅賓斯

Anthony Robbins

安東尼・羅賓斯是個人轉化的體現與大師。在美國，大家都知道他的名字，很少人沒有看過他的電視節目。他指導過總統、皇室、頂尖運動明星和企業領袖，並經由個人魅力和市場技術接觸到大量的新觀眾。比起羅賓斯，其他的自我成長大師，例如狄帕克・喬普拉和偉恩・戴爾都相對的低調許多。很多人願意花兩千多美元去聽羅賓斯的週末演講，包括走過熱煤炭（過火）和只有在熱門音樂會和布道大會才看得到的歇斯底里。

《喚醒心中的巨人》一開始是羅賓斯在直升機中，正要去一票難求的演講會場，他看到下面的建築，十年前，他在那裡當清潔工，他還記得當時的羅賓斯：肥胖、破產、寂寞。現在，羅賓斯身材苗條、已婚、家財萬貫、海邊有一棟華廈，這時羅賓斯明白，自己已經實踐夢想。

這些細節正是閱讀《喚醒心中的巨人》的樂趣之一，羅賓斯知道，最好的產品廣告就是他自己的人生，但還是先讓我們回到一開始的時候吧……。

羅賓斯與NLP

羅賓斯二十幾歲時就寫了他的第一本書，《激發心靈潛力》（*Unlimited Power*）。這是一本暢銷書，為接下來的書打下了基礎，書中提到許多技巧的源頭：神經語言程式學（NLP, neuro-linguistic programming）。

約翰・葛瑞德（John Grinder）和理查・班德勒（Richard Bandler）根據語言學的最新研究結果，發現無論是語言或非語言訊息都可以影響神經系統，於是最先開始提倡NLP，他們的主要論點是：我們可以控制自己的神經系統。我們的反應和行動雖然看起來很自然，其實都是事先設計好的，另外一個主要重點是，如果我們模仿成功人士的行為，至少能達到跟他們相同的成就。

羅賓斯的天賦就是向一般大眾重新定義和推銷NLP。例如，他的口號「立刻產生改變」，以及他將動機和痛苦或樂趣連結在一起的觀點都來自NLP。

《喚醒心中的巨人》的幾個觀點

這本書提出激發讀者想像的問題，在讀者腦中創造各種可能性。羅賓斯是「無限」的大師，謹慎地提供務實的步驟和細節，以達成目標與成就。這本書厚達五百頁，以下列出某些主題，所有內容都附有參考資料、故事和事實。

痛苦與樂趣

這些是生命中的關鍵影響力。我們可以讓它們控制我們，或是了解它們來為我們服務。小心你將樂趣和什麼連結起來：有些人使用海洛因取樂，有些人以助人為樂。你願意像抹煞自身才華的吉米・罕醉克斯（Jimi Hendrix）一樣，吸毒過量致死？還是像德瑞莎修女？只要把巨大的痛苦或巨大的樂趣和某種活動或思維連結到一起，就改變了我們是誰。

信念的力量

監獄裡，兩個男人被鐵鍊綁在牆上。一位自殺了，另一位活了下來，告訴大家人類精神的偉大。不是生活中的事件形塑我們，而是我們對事件意義的信念形塑我們。如果全球的信念（我們如何看待世界、看待彼此）改變了，就能改變我們餘生的一切。所有的偉大領袖都能創造某種確定感，他們從來不相信問題是永遠的。美國中央情報局有一套技巧，可以迅速改變一個人的核心信念，你可以運用類似的技巧改變自己有限的信念。

問題的力量

所有的人類進展都始於對現況提出問題。我們不需要準備好答案，只要提出有品質的問題，你就會得到有品質的答案。

語言的力量

利用語言的力量，擴展字彙量，轉化思維與行動。要知道「領袖都讀書」，閱讀讓我們能夠用他人經驗作出重要分辨。

清晰就是力量

決定你想要達到怎樣的改變，寫下來，創造一個驚人的未來，你會忍不住想實踐它。你必須「專注於你要去的地方，而不是你的恐懼」。創造十年計劃，然後往回推演。大部分的人會高估一年內可以達到的目標，卻低估了十年內可以達到的目標。

提升標準，改變規則

針對「自己是誰」作出決定，而不是許願，然後採取行動，找出你目前遵行的個人規則，創造新的規則，讓你達成目標。

看得更仔細一點……

《喚醒心中的巨人》是非常受歡迎的心理技巧聖經。相信這本書的人認為，如果每個人都閱讀並實踐羅賓斯的主張，世界將更有力量、更滿足、更快樂。

但是，有些讀者會覺得羅賓斯太黑白分明了。他教你如何逃脫任何負面狀況，消除一切壞情緒，消滅憂鬱等等。其他自我成長作者，例如湯瑪斯・摩爾和羅伯・布萊就認為憂鬱，甚至哀傷，有很大的價值。他們認為，這些狀況教導我們認識自己，是靈魂生命存在的一部分。

《喚醒心中的巨人》的副標題是「如何立刻控制你的心智、情緒、生理和經濟的命運！」(How to make Immediate Control of Your Mental, Emotional, Physical, and Financial Destiny!)。我們真的能夠控制我們的命運嗎？受到羅賓斯啟發之後，大家的目標夢想真的獨特嗎？他自己的人生確實美好，但是這就意味著我們所有的欲望都應該成真嗎？他提供的工具確實令人印象深刻，可以達成我們的任何目標，但是沒有人提到我們為什麼有這些欲望。

有些人可能無法苟同書中的超人氛圍，或作者認為「我們的幻想都可能實現」的信念。批評者認為，書中一切都是關於「達成目標」。佛洛姆寫到「物質化的個人」，指的是只能反映出資本主義經濟的人，追求自我改變只為了提高自己的地位。

幫羅賓斯辯護

針對這些批評，確實有些人可能利用羅賓斯的心智技巧來取得俗世物質，但是他真正說的話其實挑戰了生活中的物質主義。他的哲學核心是反抗我們周圍的文化，拒絕僅僅成為群眾中的一員，忙於工作，以便跟得上大家的腳步。在他的世界裡，每個人都應該很驚人。這本書確實會讓我們質疑自己對於成功的認知，羅賓斯問：成功是我們最深刻的創造力和最高視野的產物嗎？他認為，追求夢想是讓我們真正活著的唯一方式，金錢次之。

羅賓斯做的是讓大家「踏出邊緣」，改變對於自己的信念，找出核心價值，離開無益的工作或關係，發現自己的限制只是幻想。

總評

羅賓斯的訊息獲得大眾共鳴，因為我們都相信我們比別人看到的更棒。世界可能認為我們的想法「不合理、不務實」。大家總是告訴我們，我們無法做我們想做的事，過了一段時間，我們便接受了這個事實，但是羅賓斯口中的成功人士拒絕這樣的合理化。

《喚醒心中的巨人》被稱為「心智的整容手術」，意思就是如果你不滿意自己的現況，改變就是了。對某些人而言，這個想法或許聽起來不太可能，甚至缺乏品味，但是對別人而言，或許卻能成為他的救生圈。別忘了，「重新創造」是美國文化的基石，《喚醒心中的巨人》不可能在其他地方出現，你可以將這本書視為文字上的自由女神。

安東尼・羅賓斯

羅賓斯生於一九六〇年，在洛杉磯租金便宜的郊區長大，但是十七歲時就被母親趕出家門，因為他「太激烈」。他獲得超級推銷員的名聲，在其他勵志演說家的活動中賣票，聲稱閱讀過七百多本個人成長著作，在一九八三年偶然接觸到「神經語言程式學」（NLP），於是走上這條道路，促銷自己的品牌，承諾十五分鐘內治好人們的恐懼症。二十四歲時他就成了百萬富翁，曾傾家蕩產又賺回來。這些事件以及其他故事由他曾經的合夥人麥可・博達克（Michael Bolduc）敘述於《安東尼・羅賓斯的人生故事》（*The Life Story of Anthony Robbins*）裡。

羅賓斯是目前美國最知名的「頂尖表現顧問」，工作對象有IBM、AT&T、美國運通和美國陸軍，還有職業球隊和奧運選手。他私下指導過的名人有比爾・柯林頓（在柳文斯基事件的危機中仰賴羅賓斯的支持）、阿格西和戈巴契夫，甚至與戴安娜王妃會談過幾次。

「安東尼・羅賓斯公司」在全世界舉辦研討會和活動，包括「大師大學」（Mastery University）。他的基金會主持各種計劃，協助年輕人、老人、遊民和囚犯。羅賓斯與妻子和小孩住在加州。二〇一六年上映由喬・貝林格（Joe Berlinger）執導的記錄長片《東尼・羅賓斯：我不是你們的上師》（Tony Robbins: I Am Not Your Guru）。

1925

失落的幸福經典：影響千萬人的生命法則

The Game of Life and How to Play It

「大部分的人認為人生是一場奮戰，但是人生不是戰爭，是遊戲。」

「超意識就是人類內心中的上帝，是一切的完美思緒。這裡就是柏拉圖說的『完美模式』，是每個人的神性。」

「了解語言力量的人會很小心說話。他只需要注意別人的反應，就知道別人不會對他說的話感到無所謂。經由他說的話，他不斷地為自己創造律法。」

「上帝為每個人做的計劃超越了理性的限制，生命一定包含了健康、財富、愛與完美的自我表達。許多人建築夢想的時候，應該為自己建一座皇宮，卻只建了一間小屋。」

總結一句

如果將人生視為一場遊戲，我們就有動機學習，並運用規則來獲得自己的快樂。

同場加映

狄帕克・喬普拉《福至心靈：成功致勝的七大精神法則》(15章)
夏克蒂・高文《每一天，都是全新的時刻》(28章)
約瑟夫・墨菲《潛意識的力量》(41章)

45

佛羅倫絲・斯科維爾・辛

Florence Scovell Shinn

截至目前為止，你可能覺得人生是一場戰鬥，你用自己的力量和意志對抗別人，也對抗不斷奮鬥的痛苦。

然而，如果你將人生視為一場遊戲，就比較不會擔心結果，而是專注於導向成功的遊戲規則。這是阻力比較小的一條路，有更多時間享受世界的美好。選擇了這條路，你就選擇了信念，而不是恐懼。

對於佛羅倫絲．斯科維爾．辛來說，規則就寫在聖經的舊約和新約裡。不過，她寫的經典只有一百頁，大部分內容來自東方聖書，例如不抵抗、業力、原諒等等。她的目標是普世的：只要讓自己和指導人生的永恆原則取得一致，每個人都可以達成人生的四個柱子——健康、財富、愛和完美的自我表達。她認為，這種全面性的幸福是我們的「神聖權利」。

以下是本書的某些原則。

神聖設計

你是否曾經腦中閃過一個很有啟發性的想法，看到你可能擁有的成就或你可以成為的那個人？宇宙讓你看到了自己的「神聖設計」，這景象已經存在你的內在了，柏拉圖稱之為「完美模式」，這是屬於你的，不屬於任何別人。

不要像大部分人一樣，追求一些和真正的你無關的事物，獲得這些成就只會讓你覺得更不滿足。要求宇宙給你一個跡象或訊息，告訴你，屬於你的「神聖設計」是什麼，這個訊息會出現。如果不是你想要的，不要害怕，它也可能會滿足你更深刻的渴望。

神聖權利與選擇

我們只能要求合乎我們「神聖權利」的事情。一位女性為一個男人著迷，在外人看來，這位男性對她並不好。斯科維爾・辛讓她重複對自己說：「如果他是神聖宇宙為我選擇的人，他就會是我的。如果不是，我也不會想要他。」果真，她愛上了別人，這一切都如她所願，讓她完全忘記了第一個男人。

另一位女性很希望住在一位朋友的屋子裡，當這位朋友過世了，她搬進去住，但是不久之後，她的丈夫也過世了，這間屋子成為了燙手山芋，很難處置，這就是因為她事前並未詢問上帝或宇宙大能，因此而造成的業。我們可以想要某件東西，但是我們最好尋求屬於我們的「神聖權利」，當我們收到這項禮物時，我們會毫無疑慮地知道它是屬於我們。

不抗拒

成功的人生需要跟隨有效的法則，不要反抗你不喜歡的事物。本書包含以下洞見，我們的直覺都很了解：

「只要一個人抗拒某種情況，這種狀況就會一直會發生。如果他逃離，它就會追著他跑。」

很簡單，將掙扎、抗拒、追求勝利變成「相信一切都會有好結果」，就會改變你的人生。如果你不懷疑，能夠「渴望而不擔心」，知道自己的願望即將實踐，你將會得到一切你想要的，而且可能很快。恐懼是一種罪惡，違反自然，信念才是真實、堅固的。無限智慧或上帝應許我們的願望時，要求我們要有信念，信念將你和宇宙連結起來，拓展了你的宇宙足跡，而恐懼只會縮小它。

持續地對親近的人、同事、國家送出善意與祝福，不但會讓你覺得和平，你還會發現自己受到保護，不受傷害。

信念戰勝恐懼

「將你的負擔交給上主。」很多時候，聖經說戰爭屬於上帝，不屬於人類。我們必須學習「靜靜站著」，讓上帝（或我們內在的潛意識）工作，就像道德經上說的，如果我們和「道」（或上帝，或宇宙大能）一致，就不需要擔心或害怕。在靜止中，我們能夠看到，如有必要，我們必須做什麼。

在斯科維爾．辛的世界裡，「如果心懷負擔，就冒犯了自然法則」。焦慮不安和沮喪是錯的，這是活在虛幻的現實中，會吸引來災難和疾病。然而一旦去除負擔，我們會忽然能夠看得清楚，因此，我們得到提醒：一定要活在信念中，而不是活在恐懼中。

真正的愛

一位女士在絕望中來找斯科維爾．辛，她愛的男人為了另一個女人離開她了，還說他根本沒打算和她結婚。斯科維爾．辛跟她說：「你不是愛這個男人，你是恨他。在這個男人身上，讓你自己完美吧，給他不自私的愛，無論他去了哪裡，都祝福他。」她聽了這話，一點也不高興，她離開了，什麼也沒有改變。但是有一天她開始懷著更多的愛想著他，她開始說：「上帝祝福他，無論他在哪裡。」過一陣子，斯科維爾．辛收到了一封信。當這個女人放下痛苦時，男人回來了，兩個人快樂地結了婚。

這位女士學到了無私的愛，如果想要人生成功，我們每一個人都需要學會無私的愛。

語言的力量

作者說，任何不知道語言力量的人「都落後了」。每個人都不斷地和自己對話，從來不知道這些對話對我們的人生有何正面或負面的影響，無論我們對自己說了什麼，都會被潛意識當做「事實」而記住。因此，我們必須極度小心自己說出來的話和心裡想的話。

來看斯科維爾．辛的人會請她「說句話」。她會根據他們的狀況，說一句肯定、正向的話，讓他們回去重複說給自己聽，直到情況好轉。她引述了箴言18.21：「死與生都在舌尖上。」

「上帝是我的供給者」

斯科維爾．辛的許多個案絕望地來找她，一位在下個月一號之前需要三千美金還債，另一位必須很快地找到住處，否則就要流落街頭。她會提醒他們：「上帝會應許一切。」要他們不要擔心。她要他們相信：「宇宙從來不會太晚。我感恩現在還看不到，但是即將及時收到的金錢。」這位女士離付款最後期限只剩一天了，一位表親突然到訪，問她：「噢，你最近的經濟情況如何？」接著第二天，她就還清了欠款。

不過，光是說正確的話、保持信念還不夠：我們需要讓潛意識看到，我們真的期待收到。「人必須準備好接受他所祈求的事物，即使當時還看不到一絲絲跡象」。開個銀行帳戶、下訂買了傢俱、天無烏雲卻為雨水做準備，「當作真的會發生」就開啟了獲得的機遇。知道「樂觀的心帶來收獲」會讓你更加相信上帝將提供一切。

總評

雖然本書寫於二十世紀二〇年代的紐約並充滿宗教內容，但是這本內文短短的書已經累積了很多信徒，雖然故事中人物可能已經不在了，智慧卻能長存。這本書能產生安慰作用，讓我們回到正確的原則。藉由作者的一句話，這本書「向我們內在的神聖敬禮」，能夠重建有方向、有信心的感覺。如果你願意一面閱讀，一面保持開放的心胸，書中的洞見和承諾會造成很大的影響。

佛羅倫絲・斯科維爾・辛

斯科維爾・辛生於一八七一年，專業是藝術家和書本插畫家，也在紐約教授形上學多年。她嫁給藝術家艾佛雷特・辛（Everett Shinn），於一九一二年離異。

她務實的風格和幽默讓她廣受愛戴，否則許多人可能不會聆聽靈性忠告。她寫了一些書，《如何玩人生的遊戲》是她的經典作品。她卒於一九四〇年。

1991

學習樂觀，樂觀學習

Learned Optimism

「對於成就的傳統觀念就像對於憂鬱的傳統觀念一樣，都是需要改變。職場和學校一向假設成功來自才華和欲望，失敗是因為才華不夠或缺乏動機，但是，如果才華和欲望都很強，卻不樂觀的話，也可能失敗。」

「我們都經常遇到麻煩，但是這並不意味著我們要接受這種狀態，或認為人生本當如此。如果你用了與此不同的解釋，你最好有辦法適應充滿麻煩的日子，避免自己陷入憂鬱。」

「我們要的不是盲目的樂觀，而是有彈性的樂觀，眼睛打開的樂觀。需要的時候，我們必須能夠運用悲觀帶來的現實感，但是不陷在它的黑暗陰影裡。」

總結一句

培養樂觀的心態將大幅提升你獲得健康、財富和快樂的機會。

同場加映

大衛・柏恩斯《好心情：新情緒療法》（11章）
米哈里・奇克森特米海伊《心流：高手都在研究的最優體驗心理學》（19章）
丹尼爾・高曼《EQ：決定一生幸福與成就的永恆力量》（29章）

46

馬汀・塞利格曼

Martin Seligman

馬汀・塞利格曼是一位認知心理學家，花了很多年的臨床測試「習得無助」的理論。他在實驗中給狗施予微弱電極，如果狗認為自己無論做什麼都無法逃離電極的話，就會放棄努力。另一位研究者用人類做同樣的實驗，並以噪音取代電極，他發現，人類也一樣容易變得習得無助。但是實驗有一個例外，人類實驗和狗的實驗一樣，三分之一的實驗對象不肯放棄，他們會不斷地按按鈕，試圖關掉噪音。這些人和其他人有何不同呢？

賽利格曼將此問題運用到真實生活中：被戀人拋棄，或是一生的努力沒有帶來成功果實的時候，為何有些人可以振作起來呢？他發現，失敗之後能夠再次振作的能力並非來自「人類的精神勝利」。這些人並非天生偉大，而是發展出一種詮釋事件的能力，不認為失敗會永遠影響他們的基本價值。這種精神並非「天生有就是有，沒有就是沒有」。樂觀是可以學習的一套技巧。

正向詮釋的風格

悲觀的人會覺得厄運是他們的錯。他們相信，某個厄運或運氣總是不好的起因是永遠的——因為他們笨、缺乏才華、醜陋——因此，他們不會試圖改變。很少人是完全悲觀的，但是大部分人對過去的事情通常會有悲觀的反應。在心理學教科書中，這種反應被視為「正常」。但是賽利格曼認為，不必然如此，對於不順心的事情，你可以有不同的解釋方式（詮釋風格）來保護自己，不讓厄運導致憂鬱。賽利格曼說，無論是工作、關係或健康，如果你擁有一般程度的悲觀，就足以在各方面阻礙成功。

作者為大都會人壽保險公司（MetLife）進行了破天荒的改革。人壽保險是最難推銷的產品之一，非常令人挫折，公司每年花幾百萬美元訓練保險人員，卻看到大部分的人最終離職求去。賽利格曼建議大都會公司，不要用以前的條件（事業背景等）篩選人才，而是根據申請人是否樂觀、是否屬於正向的詮釋風格而僱用他們。結果顯示：第一年，這些保險人員比經由一般程序僱用的人員表現好了20%。第二年，表現好了57%。很明顯的，他們比較能夠處理十分之九會被拒絕的壓力，不像別人輕易放棄。

樂觀與成功

傳統思維是「成功造成樂觀」，但是賽利格曼提出證據顯示，是樂觀造成了成功。我們不斷看到，就像保險人員一樣，樂觀會導致成功。同樣的遭遇，悲觀者會萎縮，樂觀者會堅持下去，突破隱形障礙。我們往往將無法突破障礙視為懶惰或缺乏才華。賽利格曼發現，容易放棄的人從不懷疑自己對失敗或不幸的詮釋。那些經常撞牆試圖突破的人，會傾聽內在的聲音，抗拒自己有限制性的思維，很快地找到被拒絕的正向原因。

悲觀的價值

然而，《學習樂觀，樂觀學習》也承認，悲觀有一個特長：能夠更正確地看清現實。有些專業（例如經濟管理、會計、安全工程）和公司很需要幾位把大家拉回現實的悲觀人士。一九九九年，比爾·蓋茲在《思速企業》（*Business @ the Speed of Thought*）中提到這個特質，讚許可以很快地跟他說公司有何不對勁的微軟員工。

不過，我們不要忘了，蓋茲本人特別擅長做夢，很年輕就想像著每個家庭與辦公室都使用他的軟體的世界。賽利格曼清楚指出，想要獲得職場與人生的成功，必須有能力精準看到當下現實，並能夠看到強力驅動的未來。很多人俱備其中一種能力，但是缺乏另一種能力。想要學習樂觀態度的人必須在成為更好的夢想家同時，也能保留悲觀的能力。結合二者，就能夠無堅不摧了。

大部分的憂鬱來自「往壞處想」

很矛盾的，《學習樂觀，樂觀學習》的數據大部分來自憂鬱症的研究。在認知治療之前，大家都認為憂鬱症是「往內走的憤怒」（佛洛伊德），或是腦內化學失衡。但是，認知心理研究者亞伯·艾里斯（Albert Ellis）和亞倫·貝克（Aaron T. Beck）致力證明負面思考不是憂鬱的徵狀，而是成因（參見《好心情》）。大部分人了解這一點，但是心理治療讓我們相信，我們在面對無法控制的情況。

賽利格曼是憂鬱症性別差異的頂尖專家。他說，男性與女性感到輕度憂鬱的機率相同，但是女性得憂鬱症的機率是男性的兩倍，因為女性面對問題的思維態度容易擴大問題。不斷思考問題，總是把問題連結到我們自己無法改變的特質上，就很容易感到憂鬱。美國精神健康總署（National Institute of Mental Health）花了幾百萬美元研究憂鬱症（這裡指的是標準的憂鬱症，不包括雙極性或躁症）是否是思維的結果。賽利格曼用兩個字告訴我們，結果是「是的」。發展樂觀態度確實可以減少憂鬱症的可能性。

慣性的樂觀

更大的問題是：為何有那麼多憂鬱症患者？賽利格曼認為，近代個人主義盛行，形成某種心靈桎梏。如果我們相信人生有無限可能，那麼，任何的失敗都是很大的打擊了。加上固有的堅強心理支撐不斷瓦解——國家、上帝、家族——於是憂鬱症盛行。

雖然抗憂鬱藥物確實有效，但是成功治療憂鬱症和慣性的樂觀之間仍有距離。賽利格曼建議正向的詮釋風格，將問題視為暫時的、特定的、外在的，而不是無法避免的個人失敗。認知治療改變了個人如何看待世界的基本觀念，於是改變了認為一切無法改變的觀點。

總評

《學習樂觀，樂觀學習》是二十世紀六〇年代心理學大幅改變的成果。在那之前，大家認為人的行為是被內在衝動驅策（佛洛伊德學派），或是受到社會提供的獎賞與懲罰驅策（行為學派）。

相對的，認知治療認為無論一個人的潛意識傾向或社會制約如何，都可以改變思考方式。

賽利格曼在書的後面提到，現代社會興起，各地都有大量移民，使得個人必須快速改變。現在大家都樂於追求個人改變與成長，我們都願意改善自己，因為我們知道這是可能做到的，不只是根據經驗，同時也得到心理學的證明。

在自我成長領域裡，《學習樂觀，樂觀學習》是本很重要的書，它為許多信念提供了科學基礎。它成為了暢銷書，吸引了很多認為個人成長是「形而上學的推進器」（套用作者的用詞）的人。因此，本書不僅僅是關於樂觀（雖然你很可能變成樂觀者），而是關於個人改變的力量，以及人類狀況的驚人本質。塞利格曼之後的作品《真實的快樂》（*Authentic Happiness*）也包括了許多《學習樂觀，樂觀學習》裡的數據和想法，但是將「正向心理」又推得更遠了。非常值得一讀。

馬汀・塞利格曼

生於一九四二年，塞利格曼的父母在紐約州的亞伯尼（Albany）把他養大。大學時代他在普林斯頓主修現代哲學，接著攻讀心理學。一九七三年在賓州拿到心理師執照，有十四年時間他主持賓州大學心理系的臨床訓練課程。

除了《學習樂觀，樂觀學習》，其他著作有一九九四年《改變》（*What You Can Change...and What You Can't*）、一九九五年《一生受用的快樂技巧》（*The Optimistic Child*），以及二〇一一年《邁向圓滿》（*Flourish: A Visionary New Understanding of Happiness and Well-Being*）。比較學術性的著作包括一九七五年《無助》（*Helplessness*）和一九八二年《變態心理學》（*Abnormal Psychology*）。

他曾經擔任過美國心理協會會長，也從協會手中拿到兩座傑出科學貢獻獎。目前是賓州大學心理系教授，同時是「正向心理學」運動的領頭羊。

1859

自己拯救自己

Self-Help

「一個勇敢、有志向的生命在其他人的心裡燃起了火炬，讓他有了能力和衝動，相信自己如果有同樣強烈的努力，一定會帶來榮譽與成功。於是一個接一個的範例形成不朽的傳承——崇敬激起模仿，使真正的天才永垂不朽。」

「冒牌貨很多，但是我們很難忽視正品。有些人知道，冒充將帶來金錢獲益，於是欺騙無知的人。查特里斯上校[1]曾對一位以誠實聞名的人說：『我願意付出一千磅來交換你的名聲。』那個人問：『為什麼？』他回答：『因為我可以藉由你的名聲賺到一萬鎊。』」

「無論多麼嚴格的法律都無法讓懶人變勤快、浪費的人變節儉、酒醉的人清醒。這種改變只能經由個人行為、經濟和自我節制來達成。改變來自更好的習慣，而不是更多的權利。」

總結一句

歷史中充滿靠著意志力與堅持而成就非凡的人。

同場加映

史蒂芬・柯維《與成功有約》(18章)

班傑明・富蘭克林《富蘭克林》(27章)

1 Colonel Charteris，十八世紀知名的蘇格蘭賭徒。

47

塞繆爾・史邁爾斯

Samuel Smiles

《自己拯救自己》和達爾文的《物種起源》（*Origin of the Species*）以及約翰・斯圖亞特・彌爾（John Stuart Mill）的《論自由》（*On Liberty*）同一年出版。達爾文的理論認為，生命會改變自己以適應環境。彌爾認為，社會基於自由而逐漸演變。史邁爾斯則獻給世界這本書，裡面有許多個人故事，這些人純粹用自我意志創造了他們的偉大人生，他們的故事持續地啟發我們。《自己拯救自己》可能缺乏另外兩本著作的學術或哲學深度，但是在自助和個人責任的道德本質上非常重要且基本。

在許多維多利亞時代的家庭裡，除了聖經，就是這本書最受重視了。現在大家覺得，這本書是代表維多利亞時代價值（勤奮、節儉、進步等等）的經典著作，但是不要被老派的句子和毫無疑問的道德感誤導了，我們不能被這些表面的現象蒙蔽了真正的內容。這本書正如富蘭克林寫的《富蘭克林》以及霍瑞修・艾爾傑（Horatio Alger）的少年小說一樣，書中的主人翁面對各種困境，仍然一路往前奮鬥。這本自我成長經典裡的傳記成分使得這本書活了起來，史邁爾斯知道這一點。書中充滿了不起的人，很多人現在都已經被忘懷了，他提到：

- 威廉・赫謝爾爵士（Sir William Herschel, 1738-1822）原本是交響樂團的雙簧管樂師，後來對天文發生興趣。他自己做了許多望遠鏡，發現了天王星和其他星體，成為英國的頂尖天文學家。
- 貧窮的工匠伯納・帕利希（Bernard Palissy, 1510-1589）曾經把自己的傢俱和欄杆都丟進火爐裡，試圖製作搪瓷，最後成為法國皇家的陶藝家。
- 格蘭威爾・夏普（Granville Sharp, 1735-1813）原本只是一位文書員，利用閒暇時間在英國推動廢奴法案，最後讓政府通過了一項法令，任何踏上英國土地的奴隸都可以獲得自由。

書中描寫這些生命，並不是只要讓我們驚嘆而已，而是讓我們看到，我們自己的人生也可以有這麼多的可能。史邁爾斯根據這些人的特質分為各個章節，例如不屈不撓、勤奮、堅毅。

努力與天才

史邁爾斯相信，《自己拯救自己》裡寫的是人類本質，因此會超越時間保有其價值。但是，首先你必須相信，堅持與勤奮工作仍是成功的主要元素。

是這樣的嗎？

一般人認為，藝術家是天才，在突然的靈光一現，創造出經典作品。但是史邁爾斯書中的「藝術家人生」的共同特質就是專心一致的努力、永遠不放棄的精神，這種精神幾乎和他們的才華一樣重要。他們發明的許多技巧及方法都是多年的嘗試與失敗累積出來的。史邁爾斯探討了「最有名的藝術家就是最有才華的藝術家」的觀念。事實上，很多人都有才華，但是很少人願意把自己累個要死地追求藝術夢想。如果米開朗基羅不願意連續幾個月躺在木板上畫畫，就不會完成西斯汀教堂（Sistine Chapel）的穹頂畫。堤香（Titian）花了七年為查理五世（Charles V）畫了〈最後的晚餐〉（Last Supper）。然而，看畫的人會認為這些都是靈光一現產生的作品。

史邁爾斯寫道，畫家約書亞．雷諾茲爵士（Sir Joshua Reynolds）和雕塑家大衛．維爾基（David Wilkie）的座右銘都是「工作！工作！工作！」巴哈（Johann Sebastian Bach）說：「我很勤奮。任何和我同樣勤奮的人都會獲得同樣的成功。」歷史經常將堅毅投入、勤奮工作的人視為天才，但是這些「天才」知道其實不是這樣。史邁爾斯寫道：

「任何事業的成功都不是靠著天分，而是目標。不僅僅是達成目標的力量，也是不斷堅持努力的意志力。意志的力量可以被視為一個人的核心人格力量。也就是說，意志就代表這個人。」

他告訴我們布豐（George-Louis Buffon）的故事，並引述德美舒（De Maistre）的話：「成功的偉大祕密就是懂得等待。」布豐寫了四十四冊的《自然史》（*Histoire Naturelle*），內容包括當時所知的所有自然歷史，打下了未來進化論的基礎，完成這樣的巨著需要大量的自律，布豐自言「天才就是耐性。」史邁爾斯也引述了牛頓對於天才的看法：不斷思考問題的答案。

史邁爾斯提出的所有偉大探索中，關鍵都是耐性、心智秩序和對工作的投入。政府經費或教育都無法成就這一切。才華是創造出來的。

品格

現在很多人提到「建構品格」的時候，往往是在笑著指某人要準備洗冷水澡，或是要花十天爬西馬拉雅山了。史邁爾斯警告我們，即使在一八五〇年代，教育、財富或皇室血統都遠遠不敵品格的力量，但今天，我們活在所謂的知識社會裡，最高價值便是有創意地運用數據和資訊，但是史邁爾斯說：「品格就是力量，比知識的力量更重要。」

《自己拯救自己》可能是在單純的時代寫的單純的書，但是書中不斷重複言申，我們需要培養個人品質，才能獲得心智的自由，這讓我們看到了跨越時間的真理：直覺與文化制約的巨大力量無法限制人格的形成。史邁爾斯引述了漢弗里．戴維爵士[2]（Sir Humphry Davy）的話：「我創造了自己，我這麼說並不是出於虛榮，而是出於單純的心。」戴維的話顯示了他的勇氣，以及不斷堅持獨立自主的結果。這是史蒂芬．柯維說的「高效能人士」的主要個性。

但是，品格能夠帶給我什麼？能夠賺到生活費嗎？十九世紀的商業和現在不同，現在的商業屬於最聰明、最有創意的人。但史邁爾斯已經看到未來了，他完全不浪費時間，指出商業的核心元素：語言與行為的正直。信任是將自由社會聯繫在一起的關鍵，長遠的成功屬於能夠被信任的人。馬克斯．韋伯[3]（Max Weber）曾說，這種特質如此稀有，早期的基督教商人就是靠著「可靠」賺了大筆的錢。

毒品和酒精最能夠讓腦筋變笨，毀了一個人的人格。史邁爾斯一直強調，最尊貴的品質就是「節制」。老舊電影裡，牧師大聲疾呼，反對「通往毀滅之路」，我們看了會笑，我們笑這些人怎麼這麼害怕酒精，因為我們會節制自己。誰會想到當下我們認為不那麼嚴重的，但是在一生中逐漸累積的後果呢？前一晚應酬時喝太多了，第二天無法好好完成應該完成的事情。喝酒讓我們接受自己平凡無奇的人生。史邁爾斯想到了華爾特．史考特爵士（Sir Walter Scott）的話：「所有的特質當中，喝酒是和『偉大』最不能並存的特質。」

2 英國化學家，發現最多化學元素的人，被譽為「無機化學之父」。
3 德國的哲學家、法學家、政治經濟學家、社會學家，被公認是現代社會學和公共行政學最重要的創始人之一。

總評

在史邁爾斯一生中，大英帝國涵蓋了地表土地的四分之一。就像任何帝國一樣，不得不負責維持帝國大業的人少不了要吃苦。帝國的優良品質——社會改革、某些好的政治原則、活力與能量、創造性——要讓大家相信這是「進步」。

彌爾《論自由》的影響之一是讓我們看到這種價值的相對性。「進步」送出了反對政治迫害的訊息，同時在無意間為社會主義鋪了路，讓社群理想提升到一個程度，個人受到保護，不需要推展自己的界限。史邁爾斯提醒我們，事實上，彌爾說的是：「長久下來，國家的價值來自國民的價值。」

如果「進步」的理想在二十一世界又復活的話，比較不會是對於政府的期待，而是針對個人的信念。彌爾關於政治自由的原則是個人進步的基本前提，《自己拯救自己》的道德本質則可以讓我們真正用我們的自由做些什麼。有趣的是，史邁爾斯年輕時是一位激進的政治改革者，後來明白更重要且急迫的改革在於個人，因此放棄了政治改革之路。

《自己拯救自己》在性別上非常偏頗，書中完全沒有女性的故事。一個小小的藉口是，這本書的內容來自對職場男性的演講。當時的男人可能不會歡迎女性的故事，如果書裡有一些女性故事的話，這本書可能不會那麼不出名了。關於這點，如果你能夠一笑置之，原諒史邁爾斯忽視女性的話，你將從本書獲益。這本書是自我成長書籍中的巨著，值得再次受到重視。

塞繆爾・史邁爾斯

史邁爾斯是十一名小孩中的長子，一八一二年生於蘇格蘭的哈丁頓（Haddington），父親是造紙工人。十四歲時他離開學校，工作了三年才進入愛丁堡大學攻讀醫學。當醫生一段時間後，他的興趣很快就轉向政治，因而在一八三八年成為激進週報《里茲時報》（Leeds Times）的編輯。他在這家報社一直待到一八四二年。深受功利主義哲學家傑若米・邊沁（Jeremy Bentham）和詹姆士・彌爾（James Mill，約翰・彌爾的父親）的影響，他推動的目標包括比較自由的貿易、擴大投票權，以及改善工廠工人的工作環境。

史邁爾斯對於政治上的改革逐漸幻滅，越來越倡導個人發展，在他開始以經營鐵路為事業的同一年，講授了後來發展成《自己拯救自己》的課程。《自己拯救自己》翻譯成多國語言，在日本是少數明治維新之後流傳的英文書，成為受西方啟迪的生意人聖經。許多人表示他們的成就歸功於《自己拯救自己》，百萬富豪工業家利弗休姆勳爵（Lord Leverhulme）與美國作家暨《成功》雜誌創辦人奧里森・

施威特·馬登（Orison Swett Marden）是其中兩位。

史邁爾斯其他作品包括：一八五七年出版鐵路開拓者喬治·史蒂文生（George Stephenson）的傳記；三大冊經濟史教科書，一八七四年出版的《工程師傳略》（*Lives of the Engineers*）；以及一八七一年的著作《品格》（*Character*）、一八七五年《節儉》（*Thrift*）和一八八〇年《責任》（*Duty*），以及為陶藝家約書亞·威治伍德（Josiah Wedgwood）書寫生平。他的自傳則是在一九〇四年去世後出版。

1955

人的現象

The Phenomenon of Man

「現代人不再知道如何處置自己釋放出來的潛力……有時候，我們忍不住要把這些超級豐厚的潛力踩回去，而不肯停下來想一想，這樣子抗拒自然是多麼可怕的行為。」

「我們說過，生命以其結構而言，一旦提升到意識層面，就必須不斷提升，否則無法繼續。因此，我們的行為需要確信兩點。首先，未來的我們，至少以人類集體而言，將以某種形式，不但能夠生存下來，而且生活還會過得超級好。第二點，想像一下，我們只需要思考，並永遠朝著擁有最高一致性的演化方向前進，便能夠發掘並達到這個更高級的生存形式。」

「從這種角度看，人類並非世界靜態的中心（雖然人類長久以來如此相信）而是中軸，是演化的新芽。這是更為細緻的位置。」

總結一句

欣賞並表達你的獨特性，你就提升了人類的演化。

同場加映

亞伯拉罕・馬斯洛《動機與人格》（39章）

48

德日進

Pierre Teilhard de Chardin

一九三八年，德日進寫完了《人的現象》，但是直到十七年後，他過世時，才得以出版。他不但是有名的古生物學者也是耶穌會士。教會認為他充滿哲學性的寫作超過了傳統信仰，不斷的禁止他出版。要是別人，可能就離開修道院了，或是會心生怨懟，但是德日進都沒有。對於如此前衛且獨立的心智，他的矢志效忠或許顯得很奇怪。

他在身心上的孤立——因為科學研究而被教會流放中國——影響了他，他的思考益發自由激進，某些觀點直到現代才比較為人了解。只有時間能夠證明前衛思想家的正確性，當我們進入二十一世紀，只有少數幾個人能夠提供對人類更有內涵的觀點。

《人的現象》不是一般的自我成長書籍，很多讀者會覺得本書有過多的「基督教義」。但是，在人類潛力和個人成長上，本書對許多作家們產生了非常重要的影響。本書內容雖然很抽象，但是在心智與心靈的演化上面，開始受到更多人的重視，因為書裡內容和我們提出的諸多問題緊密相連，例如我們在更大的人類圖像裡扮演了什麼角色。

我們的演化

德日進的演化理論不限於身體也包括心智。他認為，我們僅僅了解人類如何從猿猴演化而來還不夠，我們的任務是了解我們為何演化。今天的演化生物學者有許多證據顯示，人類的腦子在幾千年內都沒有改變。然而，我們和遠古人類擁有同樣的腦結構並不表示我們還是同樣的人類。德日進相信，當人類懂得反省時，就一定會進步了。我們將不但能夠生存，並且可以「享受超級生活」。

或許，德日進正適合將演化科學運用在人類命運的大哉問上。一般科學家很怕猜測，又沒有多少神職人員有他的科學背景和過人的聰慧，身為古生物學者和人類學者，德日進想要發掘人類起源，但是很顯然地，我們越了解過去，就越能看到更遠的未來。

人的現象

雖然他將《人的現象》視為科學論文，但是他不耐於過度猜測，而採取了矛盾的立場：科學只有在超越了「以生理角度看待人類」之後才會成熟。

「真正的物理現象是，有一天將在一致的世界圖像中包括了人類整體。」

無論是科學或人性，德日進的人類現象尚未能被完整解釋。人類歷史中的人物、成就與事件必須被視為一個整體。我們現在很習慣說「人類」一詞，可是「人類」被作為一個集合名詞，其實是相當新的概念：即使有各種戰爭、疆域的劃分和文化差異，我們都是人類，是一體的。

對於德日進而言，人類不是世界的中心，而是「中軸、演化的新芽」。不是我們凌駕於大自然之上，而是我們的心智和心靈的追求大幅提升了人類的複雜性和智慧。我們變得越複雜、越聰慧，物理世界就越難控制我們。太空、星辰和星系不斷往外擴展，宇宙很自然地不斷從簡單趨向複雜，人類心理也根據同樣的原理在發展。德日進將人類發展越來越人性化、越來越實踐潛力的現象稱為「人性化過程」（hominization）。

人格與演化

雖然德日進一心專注於宇宙物理與地球，但是他總是會回到人性。一九四七年，他對聯合國教科文組織（UNESCO）演講，討論新的人權宣言（Declaration of the Rights of Man）。他不強調個人的自主，而是保護「我們每一個人都擁有的、無法言喻的、存有的獨特性」。聽起來很崇高，但這只是意味著人類物種的進步已經無法靠著希望超越現況的個人，或是經由個人主義完成，而是要創造空間，讓每個人都能完全表達自己的個性，整個人類物種才能進步。

隨著科技越來越進步，人類對心靈也越來越感興趣——德日進稱之為「內化」（interiorization）。演化並不是與個人無關，也不會以均等的速度前進。演化是跳躍式的，而且總是會來自某人。

心智層與最終點

一九二五年，德日進提出了「心智層」（noosphere，或稱「理性領域」）的概念。正如生物圈指的是地球全部的生命體一樣，心智層就等於是心智的生物圈，看不見的一層思緒籠罩著地球，包含了人類所有的心智與心靈狀態，所有的文化、愛與知識。他很有前瞻地看到，每個人最終都會需要整個地球在物質和心理上的滋養。反之亦然，每個人對整體的影響都會超越時間和空間的限制。以前，我們的影響會受限於物理空間，現在的世界正在縮小，我們將以自己的思緒和關係影響整個地球。

網路社會已然實踐了心智層的概念。網路出現之前五十年，德日進就已經看到了這一天，這大大影響了電腦和網路理論家。心智層的概念也比英國科學家詹姆斯．洛夫洛克（James Lovelock）的蓋亞（Gaia）概念——將地球視為一個活的生命體——更早出現。

德日進說，人性變得更能自省，能夠欣賞自己在時空中的獨特位置時，人類演化就會大幅進步，而不是慢慢演變了。人類將超級快速的修整各種概念，最後讓我們不再受到物理條件的控制。這個演變將取代了冰河時期的、物理性的自然篩選。我們將無法抑止地朝向新的存在形式發展，所有的潛能都將實踐，達到德日進稱為「最終點」（Omega point，或稱「奧美迦點」）的世界。

總評

《人的現象》不容易閱讀。有些文字可能難以理解，但是我們要記得，德日進從來沒有合適的觀眾來測試他的想法，沒有人可以給他回饋。如果讀者想要閱讀比較短篇的文章，可以試試《人類未來》（英文書名：*The Future of Man*）或《神聖內在核心》（*Le Milieu Divin*）。不過，《人的現象》還是德日進最重要，也最著名的著作，其影響力還在逐日上升之中。

德日進對於超級人生的想法可能看似空中城堡，但是他認為，只有一個人看到的真理仍然是真理，最終將被所有人接受。他過世之後，這本書成為暢銷書，但是二十世紀的現實世界十分糟糕，很自然地讓人無法接受「我們正在穩定地朝向某個最終點前進」的概念。但是，心靈的進步和心智的發展確實可以和邪惡並存。事實上，德日進已經看到了，極權主義是社會演化裡自然的一部分，最終將被更好的組織與社群取代。

《人的現象》是最高等級的自我成長書籍。作者提供了一套想法，可以提升我們，超越個人生活的時空。當我們以整個物種的宏觀角度思考，就可以用更清澈有力的方式面對自己的個人生活。大家抬頭仰望星空時，都會不可避免地說：「看啊，我們多麼渺小。」德日進可不會這麼想。他會認為，每一個靈魂都在世界演化上扮演了一個角色。如果我們了解德日進的為人，就會知道，這個想法不是過度自我膨脹，而是指每個人都需要全然表達自己的個性與能力。

德日進

德日進於一八八一年生於法國的奧弗涅區（Auvergne），在十一名子女中排行第四。他成為一家耶穌會學院的寄宿生，十八歲時進入耶穌會教團六年。二十四歲派往開羅的大學教授物理學和化學，待了三年，接下來四年在英國的薩塞克斯（Sussex）攻讀神學。在這期間德日進成為地質學家和古生物學家，最終在一九一二年受命為神父。他返回巴黎，想要在自然史博物館繼續研讀地質學的計劃因為第一次大戰泡湯，他成為擔架兵，獲得一枚軍功獎章和榮譽軍團勳章。

在索爾邦大學取得博士學位之後，德日進於一九二三年代表自然史博物館前往中國一年。從一九二六年開始他在中國待了二十年，實際上是被教會放逐，因為他關於原罪和演化的教學。中國在古生物學和地質學方面的知識，德日進有重大貢獻，他也參與了發現「北京人」的考古團體。

二次大戰結束後他獲准返回巴黎，過著愉悅的學術生活，直到一九四七年心臟病發作，被迫到鄉下休養。德日進成堆的書稿遺留給友人，死後才出版。

1854

湖濱散記

Walden

「我到了森林裡，因為我想清明地活著，只面對生命中最重要的事情，看看我是否可以從中學習。當我臨終時，才不會發現自己根本沒有好好活過。」

「能夠畫畫或雕刻，創造出美麗的藝術品是一回事。但是，更精彩的是，我們可以雕出或畫出我們瞰視世界的氣氛與媒材，影響每天的品質，這才是最高級的藝術。」

「如果你曾經建造空中城堡，你的努力並未白費。空中城堡就該留在空中，現在，你該在城堡之下建築基礎了。」

「當我們放緩腳步，充滿智慧時，我們會看到，只有偉大、值得的事物才能有永恆和絕對的存在，無謂的恐懼和無謂的樂趣都只是現實的陰影罷了。這種領悟總是令人興奮而非凡。」

總結一句

生活中一定要有時間思考。

同場加映

瑞夫・沃爾多・愛默生《自立》(24章)
湯瑪斯・摩爾《傾聽靈魂的聲音》(40章)

49

亨利・大衛・梭羅

Henry David Thoreau

梭羅在森林裡的小木屋待了兩年，寫了《湖濱散記》一書。雖然書中紀錄的是實際的生活經驗，但是大家現在都把這本書當作是梭羅追求個人自由與覺知的日誌。在這兩個層次，本書都是寶藏。一八四五年七月四日，梭羅走入森林。森林並不遠，就在梭羅一生居住的麻州康柯德（Concord）幾英里之外。雖然不遠，但是他仍然可以享有獨處的時空，他想拋下社會裡的謊言和閒言閒語，只剩下核心的生活。他蓋了一座十乘十五英尺的小木屋後，接下來的生活就多了很多的時間和空間。他種了一些豆子，拿到市場去賣，雖然他很享受這個過程，卻仍然只種足夠維持最基本開銷的豆子。他的生活就是散步、閱讀、賞鳥、寫作和簡單的存在。

湖濱生活與態度

無論是當時或現在，這個概念對大部分人而言都十分陌生，看起來十足是浪費時間或過於顛覆。但是梭羅覺得，他比任何人都更為富足，擁有他所需要的所有物質，還有時間享受這一切。

確實，一般人擁有財物時，需要持續努力以保有這些財物，卻忽視了大自然的美好，以及獨處時帶來靈魂的溫和柔軟。

梭羅的時代仍有蓄奴。他曾經入監一夜，只因為他拒絕付稅給一個支持蓄奴的政府。他不但反對蓄養黑奴，更是反對任何的奴隸制度。正如旅行作家麥克．邁爾（Michael Meyer）在《湖濱散記與公民不服從》（*Walden and Civil Disobedience*）書中指出，我們可以將《湖濱散記》視為某種解放的旁白，紀錄了梭羅逃離虛偽的心聲。對梭羅而言，兩哩之外就是保守的世界。雖然鎮上有他的親友，卻像一座物質與世俗的監獄，而且眾人還不知道自己身在監獄。梭羅在空白的紙上寫下了有名的句子：「大量的人們過著安靜絕望的日子。」

他在瓦爾登湖邊的生活是有覺知的，現代自我發展運動稱之「銘刻」。他想要發掘剛生下來的時候，全然的心智自由。他認為（雖然受了教育）這種全然的自由被「世俗智慧」，以及成長時接觸到的偏見扭曲了。他退縮到小木屋裡，試圖阻止自己成為社會的產物，試圖發現自由的個體是什麼。討論到當代偉大的探險家時，他提到在探險中失蹤的英國探險家約翰．富蘭克林（John Franklin），以及去尋找富蘭克林的美國探險家格林內爾（Grinnell）：

「富蘭克林是唯一的失蹤者嗎？他的妻子急著找到他嗎？格林內爾知道自己在哪裡嗎？效法蘇格蘭的芒勾．派克（Mungo Park）、美國的路易斯（Lewis）與克拉克（Clarke）或是英國的佛羅比舍

（Frobisher）吧，探索你自己的河流和海洋，探索你自己更高的高度。」

《湖濱散記》的影響

梭羅和他的朋友愛默生同樣成為了美國個人主義倫理的巨擘。諷刺的是，他們兩個都經常抱怨和反對美國和其他西方國家變成了富有的消費者遊樂園，缺乏個人意義。《湖濱散記》以及對梭羅造成影響的愛默生著作都很吸引那些想要追求深層意義的人。書中很多想法已經進入了大眾意識，啟發了現代個人成長書籍的諸多作者。例如，描述大自然與人時，我們讀到：

「如果一個人有信心地努力朝著自己的夢想的方向前進，活出他想像的生活，他將獲得平日無法想像的成功。」

以及：

「一個人有意識的努力，就毫無疑問的有能力提升他的生活。這是最具鼓勵性的事實了。」

還有以下這句，就像諾曼・文生・皮爾或狄帕克・喬普拉會寫出來的話一樣：

「宇宙持續地、忠誠地回應我們的想法。無論我們走得快或慢，道路已經在那裡了。讓我們一生持續思考吧。」

《湖濱散記》在環境議題上也領先時代。書中大致遵照四季進行。梭羅喜歡冬季（他自己蓋了壁爐和煙囪），更期待春天大地復甦的力量和優雅。大自然本身就值得保存，很少事物能夠比樹木、水和生物更具有教育意義了。他寫下一段經典文字：「終於，我找到了足以匹配的對象：我愛上了一株矮橡樹。」

在某些很有詩意的句子裡，梭羅傳達了和環境天人合一的境界：

「這是個甜美的黃昏，整個身體都合一了，每個毛孔都充滿了愉悅。我在大自然中自由來去，成為大自然的一部分。」

作者在大自然看到的一切，從來都和他在我們身上看到的相距不遠：

「如果人類開始補償、贖罪，讓地球上的草原通通都保持在野生的狀態，我應該會很高興。」

進步與富足

瓦爾登湖的另一邊有鐵路通過，火車忙碌的來來去去，讓梭羅很感興趣。科技進步反映了國家榮譽，是嗎？

「大家認為國家必須有經濟商業行為，外銷、打電報、一小時行進三十英里……但是我們應該像猿猴或是像人類一樣生活，仍還是不太確定。」

梭羅對於大家迷戀發明創新的質疑，應證今天的文化，仍然完全正確。我們一點也不意外，梭羅不重視班傑明．富蘭克林的那種自立自強、辛勤努力的英雄主義。比起看到大自然的美好，社會地位和富足都不那麼重要了。梭羅二十多歲時沒有做什麼，對他而言，工作只是為了讓他有時間閱讀、寫作和享受大自然而已。

然而，這並不意味著我們必須去住在小木屋裡，種豆子過活。梭羅的森林代表著大自然的富足，當我們決定真實地過生活時，大自然將提供給我們一切。如果我們待在自己的小小世界裡，害怕別人會怎麼說我們，我們將只能看到匱乏、小奸小惡和有限的世界。關於保持獨特，他很有名的一句話是：

「如果一個人無法跟上同伴的腳步，或許是因為他聽到了不同的鼓聲。無論鼓聲如何，無論鼓聲有多遠，都讓他跟著自己聽到的鼓聲行進吧。」

總評

《湖濱散記》是一個自由心靈的思緒集錦，作者深知經典文學、東方宗教、美國原住民傳說以及大自然本身。本書背景是一片美景以及寧靜，對於讀者的腦子，難道還有比這更好的假期嗎？本書邀請你成為梭羅的同伴，和他一起享受森林和瓦爾登湖，同時也享受他對人和社會的想法。

本書即將結束之前，提到一隻甲蟲。牠經過六十年的冬眠，因為大茶壺的溫度，讓牠從老舊桌子裡鑽了出來。這個故事總結了梭羅的哲學。他認為我們都像這隻甲蟲，具有潛能，可以從社會的「長期墳墓」裡鑽出來，享受夏天的生活。

亨利．大衛．梭羅

一八一七年，梭羅生於麻州的康柯德。一八三七年從哈佛畢業後，他原本要去學校當老師，不過拒絕校方使用體罰的要求，因此到父親製造鉛筆的事業中工作。一八三九年他開始認真關注自然界，沿康柯德河和梅里馬克河（Merrimack River）順流而下，十年後出書敘述了這段航程。梭羅有兩年時間成為愛默生家庭中的一員，深受小孩喜愛。

瓦爾登湖座落於愛默生的土地上。這段經驗後的幾年，梭羅從事過的工作有土地測量員，粉刷匠和園丁，同時也發表演講，為雜誌寫稿，包括超越主義者的期刊《日晷》（Dial）。一八四九年他寫下「公民不服從」，這篇論文是反對美墨戰爭觸發的，影響了馬丁路德．金恩和甘地。另一篇論文「麻州的奴隸制度」於一八五四年發表，與寫下《湖濱散記》是同一年。一八六五年《鱈魚角》（*Cape Cod*）和一八六六年《北佬在加拿大》（*A Yankee in Canada*），是在他一八六二年去世後出版的。

愛默生的論文「梭羅」讚嘆了他的朋友非凡的自然知識和實用技術。

1994

愛的奇蹟課程

A Return to Love

「我們準備好迎接上帝之前，往往需要某種程度的絕望。談到心靈上的臣服，我一直不太認真，直到我完全無法站立為止。我遇到的麻煩之大，就算是全部的國王軍隊也無法拯救我。我內在的瘋狂女人憤怒極了，內在的天真孩子則被釘在牆上無法動彈。我崩潰了。」

「認真看待愛是一種激進的態度，和世界上普遍的心理狀態完全不同。它具有威脅性，不是因為它是個小小的想法，而是因為它太巨大了。」

「關係是一項任務，是我們修道的宏偉計劃的一部分，是聖靈的藍圖，讓每一個靈魂都被帶領到更高的覺知和更寬廣的愛。」

總結一句

當我們決心全心仰賴上帝，決定愛我們自己的時候，奇蹟就開始發生。

同場加映

偉恩．戴爾《真實的魔法》（23章）

史考特．派克《心靈地圖：追求愛和成長之路》（43章）

佛羅倫絲．斯科維爾．辛《失落的幸福經典：影響千萬人的生命法則》（45章）

50

瑪莉安・威廉森
Marianne Williamson

瑪莉安・威廉森是「我世代」的人，二十多歲時的一個發現，改變了她的人生。一九六五年，哥倫比亞大學醫學院心理學教授海倫・舒曼（Helen Schuman）開始書寫一個「聲音」，結果出版了《奇蹟課程》（*A Course in Miracles*），這是基於愛與寬恕的心理與精神哲學用來自我療癒的書。之後世界各地都有討論群組，威廉森全心擁抱奇蹟課程，後來還四處演講，教導奇蹟課程，最後出版《愛的奇蹟課程》。

這本書很有技巧的總結了奇蹟課程的內容，值得一讀。作者熱情分享自己的靈魂和心靈甦醒，很吸引讀者。一開始是歐普拉表示自己很喜歡這本書，使它躍上了紐約時報暢銷書單，一待就是六個月。最近出版的最新版本號稱已經賣出一百萬本了。

甜蜜的臣服

第一章，威廉森談到自己的精神崩潰，使得她的人生就此轉向。她一向自認為是一位鬥士，支持正義，反抗不義。連她去除自己內心的惡魔都被她視為是一場強烈「奮鬥」。但她的崩潰狀態慢慢進步，因為她發現，所謂的自由，就像是融入自己真正的本質和個性。這個部分的故事很吸引人，寫到了她早前的懷疑，不願意放棄自我的任何部分。就像任何正常人，她不願意釋出任何權力，但是自尊和更純然真正自我之間的掙扎，讓這本書有了吸引人的力量。她只有到了那麼低的境遇，才願意嘗試一切，也就是精神上的臣服。

威廉森說，自尊喜歡偉大的高峰，但也製造了災難。我們都相信，事件和狀況可以讓我們幸福或失去幸福。修道的人則知道，內在狀況決定了他如何看待外在事物，事情也會發生在他們身上，但是他們不會恐懼或不斷陷入，她說，一旦我們有了內在的安全感，還是會有很多刺激，但是狀態不一樣了，你將清澈的看到世界，丟掉一般的情緒包袱，生活中還是會有戲劇和危機，但全都會成為個人成長的養分：我們將拋下非心靈生活的「廉價戲劇」。

關係

《愛的奇蹟課程》大部分內容都是在討論關係。為了記得自己可以成為怎樣的人，你可以不斷的重複閱讀這個部分，任何人都應該會感到共鳴，尤其是「特別」的自我關係和「神聖」關係之間的微妙差別。自我的特質就是「偉大的找碴者」，但是批評只會增加不安全感，使人更不想改變。找碴讓我們盲目，看不到別人的優點，沒有條件的愛很難培養，卻會帶給我們豐富的回報，這是我們和自己和平相處的唯一途徑。

根據奇蹟課程中，關係是一項任務，每一個關係都提供我們成長的最大機會，這表示，所謂的「靈魂伴侶」概念是不正確的，我們真正的靈魂伴侶可能是那個總是激怒我們、讓我們學習如何保持耐性和謙卑，變得更能夠愛別人，並因此成長的人。惹我們生氣的人往往是我們最重要的老師，相反的，自我會指引我們接近最不給我們麻煩的人，追求最愉快的樂趣，讓我們不知不覺地遠離可能更深的關係。

威廉森樂於談論自己的關係，我們可以很輕易地認同她故事裡的心碎和沮喪，了解她渴望認識那個特別的人來讓一切好轉。我們會一直翻頁，因為她寫的好像就是我們的人生，問著我們會問的問題，雖然，答案卻往往不是我們期待的。

工作與成就

《愛的奇蹟課程》對工作也多有著墨。我們總是談到事業、工作、薪水，我們根據興趣和期待的收入而選擇職業，靠著我們的努力，創造自己的職場生活。本書認為，這不是通往真正成功的道路，如果我們將工作獻給上帝，祂將精準地告訴我們，什麼工作最適合我們的才華和個性，什麼工作將讓我們對世界作出最大的貢獻。我們用自己的意志創造出來的工作或許很好，但是天才的發生一定是我們成為神聖表達的潔淨工具。我們其實不那麼害怕失敗，反倒是該害怕一旦允許自己施展才華，將可能綻放的光亮。有了這種神聖使命的心態，我們就不會成為金錢的奴隸了。

設定目標是很好，但這是自我在試圖根據自己的喜好形塑世界。因為我們的心智很有力量，我們通常可以完成我們設定的目標，但是我們永遠無法確定，達成目標之後，我們是否會感到快樂。但如果是上帝的工作，當我們達成目標時，不但會感到狂喜，我們光是體驗這趟旅程都會感到快樂。課程說，「我們散播愛，就會很自然地往上爬。」任何工商管理課程都不會教這個，但是你可以勇敢地試一試。威廉森說，我們無法犯錯，因為信任上帝就像「信任地心引力」一樣。

奇蹟

個人發展通常是關於我們如何在言行和思考上讓自己更好，這似乎牽涉到很多的責任。如果我們臣服，把自己交給宇宙或上帝，好像就不那麼困難了。威廉森說，她以前認為奇蹟就是「假的神祕宗教垃圾」，後來她了解到，要求奇蹟出現是合理的。

奇蹟不是把水變成酒，奇蹟是任何原本認為不可能的事情，當我們決定敞開心胸，願意改變，任何看起來不可能的事物都可能發生了，並且讓我們轉變。如果不是我們的自我欲望，而是真正的轉化，奇蹟就會發生。我們曾經認為伴侶有很多錯，現在我們看到他們的無辜，於是好好對待他們。我們曾經上癮，充滿恐懼與自我憎恨，但現在那個空洞已經被填補起來了。

《愛的奇蹟課程》的書名很吸引人，因為聽起來很矛盾，將很普通的課程結合了神聖的奇蹟。課程不鼓吹一般人類與神的關係，而是二者的合作關係。記得嗎？耶穌施展奇蹟時，他告訴周圍不相信祂的人，他們也可以做祂做的事情，或許還做得更好。教會說，奇蹟是真正發生的物理現象，常理無法解釋。這個定義只會讓我們無法知道，奇蹟確實在我們身上發生。而威廉森說，看看我們總是多麼輕易地放棄了我們的力量。

總評

自我成長書籍充滿了東方影響，《愛的奇蹟課程》的基督教義特別引人注目。我們應該將《愛的奇蹟課程》視為剛好用了基督教詞彙的心靈書籍。威廉森承認，所有關於上帝的說法都只是現實的一種說法。威廉森自己是猶太人，她表示，大家無需認為自己必須和上帝有個人的關係，才能夠成為課程的優秀學生。課程的學生是按照他們如何對待別人而進階的。

初讀《愛的奇蹟課程》時，可能覺得像是嬰兒潮時期出生的人在追尋自己。大部分內容是奇蹟課程的總結，具有奇蹟課程的特質與超越時間的價值。這是靈性的自我成長經典，且極為務實。

瑪莉安・威廉森

威廉森在德州的休士頓長大，是左翼律師的小孩。十三歲時父親帶她去越南見識「軍事－工業複合體」的運作。她在加州的波莫納學院（Pomona College）主修哲學和劇場，讀了兩年後，接下來迎接了長達七年的悠閒自在生活。一九八三年開始講課，而且越來越受歡迎。一九八七和一九八九年之間，威廉森在洛杉磯和曼哈頓兩地創設了「生活中心」，為罹患致命疾病（包括後天免疫不全症候群）的人們提供非營利諮詢和支持的機構。

《愛的奇蹟課程》是她第一本著作，一九九四年《女人的價值》（*A Woman's Worth*）也是暢銷書，接下來是《愛的祈禱課程》（*Illuminata*），關於禱告和冥想的書。《著魔的愛》（*Enchanted Love*）則是探討「神聖關係」，融合了基督教、神話和女神研究，以及女性主義。《美國的療癒》（*The Healing of America*）是透過具有靈性品質的公民恢復美國政治活力的藍圖。新近的著作包括《更豐盛：工作與財富的奇蹟課程》（*The Law of Divine Compensation*），以及《流淚的勝利：療癒焦慮和憂鬱等現代瘟疫的靈性道路》（*Tears to Triumph: Spiritual Healing for the Modern Plagues of Anxiety and Depression*）。

謝辭

《一次讀懂自我成長經典》最初是由「西蒙與舒斯特」(Simon & Schuster)在澳洲出版。尼可拉斯‧布里利出版社(Nicholas Brealey Publishing)在二〇〇三年取得版權，之後在英國和美國改版。

目前這個更新的版本是在尼可拉斯‧布里利出版社成型的。尼可拉斯‧布里利出版社現在是英國阿歇特出版公司(Hachette UK)的一部分。我要感謝阿歇特的編輯主任Holly Bennion、銷售經理Ben Slight和編輯Louise Richardson；由Joanna Kaliszewska領導的版權團隊，和構思出精彩原文新封面的設計師Joanne Myler。無盡感謝。也感謝阿歇特在美國、澳洲、遠東和印度的辦事處。

許多人受到這本書觸動，他們寫信告訴我，我心懷感激。寫這本書是深受鼓舞的個人經驗，我感激當時支持我努力成為作家的人，包括我的父母瑪麗安和安東尼、魯卡斯一家人，以及許多朋友和同事。

我要向創造出自我成長書這個文類的所有作家和相關人士致敬，同時感謝收納在此書的在世作者提出的觀念。

出自「加州水晶教堂」牧師的筆下，這本書是創造堅毅自我形象的工具。舒樂新創了「可能性思考」這個語彙。

41. **蓋爾・希伊**（Gail Sheehy），《人生旅程》（*Passages*，1976）
一九七〇年代令人眩目的暢銷書，引領讀者通過成年生活的各個階段。翻譯成二十八種語言，在美國國會圖書館的書單上列名為史上最具影響力的著作之一。

42. **荷西・西瓦**（José Silva）、**菲利浦・米勒**（Philip Miele），《神奇的瓦西心靈圓夢術》（*The Silva Mind Control Method*，1977）
原本是錄音器材維修員，西瓦對於心智控制技巧產生興趣，發展出著名的課程，牽涉到 θ 腦波。關於這套方法此書最暢銷。

43. **克萊門特・史東**（W. Clement Stone）、**拿破崙・希爾**（Napoleon Hill），《正向心態帶來成功》（*Success Through a Positive Mental Attitude*，1960）
史東是希爾的導師和事業夥伴，這本書融合了希爾的《成功的科學》（*Science of Success*）和史東「霍瑞修・艾爾傑風格」的美國式樂觀主義。即使在四十年之後依舊賣得很好。

44. **黛博拉・泰南**（Deborah Tannen），《男女親密對話》（*You Just Don't Understand*，1991）
檢視男人與女人的溝通風格，根據的是泰南身為語言學家的研究。約翰・葛瑞之外的另一項選擇。

45. **布萊恩・崔西**（Brian Tracy），《最大成就》（*Maximum Achievement*，1995）
許多自我成長書行家把崔西列為他們名單上的第一位。出色的綜合這個文類的各種觀念和技巧，崔西擁有自己的風格。

46. **凱文・杜魯道**（Kevin Trudeau），《龐大記憶》（*Mega Memory*，1995）
只需幾道簡單的步驟，就可以憑藉記憶力讓朋友和自己印象深刻。杜魯道是最早的電視購物王牌之一，不過他的技巧實際上回溯到十七世紀。

47. **西奧多・澤爾丁**（Theodore Zeldin），《私密的人類史》（*An Intimate History of Humanity*，1994）
牛津歷史學家對人類處境的全景觀照，拼接了引人入勝的當代女性傳略。書的主題是：置於整個人類歷史的脈絡中來體悟，可以大幅提升你的生活品質。

48. **吉格・金克拉**（Zig Ziglar），《與你在巔峰相會》（*See You at the Top*，1975）
老派勵志書，以下述信念為書寫基礎：「只要你幫助別人獲得他們想要的，你也可以獲得你想要的一切。」讀起來輕鬆愉快，不過書中的基督教價值不會吸引每個人。

49. **丹娜・左哈爾**（Danah Zohar），《量子自我》（*The Quantum Self*，1990）
將量子物理應用到我們看待自己以及我們跟宇宙的連結。領先它的時代，而且影響力會恆久不衰。

50. **蓋瑞・祖卡夫**（Gary Zukav），《新靈魂觀》（*The Seat of the Soul*，1990）
或許比較是屬於「新時代」的著作，而不是自我成長書。這本書提出一套基模來理解人類從感官覺察轉變成靈魂覺察的演化。數百萬讀者見證了書中改變人生的觀念。

領域影響深遠。關於動機和信念等個人問題，《相信的意志》切中核心，而「人生值得活嗎？」之類的論文，提供了他最精妙也最能拓展人生視野的思想。

31. 奧利森・馬登（Orison Swett Marden），**《向前推進》**（*Pushing to the Front*，1984）
公認為美國「成功運動」的創始人，馬登（一八五〇～一九二四）受塞繆爾・史邁爾斯關於品格和努力工作倫理的啟示，出版了無數著作。這本是他非常暢銷的著作。

32. 羅洛・梅（Rollo May），**《自由與命運》**（*Freedom and Destiny*，1981）
羅洛・梅主張讓自己依附某個特定的終極目標（命運）而不是畫地自限，提供了適度的自由讓我們去創造和功成名就。「個人責任」的主題影響了史蒂芬・柯維和其他人。

33. 奧格・曼迪諾（Og Mandino），**《世界上最偉大的成功者》**（*The Greatest Success in the World*，1981）
將熟悉的自我成長主題「設定目標」和「自我實現」放入以新約時代為背景的故事形式裡。曼迪諾是諾曼・文生・皮爾的朋友，傳達了相似的的訊息：對自己要有信心。

34. 厄爾・南丁格爾（Earl Nightingale），**《最奇怪的祕密》**（*The Strangest Secret*，1955）
已故的厄爾・南丁格爾以「自我發展的祭酒」而聞名。這是他經典的勵志錄音，銷售超過一百萬，並且使得錄音帶成為勵志產業的重心。

35. 蘿賓・諾伍德（Robin Norwood），**《過度付出的愛》**（*Women Who Love Too Much*，1988）
脫口秀形式的暢銷書，仍然擁有廣大讀者，有用的區分了自愛和依賴，並且剖析了人們選擇伴侶時會掉落的陷阱。

36. 弗利茲・波爾斯（Fritz Perls），**《完形治療：人格的興奮與成長》**（*Gestalt Therapy: Excitement and Growth in the Human Personality*，1951）
波爾斯是一九六〇年代「人類潛能運動」的關鍵人物，這本書則是他的關鍵作品。受精神分析和存在主義的影響，完形治療強調人們需要「跳出框架」來看事情，聚焦於當下。

37. 羅伯・林格（Robert J. Ringer），**《先顧好自己》**（*Looking Out for No. 1*，1977）
一九七〇年代的暢銷書。沒有聽起來那麼惡劣，這本書為讀者闡釋如何避開不必要的犧牲，同時追求自己的想望，沒有罪疚感。

38. 卡爾・羅哲斯（Carl Rogers），**《成為一個人》**（*On Becoming a Person*，1961）
羅哲斯以治療師感同身受的傾聽取代精神分析式的「詮釋」，幫忙改革了心理治療。雖然是一九六〇年代關於自我發現倫理的里程碑作品，《成為一個人》至今仍受歡迎。

39. 伯特蘭・羅素（Bertrand Russell），**《幸福之路》**（*The Conquest of Happiness*，1930）
這位著名的牛津哲學家大膽踏入自我成長的領域。儘管已過時，羅素的機智和洞見依舊讓這本書讀來有趣。第一部探討是什麼讓人們不幸福，第二部闡釋是什麼讓人們幸福。

40. 羅伯・舒樂（Robert H. Schuller），**《艱難的時光不會沒完沒了，但是堅強的人會屹立不搖！》**（*Tough Times Never Last, But Tough People Do!*，1984）

困難，不過強烈影響了湯瑪斯．摩爾的《傾聽靈魂的聲音》。

20. **埃里希．佛洛姆**（Eric Fromm），**《生命的展現：人類生存情態的分析》**（*To Have or to Be*，1976）
偉大的社會哲學家，佛姆洛區分了「擁有」（物質主義傾向，反諷的是培育出匱乏和不幸）和「存有」（滿足和平靜的基礎）的人生取徑。至今仍受推崇，是出色的社會評論和自我成長著作。

21. **萊斯．吉布林**（Les Giblin），**《與人交接時如何保持信心和力量》**（*How to Have Confidence and Power in Dealing with People*，1956）
歷久不衰的人際技巧手冊，出自頂尖銷售員之手。聚焦於人們的實際回應和提問為什麼，這本書的目標是減少摩擦和創造善意。

22. **哈利勒．紀伯倫**（Kahlil Gibran），**《先知》**（*The Prophet*，1923）
紀伯倫是移民到美國的敘利亞人。是多種媒材的藝術家，這本賣了兩千萬本的暢銷書才讓他成名。優美而深邃的詩篇，關於愛、失去、婚姻等等。

23. **威廉．葛拉瑟**（William Glasser），**《現實療法》**（*Reality Therapy*，1965）
這本大爆冷門的暢銷書提出的觀念是：精神疾病來自於當事人不願意面對現實和投入生活。根據臨床經驗書寫而成的作品。

24. **湯姆斯．哈里斯**（Thomas A. Harris），**《我好，你也好》**（*I'm OK—You're OK*，1967）
許多人心目中自我成長書的經典。普及化了「人際溝通分析」模型，把我們的行動和言語看成是表現父母、成人或小孩的心理狀態。

25. **湯姆．霍普金斯**（Tom Hopkins），**《成功的官方指南》**（*Official Guide to Success*，1982）
謙虛而有力的著作，出自美國最受尊敬的個人發展演說家和作家之一。

26. **阿爾伯特．哈伯德**（Elbert Hubbard），**《致賈西亞的信》**（*Message to Garcia*，1899）
一八九五年哈伯德根據自給自足和正向思考的概念在紐約州建立一個社群。他的出版社印行了《致賈西亞的信》，這本小冊子敘述美西戰爭期間的一則英雄故事，據估計印了四千萬本。在軍官和雇主之間依舊受歡迎，因為書中傳達的訊息是：無論如何「把工作完成」。

27. **《易經》**
中國經典《易經》已經流傳三千年，依舊是認識自己的強大工具。這本書有能力讓讀者在巨大變革的時代覺察到其他可能性，使得它在二十一世紀依舊切合時宜。

28. **哈洛德．庫希納**（Harold Kushner），**《當好人遇上壞事》**（*When Bad Things Happen to Good People*，1984）
庫希納是位猶太教拉比，寫這本書是回應自己小孩的致命疾病。關於你無法掌控的事以及如何對應，這本書入情入理又實用，至今仍然受大眾喜愛。

29. **穆瑞兒．詹姆斯**（Muriel James）、**桃樂西．容格華德**（Dorothy Jongeward），**《天生贏家》**（*Born to Win*，1971）
關於「人際溝通分析」的暢銷書（四百萬本），分析溝通風格，提供完形練習，以揭露阻礙百分百心理健康的自我狀態。

30. **威廉．詹姆斯**（William James），**《相信的意志》**（*The Will to Believe*，1907）
詹姆斯或許是「美國心理學之父」，不過身為實用主義哲學家，他對於自我成長書中援引的資料已然過時，行文些許重複，而且對於「觀想」和「肯定句」的見解今日看來平淡無奇，但是過去五十年來許多讀者見證了這本書成為改變他們的力量。

10. **李奧．巴斯卡力**（Leo Buscaglia），**《愛》**（*Love*，1972）
巴斯卡力是廣受歡迎的自我成長界大人物。這本是他的早期著作，探討我們習以為常的主題，可能是他最受讚賞的作品。

11. **傑克．坎菲爾**（Jack Canfield）、**馬克．維克多．漢森**（Mark Victor Hansen），**《心靈雞湯》**（*Chicken Soup for the Soul*，1993）
非關自我成長哲學，不過收集了暖心的勵志故事，銷量龐大。同樣的公式沒完沒了的重複，形成給青少年、給寵物、給全世界等等的《心靈雞湯》系列書。

12. **朱津寧**（Chin-ning Chu），**《新厚黑學》**（*Thick Face*，*Black Heart*，1994）
提倡一種帶有東方意味的戰士哲學，在喜讀商業領域或個人發展然而把一般自我成長書視為「哭哭啼啼」的讀者群中，這本書大獲成功。

13. **孔子**，**《論語》**（**西元前六世紀**）
兩千五百則格言、軼事和對話的合輯，出自歷史上最具影響力的哲人之一。作者死後才出版，《論語》引領中華文化兩千年之久，至今仍然可能對讀者產生深遠影響。

14. **魯塞．康維爾**（Russell H. Conwell），**《鑽石就在你身邊》**（*Acres of Diamonds*，1921）
原初是一篇激勵人心的演講，這本書的需求量大到獲取的收益足以資助一所大學。用故事和軼事闡述了以下觀念：當人們到處尋找財富時，很可能會在自家後院找到「鑽石田」（實際上和隱喻上）。

15. **愛彌爾．庫埃**（Emile Coué），**《暗示療法的奇蹟》**（*Self-Mastery through Conscious Autosuggestion*，1922）
包含了著名的自我暗示真言咒語，由此帶動「自我成功肯定句」如雪球滾動聲勢越滾越龐大。這本書具有影響力，不過今日閱讀的人少了。

16. **愛德華．狄波諾**（Edward De Bono），**《水平思考法》**（*The Use of Lateral Thinking*，1967）
狄波諾沒有發明水平思考法，不過這個用語是隨著此書進入大眾語彙裡。在傳統「垂直」思考的僵硬邏輯之外，提供了替代選項，這本書以及狄波諾的其他著作教導我們想一想「思考」本身。

17. **史蒂芬妮．道律克**（Stephanie Dowrick），**《親密與孤獨》**（*Intimacy and Solitude*，1996）
這部作品闡釋了為什麼親密和獨自快樂的能力是相關的。道律克是澳洲當地的心理治療師，她的《寬恕》（*Forgiveness*）也廣受讀者喜愛。

18. **亞伯．艾里斯**（Albert Ellis），**《理性生活指南》**（*A Guide to Rational Living*，1975）
艾里斯的「理性情緒」取向闡釋了如何透過改變我們的信念來控制自己的情緒生活。這本書持續找到擁有熱誠的新讀者，他們感謝此書為自己的關係帶來的蛻變效應。

19. **馬西里奧．費奇諾**（Marsilio Ficino），**《生命之書》**（*The Book of Life*，**十五世紀**）
文藝復興時期的生活指南，將靈性觀念應用到日常事務上。閱讀起來比現代經典

再加五十本自我成長經典

1. **阿爾弗雷德・阿德勒**（Alfred Adler），《生命對你意味著什麼》（*What Life Could Mean to You*，1931）
阿德勒建構了全新的心理學支派（個體心理學），不過這本書將他的洞見帶給一般大眾。內容涵蓋了青春期、優越感和自卑感、合作的重要性、工作、友誼、愛和婚姻。
2. **霍瑞修・艾爾傑**（Horatio Alger），《衣衫襤褸的迪克》（*Ragged Dick*，1867）
可能是艾爾傑「窮小子翻身變富豪」的故事中最著名的一本，讓美國夢在數百萬讀者眼中栩栩如生。背景是十九世紀的美國城市風情，這些故事承載了謹守道德追求成功的嚴肅訊息，不過讀起來依舊十分有趣。
3. **穆罕默德・安薩里**（Muhummad Al-Ghazali），《快樂鍊金術》（*The Alchemy of Happiness*，**十一世紀**）
安薩里是中世紀時期波斯受人敬重的哲學家，他成為漫遊各地的蘇菲派神祕主義者。《快樂鍊金術》出色表達了伊斯蘭教的自助倫理，是他的大師之作《宗教科學的復興》（*The Revival of Religious Sciences*）的節本，幾世紀以來讀者欣喜捧讀。這本書的基本前提是：認識自己來自認識上帝。
4. **羅伯托・阿沙鳩里**（Roberto Assagioli），《心理綜合學》（*Psychosynthesis*，1965）
阿沙鳩里是義大利人本主義心理學家，他相信佛洛伊德把焦點放在原欲（力比多）、情結和本能是不完整的。在《心理綜合學》這本著作裡，他著手把靈魂和想像力整合進心理學。讀起來不怎麼輕鬆，不過影響深遠。
5. **艾瑞克・伯恩**（Eric Berne），《人間遊戲》（*Games People Play*，1964）
為學院內讀者撰寫的著作卻成為暢銷書。對哈里斯的《我好，你也好》有重大影響，提出的觀點是：我們每個人都有一套「人生腳本」，決定了我們的行動。好消息是我們可以改變人生腳本。
6. **法蘭克・貝特格**（Frank Bettger），《銷售的技術》（*How I Raised Myself from Failure to Success in Selling*，1950）
貝特格是一九二〇和三〇年代的美國銷售專家，與戴爾・卡內基為友。他這本書一直受歡迎，因為人人都需要銷售技巧，而且說了一則好故事。
7. **約翰・布雷蕭**（John Bradshaw），《回歸內在：與你的內在小孩對話》（*Homecoming: Reclaiming and Championing Your Inner Child*，1992）
「內在小孩」的概念曾經受到譏嘲是受害者文化的軟弱表達。布雷蕭的暢銷書事實上是嚴肅著作，闡釋為什麼了解和接納過往至關重要，如此才能讓我們長成為負責任的成人。
8. **納撒尼爾・布蘭登**（Nathaniel Branden），《自尊的力量》（*The Power of Self-Esteem*，1969）
艾茵・蘭德（Ayn Rand）的使徒和情人，布蘭登以此書協助啟動了「自尊運動」。
9. **克勞德・布里斯托**（Claude M. Bristol），《信念的力量》（*The Magic of Believing*，1948）

保羅・科爾賀《牧羊少年奇幻之旅》(1993)
狄帕克・喬普拉《福至心靈：成功致勝的七大精神法則》(1994)
瑪莉安・威廉森《愛的奇蹟課程》(1994)
丹尼爾・高曼《EQ：決定一生幸福與成就的永恆力量》(1995)
詹姆斯・希爾曼《靈魂密碼：活出個人天賦，實現生命藍圖》(1996)
艾倫・狄波頓《擁抱似水年華：普魯斯特如何改變你的人生》(1997)
理察・卡爾森《練習當好命人：別再為小事抓狂》(1997)
達賴喇嘛、霍華德・卡特勒《快樂：達賴喇嘛的人生智慧》(1998)
李察・柯克《80／20法則：商場獲利與生活如意的成功法則》(1998)
查爾斯・杜希格《為什麼我們這樣生活，那樣工作？》(2011)
布芮尼・布朗《脆弱的力量》(2012)
克雷頓・克里斯汀生《你要如何衡量你的人生？哈佛商學院最重要的一堂課》(2012)
近藤麻理惠《怦然心動的人生整理魔法》(2014)
大衛・布魯克斯《品格：履歷表與追悼文的抉擇》(2015)

按照出版年代排序的書單

《薄伽梵歌》
《聖經》
《法句經》
老子《道德經》（西元前五～三世紀）
馬可・奧里略《沉思錄》（二世紀）
波伊修斯《哲學的慰藉》（六世紀）
班傑明・富蘭克林《富蘭克林》（1790）
瑞夫・沃爾多・愛默生《自立》（1841）
亨利・大衛・梭羅《湖濱散記》（1854）
塞繆爾・史邁爾斯《自己拯救自己》（1859）
詹姆士・艾倫《我的人生思考1：意念的力量》（1902）
佛羅倫絲・斯科維爾・辛《失落的幸福經典：影響千萬人的生命法則》（1925）
戴爾・卡內基《卡內基教你跟誰都能做朋友》（1936）
諾曼・文生・皮爾《向上思考的祕密》（1952）
亞伯拉罕・馬斯洛《動機與人格》（1954）
德日進《人的現象》（1955）
維克多・法蘭可《活出意義來》（1959）
麥斯威爾・馬爾茲《改造生命的自我形象整容術》（1960）
約瑟夫・墨菲《潛意識的力量》（1963）
夏克蒂・高文《每一天，都是全新的時刻》（1978）
史考特・派克《心靈地圖：追求愛和成長之路》（1978）
威廉・布瑞奇《轉變之書：別為結束哀傷，因為那是你重生的起點》（1980）
大衛・柏恩斯《好心情：新情緒療法》（1980）
露易絲・賀《創造生命的奇蹟：影響五千萬人的自我療癒經典》（1984）
喬瑟夫・坎伯（比爾・莫耶斯合著）《神話的力量》（1987）
蘇珊・傑佛斯《恐懼Out：想法改變，人生就會跟著變》（1987）
史蒂芬・柯維《與成功有約：高效能人士的七個習慣》（1989）
艾倫・南格《用心，讓你看見問題核心》（1989）
羅勃・布萊《鐵約翰》（1990）
米哈里・奇克森特米海伊《心流：高手都在研究的最優體驗心理學》（1990）
安東尼・羅賓斯《喚醒心中的巨人》（1991）
馬汀・塞利格曼《學習樂觀，樂觀學習》（1991）
偉恩・戴爾《真實的魔法：在日常生活中創造奇蹟》（1992）
克萊麗莎・平蔻拉・埃思戴絲《與狼同奔的女人》（1992）
約翰・葛瑞《男人來自火星，女人來自金星》（1992）
湯瑪斯・摩爾《傾聽靈魂的聲音》（1992）

Lao-Tzu's *Tao Te Ching* (2000) trans. T. Freke, introduction by M. Palmer, London: Piatkus.（老子《道德經》）

Maltz, M. (1960) *Psycho-Cybernetics*, Los Angeles: Wilshire Book Company.（麥斯威爾・馬爾茲《改造生命的自我形象整容術》）

Maslow, A. (1987) *Motivation and Personality*, ed. R. Frager, New York: Addison Wesley.（亞伯拉罕・馬斯洛《動機與人格》）

Moore, T. (1992) *Care of the Soul*, New York: HarperCollins.（湯瑪斯・摩爾《傾聽靈魂的聲音》）

Murphy, J. (1995) *The Power of Your Subconscious Mind*, London: Pocket Books.（約瑟夫・墨菲《潛意識的力量》）

Peale, N.V. (1996) *The Power of Positive Thinking*, New York: Ballantine Books.（諾曼・文生・皮爾《向上思考的祕密》）

Peck, M.S. (1990) *The Road Less Travelled: A New Psychology of Love*, Traditional Values and Spiritual Growth, London: Arrow Books.（史考特・派克《心靈地圖：追求愛和成長之路》）

Robbins, A. (1993) *Awaken the Giant Within*, New York: Simon & Schuster.（安東尼・羅賓斯《喚醒心中的巨人》）

Scovell Shinn, F. (1998) *The Game of Life and How to Play It*, Saffron Walden: C.W. Daniel.（佛羅倫絲・斯科維爾・辛《失落的幸福經典：影響千萬人的生命法則》）

Seligman, M. (1998) *Learned Optimism*, New York: Simon & Schuster.（馬汀・塞利格曼《學習樂觀，樂觀學習》）

Smiles, S. (1996) *Self-Help: With Illustrations of Conduct and Perseverance*, London: Institute of Economic Affairs; also (2002) ed. P.W. Sinnema, Oxford: Oxford University Press.（塞繆爾・史邁爾斯《自己拯救自己》）

Teilhard de Chardin, P. (1970) *The Phenomenon of Man*, introduction by J. Huxley, London: Collins Fontana.（德日進《人的現象》）

Thoreau, H.D. (1986) *Walden and Civil Disobedience*, introduction by M. Meyer, New York: Penguin.（亨利・大衛・梭羅《湖濱散記》）

Williamson, M. (1993) *A Return to Love: Reflections on the Principles of A Course in Miracles*, New York: HarperCollins.（瑪莉安・威廉森《愛的奇蹟課程》）

Csikszentmihalyi, M. (1991) *Flow: The Psychology of Optimal Experience*, New York: Harper Perennial.（米哈里・奇克森特米海伊《心流：高手都在研究的最優體驗心理學》）

His Holiness the Dalai Lama & Howard C. Cutler (1999) *The Art of Happiness: A Handbook for Living*, London: Hodder & Stoughton.（達賴喇嘛、霍華德・卡特勒《快樂：達賴喇嘛的人生智慧》）

Dhammapada: The Path of Perfection (1973) trans. J. Mascaró, London: Penguin Classics.（《法句經》）

The Dhammapada: Sayings of Buddha (1995) ed. T.F. Cleary, New York: Bantam Wisdom.（《法句經》）

Duhigg, Charles (2011) *The Power of Habit*, London: Random House.（查爾斯・杜希格《為什麼我們這樣生活，那樣工作？》）

Dyer, W. (1993) *Real Magic: Creating Miracles in Everyday Life*, New York: HarperCollins.（偉恩・戴爾《真實的魔法：在日常生活中創造奇蹟》）

Emerson, R.W. (1993) *Self-Reliance and Other Essays*, Dover Publications.（瑞夫・沃爾多・愛默生《自立以及其他散文》）

Estés, C. P. (1993) *Women Who Run with the Wolves*, London: Rider.（克萊麗莎・平蔻拉・埃思戴絲《與狼同奔的女人》）

Frankl, V. (1984) *Man's Search for Meaning*, preface by Gordon W. Allport, New York: Simon & Schuster.（維克多・法蘭可《活出意義來》）

Franklin, B. (1993) *Autobiography and Other Writings*, ed. O. Seavey, Oxford: Oxford University Press.（班傑明・富蘭克林《富蘭克林》）

Gawain, S. (1985) *Creative Visualization*, New York: Bantam Books.（夏克蒂・高文《每一天，都是全新的時刻》）

Goleman, D. (1997) *Emotional Intelligence: Why It Can Matter More than IQ*, New York: Bantam Books.（丹尼爾・高曼《EQ：決定一生幸福與成就的永恆力量》）

Gray, J. (1992) *Men Are from Mars, Women Are from Venus: A Practical Guide for Improving Communication and Getting What You Want in Your Relationships*, London: HarperCollins.（約翰・葛瑞《男人來自火星，女人來自金星》）

Hay, L. (1999) *You Can Heal Your Life*, Carlsbad CA: Hay House.（露易絲・賀《創造生命的奇蹟：影響五千萬人的自我療癒經典》）

Hillman, J. (1997) *The Soul's Code: In Search of Character and Calling*, New York: Warner Books.（詹姆斯・希爾曼《靈魂密碼：活出個人天賦，實現生命藍圖》）

Jeffers, S. (1991) *Feel the Fear and Do It Anyway*, London: Arrow Books.（蘇珊・傑佛斯《恐懼Out：想法改變，人生就會跟著變》）

Koch, R. (1998) *The 80／20 Principle: The Secret of Achieving More with Less*, London: Nicholas Brealey Publishing.（李察・柯克《80／20法則：商場獲利與生活如意的成功法則》）

Kondo, Marie (2014) *The Life-Changing Magic of Tidying Up*, London: Vermilion／Random House.（近藤麻理惠《怦然心動的人生整理魔法》）

Langer, E. (1990) *Mindfulness: Choice and Control in Everyday Life*, Cambridge, MA: Perseus Publishing.（艾倫・南格《用心，讓你看見問題核心》）

英文參考書目

◎請注意，許多書在美國和英國都有不同的出版社發行，下面的版本是本書最常使用的參考文本。

Allen, J. (1998) *As a Man Thinketh*, ed. with introduction by M. Allen, Novato, CA: New World Library.（詹姆士・艾倫《我的人生思考1：意念的力量》）

Aurelius, M. (1964) *Meditations*, trans. M. Staniforth, London: Penguin.（馬可・奧里略《沉思錄》）

The Bhagavad-Gita (1973) trans. J. Mascaró, London: Penguin World's Classics.（《薄伽梵歌》）

Bly, Robert (1992) *Iron John*, New York: Vintage Books.（羅勃・布萊《鐵約翰》）

Boethius (1999) *The Consolation of Philosophy*, trans. with introduction and explanatory notes by P.G. Walsh, Oxford: Clarendon Press.（波伊修斯《哲學的慰藉》）

de Botton, A. (1998) *How Proust Can Change Your Life*, London: Picador.（艾倫・狄波頓《擁抱似水年華：普魯斯特如何改變你的人生》）

Bridges, W. (1996) *Transitions: Making Sense of Life's Changes*, London: Nicholas Brealey Publishing.（威廉・布瑞奇《轉變之書：別為結束哀傷，因為那是你重生的起點》）

Brooks, David (2015) *The Road to Character*, London: Penguin Random House.（大衛・布魯克斯《品格：履歷表與追悼文的抉擇》）

Brown, Brené (2012) *Daring Greatly*, London: Penguin Random House.（布芮尼・布朗《脆弱的力量》）

Burns, D. (1992) *Feeling Good: The New Mood Therapy*, New York: Avon Books.（大衛・柏恩斯《好心情：新情緒療法》）

Campbell. J. with Moyers, B. (1991) *The Power of Myth*, New York: Anchor Books.（喬瑟夫・坎伯與比爾・莫耶斯合著，《神話的力量》）

Carlson, R. (1997) *Don't Sweat The Small Stuff... And It's All Small Stuff: Simple Ways to Keep the Little Things from Overtaking Your Life*, London: Hodder & Stoughton.（理察・卡爾森《練習當好命人：別再為小事抓狂》）

Carnegie, D. (1994) *How to Win Friends and Influence People*, New York: Pocket Books.（戴爾・卡內基《卡內基教你跟誰都能做朋友》）

Chopra, D. (1996) *The Seven Spiritual Laws of Success*, London: Bantam Press.（狄帕克・喬普拉《福至心靈：成功致勝的七大精神法則》）

Christensen, Clayton (2012) *How Will You Measure Your Life?*, London: HarperCollins.（克雷頓・克里斯汀生《你要如何衡量你的人生？哈佛商學院最重要的一堂課》）

Coelho, P. (1999) *The Alchemist*, trans. Alan R Clarke, London: HarperCollins.（保羅・科爾賀《牧羊少年奇幻之旅》）

Covey, S. (1990) *The 7 Habits of Highly Effective People*, New York: Simon & Schuster.（史蒂芬・柯維《與成功有約：高效能人士的七個習慣》）

一次讀懂自我成長經典／湯姆.巴特勒-鮑登(Tom Butler-Bowdon)作；林鶯，丁凡譯.
--一版.--臺北市：時報文化，2019.07；464面；14.8×21公分.--
譯自：50 self-help classics
ISBN 978-957-13-7848-0（平裝） 1.推薦書目
012.4 108009284

一次讀懂自我成長經典
50 SELF-HELP CLASSICS

作者 湯姆・巴特勒–鮑登（Tom Butler-Bowdon）｜**譯者** 林鶯（1-40章）、丁凡（41-50章）
主編 湯宗勳｜**責任編輯** 廖婉婷｜**責任企劃** 王聖惠｜**美術設計** 兒日｜**內文排版** 宸遠彩藝
董事長 趙政岷｜**出版者** 時報文化出版企業股份有限公司 10803台北市和平西路三段240號4樓
發行專線 (02)2306-6824｜**讀者服務專線** 0800-231-705・(02)2304-7103｜**讀者服務傳真** (02)2304-6858
郵撥 1934-4724時報文化出版公司｜**信箱** 台北郵政79~99信箱
時報悅讀網 http://www.readingtimes.com.tw｜**電子郵箱** new@readingtimes.com.tw
法律顧問 理律法律事務所 陳長文律師、李念祖律師
印刷 勁達印刷有限公司｜**一版一刷** 2019年7月19日｜**定價** 新台幣600元

時報文化出版公司成立於一九七五年，並於一九九九年股票上櫃公開發行，
於二〇〇八年脫離中時集團非屬旺中，以「尊重智慧與創意的文化事業」為信念。